Kundenzufriedenheit als Strategieelement in der Bauindustrie

vorgelegt von
Diplom-Ingenieur
Matthias Bahr
aus Neuss

Vom Fachbereich 9 - Bauingenieurwesen und
Angewandte Geowissenschaften
der Technischen Universität Berlin
zur Erlangung des akademischen Grades

Doktor der Ingenieurwissenschaften
- Dr.-Ing. -

genehmigte Dissertation

Promotionsausschuß:

Vorsitzender: Prof. Dr.-Ing. B. Hillemeier
Berichter: Prof. Dr.-Ing. B. Kochendörfer
Berichter: Prof. Dr. rer. oec. V. Trommsdorff

Tag der wissenschaftlichen Aussprache: 5. Juli 1999

Berlin 1999

D 83

Technische Universität Berlin
Fachbereich Bauingenieurwesen und
Angewandte Geowissenschaften
Fachgebiet Baubetrieb und Baumaschinen

Mitteilungen
Heft 12

Kundenzufriedenheit als Strategieelement in der Bauindustrie

von
Matthias Bahr

Herausgeber: Univ.-Prof. Dr.-Ing. Bernd Kochendörfer
(Begründet von o. Prof. Dr.-Ing. Hanskarl Gutsche
und Prof. Dipl.-Ing. Horst Becker)

Berlin 1999

D 83

Die Mitteilungen des Fachgebietes Baubetrieb und Baumaschinen an der TU Berlin wurden von 1980 bis 1988 von o. Prof. Dr.-Ing. Hanskarl Gutsche und Prof. Dipl.-Ing. Horst Becker herausgegeben. Nach der Wiederbesetzung des Fachgebietes setzt Univ.-Prof. Bernd Kochendörfer die Herausgabe fort.

Univ.-Prof. Bernd Kochendörfer, Jahrgang 1947, wurde zum 01.07.1995 an das Fachgebiet für Baubetrieb und Baumaschinen an der Technischen Universität Berlin berufen. Nach seinem Studium des Bauingenieurwesens an der Universität Stuttgart war er als Bauleiter auf Baustellen des Wasserbaues und des Ingenieurbaues tätig und promovierte 1977 während seiner Assistententätigkeit am Institut für Baubetriebslehre der Universität Stuttgart. Seit 1978 war er als Beratender Ingenieur im Bereich der Objektüberwachung und des Projektmanagements freiberuflich tätig.

Dipl.-Ing. Matthias Bahr, geb. 1970 in Neuss, studierte von Oktober 1991 bis Mai 1997 Wirtschaftsingenieurwesen mit der technischen Studienrichtung Bauingenieurwesen an der Technischen Universität Berlin. Von Juni 1997 bis Februar 1999 arbeitete er in der Abteilung Kommunikation der Hauptniederlassung Rhein-Ruhr der HOCHTIEF AG. Seit März 1999 ist er dort im Rahmen eines Mentorenprogramms in der Abteilung Beschaffung tätig.

Diese Veröffentlichung ist zugleich die von Dipl.-Ing. Matthias Bahr dem Fachbereich 09 „Bauingenieurwesen und Angewandte Geowissenschaften“ der Technischen Universität Berlin vorgelegte Fassung der Dissertation.

ISSN 0173-7740
ISBN 3 7983 1805 0

∞ *Gedruckt auf säurefreiem alterungsbeständigem Papier*

Druck/ Printing: Offset-Druckerei Gerhard Weinert GmbH
Saalburgstr. 3, D-12099 Berlin

Vertrieb/ Publisher: Technische Universität Berlin
Universitätsbibliothek, Abt. Publikationen
Straße des 17. Juni 135, D-10623 Berlin

Tel.: (030)314-22976, -23676
Fax.: (030)314-24741
E-Mail: Publikationen@ub.TU-Berlin.DE

Verkauf/ Book Shop: Gebäude FRA-B
Franklinstr. 15 (Hof), 10587 Berlin-Charlottenburg

Vorwort des Herausgebers

Die aktuelle Situation der inländischen Bauwirtschaft ist einerseits gekennzeichnet durch die Problematik einer sektorenweise drastisch zurückgehenden Nachfrage sowie durch Veränderungen der strukturellen Rahmenbedingungen aufgrund der politisch bedingten Marktöffnung. Andererseits zeichnet sich ab, daß insbesondere aus dem Rückzug der öffentlichen Auftraggeber von seither übernommenen Aufgaben im infrastrukturellen Bereich geänderte Anforderungen an das Tätigkeitsgebiet der Wirtschaft resultieren. Exemplarisch sei in diesem Zusammenhang nur auf das Schlagwort der sog. „PPP-Modelle" hingewiesen, die bei baulichen Anlagen vom Vertragspartner nicht nur die Übernahme von Planungs- und Bauaufgaben abverlangen, sondern auch Aktivitäten im Bereich der Finanzierung bis hin zur Übernahme des Betreiberrisikos solcher Anlagen.

Nicht zuletzt vor diesem Hintergrund werden in den Bauunternehmungen strategische Planungen mit Ziel durchgeführt, die Unternehmen, deren Organisation und deren Vorgehen im Markt auf diese geänderten Anforderungen auszurichten. Diese Strategieansätze bedingen für den seither weitestgehend auf Bestellungen und deshalb eher passiv reagierenden Zweig der Volkswirtschaft einen Wechsel hin zu einer Ausrichtung auf aktive Elemente des Marktzuganges und damit u.a. auch eine entsprechende Analyse und Beachtung der Kundenbedürfnisse.

Die vorliegende Arbeit ist aus der aktiven Tätigkeit in einem Unternehmen entstanden und verfolgt das Ziel, zunächst diejenigen Randbedingungen zu analysieren, die bei der Realisierung baulicher Anlagen im Sinne der Kundenzufriedenheit zu beachten sind. Hierauf aufbauend wird unter Berücksichtigung der für das Marketing in der stationären Industrie und bei Dienstleistungen vorhandenen Erkenntnisse ein Marketingkonzept für einen weltweit agierenden Baukonzern entwickelt.

Da für diesen Bereich bislang keine gesicherten Erkenntnisse vorliegen, werden die Grundlagen über Spiegelbildbefragungen von Führungskräften und Kunden des Baukonzern erarbeitet. Dabei wird von der Hypothese ausgegangen, daß ein modernes, auf die Spezifika des Baumarktes ausgerichtetes Marketingkonzept den Unternehmenserfolg nachhaltig steigert. Dieses Konzept beruht auf einer Erhöhung der Kundenzufriedenheit und bedingt sowohl Kenntnisse der Kundenbedürfnisse als auch eine Ausrichtung des strategischen und des operativen Managements auf ein kundenorientiertes Führungsverhalten.

Vor dem Hintergrund dieser sehr aktuellen, aber bislang noch nicht ganzheitlich betrachteten Thematik ist der vorliegenden Arbeit eine weite Verbreitung zu wünschen.

Berlin, im Juli 1999 — Univ.-Prof. Dr.-Ing. Bernd Kochendörfer

Vorwort des Verfassers

Die vorliegende Arbeit entstand in der Zeit von 1997 bis 1999 während meiner Tätigkeit als Mitarbeiter der Abteilung Kommunikation der Hauptniederlassung Rhein-Ruhr der HOCHTIEF AG.

Die Anregung zur Bearbeitung des Themas „Marketing in Baukonzernen" gab Dipl.-Ing. Uwe Wiltfang. Für seine konstruktiven Anregungen und jederzeitige Unterstützung danke ich ihm herzlich.

Mein besonderer Dank gebührt an dieser Stelle meinem Doktorvater, Herrn Universitätsprofessor Dr.-Ing. B. Kochendörfer. Er war während des gesamten Projekts ein wertvoller Ansprechpartner. Insbesondere seine Fähigkeit, mir gedanklichen Freiraum zu gewähren und mich trotzdem zielorientiert zu betreuen, hat erheblich zum erfolgreichen Abschluß der Dissertation beigetragen.

Mein Dank gebührt ebenfalls Herrn Universitätsprofessor Dr. rer. oec. V. Trommsdorff für die Betreuung meiner Arbeit, für die Übernahme des Koreferates und für seine Bereitschaft, in diesem fachbereichsübergreifenden Promotionsverfahren mitzuwirken.

In ganz besonderem Maße möchte ich mich bei Britta Berkner, sowie meinen Eltern Marlies und Günter und meiner Schwester Katrin für ihre kritischen Kommentare und konstruktiven Vorschläge, aber auch für ihr Verständnis und ihre Geduld bedanken, die sie mir insbesondere gegen Ende meiner Promotion entgegenbrachten.

Essen, im Juli 1999 Matthias Bahr

Inhaltsverzeichnis

Abbildungsverzeichnis

Tabellenverzeichnis (Anhang)

Abkürzungsverzeichnis

a.a.O.	**a**m **a**ngegebenen **O**rt
Abb.	**Abb**ildung
AG	**A**ktien**g**esellschaft
ARGE	**Ar**beits**ge**meinschaft
Art.	**Art**ikel
b.d.	**b**ei **d**er
BGB	**B**ürgerliches **G**esetz**b**uch
Bsp.	**B**ei**sp**iel
bzgl.	**b**e**z**ü**gl**ich
bzw.	**b**e**z**iehungs**w**eise
ca.	**c**irc**a**
CD	**C**omputer **D**iskette
d.h.	**d**as **h**eißt
DIN	**D**eutsche **I**ndustrie **N**orm
DM	**D**eutsche **M**ark
EDV	**E**lektronische **D**aten**v**erarbeitung
EG	**E**uropäische **G**emeinschaft
EGBGB	**E**inführungs**g**esetz zum **B**ürgerlichen **G**esetz**b**uch
et al.	**et al**ii
etc.	**et c**etera
f.	**f**olgende
ff.	**f**ort**f**olgende
GG	**G**rund**g**esetz
ggf.	**g**e**g**ebenen**f**alls
ggü.	**g**e**g**en**ü**ber
GS	**G**eschäfts**s**telle(n)
GU	**G**eneral**u**nternehmer
GÜ	**G**eneral**ü**bernehmer
GZ	**G**lobal**z**ufriedenheit
HN	**H**aupt**n**iederlassung
Hrsg.	**H**e**r**au**sg**eber
IG	**I**ndustrie**g**ewerkschaft
IPR	**I**nternationales **P**rivat**r**echt
ISO	**I**nternational **S**tandard **O**rganisation
i.S.v.	**i**m **S**inne **v**on
i.w.S.	**i**m **w**eiteren **S**inne
Kap.	**Kap**itel
KIS	**K**unden**i**nformations**s**ystem
KIZ	**K**unden**i**nformations**z**entrum
KKV	**k**omparativer **K**onkurrenz**v**orteil
kurzfr.	**kurzfr**istige
ln	**n**atürlicher **L**ogarithmus

Man.	**Man**agement
Mio.	**Mi**ll**io**nen
Mrd.	**M**illia**rd**en
NL	**N**ieder**l**assung(en)
Nr.	**N**umme**r**
NU	**N**ach**u**nternehmer
o.a.	**o**ben **a**ngeführt
partnersch.	**partnersch**aftliche
PIMS	**P**rofit **I**mpact of **M**arket **S**trategy
Proj.	**Proj**ekten
ROI	**R**eturn **o**n **I**nvestment
S.	**S**eite
s.	**s**iehe
s.a.	**s**iehe **a**uch
SFB	**S**chlüssel**f**ertig**b**au
s.o.	**s**iehe **o**ben
Tab.	**Tab**elle
TARP	**T**echnical **A**ssistence **R**esearch **P**rogram
TGA	**T**echnische **G**ebäude**a**usrüstung
TQM	**T**otal **Q**uality **M**anagement
u.	**u**nd
u.a.	**u**nter **a**nderem
US	**U**nited **S**tates
u.s.w.	**u**nd **s**o **w**eiter
Verf.	**Verf**asser
vgl.	**v**er**gl**eiche
Vgls.	**V**er**gl**eich**s**(möglichkeiten)
VOB	**V**erdingungs**o**rdnung für **B**auleistungen
vs.	**v**er**s**us

1. Einleitung

1.1 Begründung dieser Arbeit

Marketing ist in deutschen Baukonzernen kein Fremdwort mehr. Obwohl es bislang an der praktischen Umsetzung von Marketing-Konzepten fehlt, ist zu beobachten, daß die strategische Bedeutung dieses Teilbereichs der Betriebswirtschaftslehre für den Unternehmenserfolg zunehmend von den Geschäftsleitungen erkannt wird.

Eine Begründung für die fehlende Berücksichtigung von Marketing ist darin zu sehen, daß die theoretische Anwendung und praktische Umsetzung der Marketing-Lehre in Baukonzernen bisher von der Wissenschaft vernachlässigt wurde. Dies spiegelt sich auch darin wider, daß bauspezifische Ansätze in der Literatur kaum vorhanden sind (vgl. Marhold, 1992, S. 1 f., S. 159).

Sie sind jedoch dringend erforderlich, da der Bau-Markt mit den in der Literatur behandelten Teilbereichen der Konsumgüter-, Investitionsgüter- und Dienstleistungsmärkte hinsichtlich:

- Produkteigenschaften,
- Komplexität eines Bauvorhabens,
- Nutzenerwartungen,
- Ansprüche an Systemlösungen,
- Zusammensetzung der Nachfrager (alle Wirtschaftszweige und Privathaushalte),
- Investitionsvolumen und
- Dauer der Kapitalbindung

nicht zu vergleichen ist.

Des weiteren sind innovative Lösungsansätze für die Schwierigkeiten gefordert, die die besondere Marktsituation von Bauunternehmen mit sich bringt.

Die Bauindustrie ist in starkem Maße von der Investitionsneigung der privaten Wirtschaft und des Staates abhängig. In Deutschland ist diese trotz der stetigen Verbesserung der wirtschaftlichen Rahmenbedingungen noch zurückhaltend. Das Investitionsvolumen des Staates ist durch die Vorgaben zur Erfüllung der Maastricht-Kriterien und die Ausgaben zur Finanzierung der hohen Arbeitslosigkeit eingeschränkt. Die schwache Inlandsnachfrage wird von immer mehr Firmen durch ein ständig wachsendes Engagement im Ausland ausgeglichen.

Ein Hauptaugenmerk erfolgreicher Firmen muß daher sein, die Anforderungen des Marktes zu erkennen und entsprechend darauf zu reagieren.

Die unzureichende Erforschung von Kundenbedürfnissen in der Bauindustrie verhindert jedoch, daß die Unternehmen ihr Leistungsprogramm konsequent an diesen ausrichten können.

Anderson und Narus (1995) formulierten die Problemstellung folgendermaßen:

> „From our research, we have found that suppliers typically provide customers with more services than they want or need at prices that often reflect neither the value of those services to customers nor the cost of providing them. Many companies do not even know, which services individual customers or groups of customers with similar needs really want."[1]

Zudem mangelt es an einer theoretischen Grundlage zur Einordnung des Marketing in die Organisationsstruktur eines Baukonzerns.

Mit Hilfe dieser Arbeit soll ein Beitrag zur Erforschung von Anwendungsmöglichkeiten des Marketing in Baukonzernen geliefert werden.

[1] „Durch unsere Forschung haben wir herausgefunden, daß Lieferanten ihren Kunden mehr Service bieten als diese brauchen oder wollen, zu Preisen, die weder den Nutzen des Services für den Kunden noch die Kosten der Bereitstellung widerspiegeln. Viele Unternehmen wissen nicht einmal, welche Betreuung einzelne Kunden oder Kundengruppen mit vergleichbaren Ansprüchen wirklich wollen." (Übersetzung vom Verf.)

1.2 Zielsetzung

Das Ziel jeder nicht gemeinnützigen Organisation ist, langfristig einen Gewinn zu erwirtschaften. Deshalb ist Marketing in Baukonzernen nur dann sinnvoll, wenn es dazu beiträgt, den Unternehmenserfolg zu steigern (vgl. Goldratt/Cox, 1995).

Die Beantwortung der Frage, ob Marketing dies leisten kann und damit ein Instrumentarium darstellt, mit dessen Hilfe sich Unternehmen erfolgreich den gegebenen Marktverhältnissen anpassen können, ist Gegenstand dieser Arbeit.

Das Primärziel läßt sich durch die Untersuchung der folgenden Hypothese erreichen:

Ein modernes, auf die Spezifika des Bau-Marktes abgestimmtes Marketing-Konzept steigert den Unternehmenserfolg in Baukonzernen.

Im Rahmen der Überprüfung der Hypothese wird zusätzlich ein Sekundärziel verfolgt. Dies besteht darin, eine Verbesserung des entscheidungsrelevanten Informationsstandes in Baukonzernen hinsichtlich der Kundenbetreuung zu erreichen.

Die mit der Erstellung dieser Arbeit verbundene Nutzenerwartung ist die Schaffung eines umfassenden Marketingbewußtseins, das die Entscheidungsprozesse der Geschäftsleitungen beeinflußt (vgl. Diederichs /Marhold/Pollack/Schließmann, 1989, S. 761).

Es soll erreicht werden, daß das operative und strategische Management auf ein kundenorientiertes Führungsverhalten ausgerichtet wird. Denn die Steigerung der Kundenzufriedenheit führt zu einer Verbesserung der eigenen Marktposition.

1.3 Ablauf der Untersuchung

Marketing ist bislang noch nicht in deutschen Baukonzernen etabliert. Daher kann die Überprüfung der Hypothese nur rein argumentativ erfolgen.

Anschließend an eine allgemeine Einführung in das Thema Marketing und speziell Bau-System-Marketing, wird für die Untersuchung die nachfolgend dargestellte Vorgehensweise gewählt. Der Begriff „Bau-System-Marketing" umschreibt alle Marketing-Maßnahmen, die im Zusammenhang mit in der Bauindustrie angebotenen Systemen ergriffen werden können. Einzelne Komponenten solcher Systeme können die Idee für die Entwicklung eines Projektes, die Planung, die Finanzierung, der Bau und die Betreibung einer baulichen Anlage sein.

Als Forschungsobjekt dient ein deutscher Baukonzern. Für ein Marktsegment werden mittels Befragungen von Mitarbeitern und Kunden des Unternehmens, sowie der Untersuchung weiterer interner und externer Quellen, Marketingerfolgsfaktoren ermittelt.[2] Darauf aufbauend wird ein beispielhaftes Marketing-Konzept entwickelt, anhand dessen die Hypothese überprüft wird.

Unternehmensziele werden aufgezeigt, eine Strategie entwickelt und die Marketing-Instrumente konkret ausgestaltet. Detailliert werden die Bereiche Beschwerdemanagement und Bemusterungen betrachtet. Es wird dargestellt, welche Teilbereiche aus dem Leistungsspektrum eines Bauunternehmens das größte Verbesserungspotential hinsichtlich einer Steigerung der Kundenzufriedenheit aufweisen und welche Leistungen in Abhängigkeit von ihrem Erfüllungsgrad bezüglich der Kundenerwartungen wie auf die Kundenzufriedenheit wirken. Ein Instrumentarium zur Zufriedenheitsmessung und -kontrolle wird entwickelt und ein zufriedenheitsorientiertes Anreizsystem vorgestellt.

---

[2] Als Marktsegment wurde der „Schlüsselfertige Hochbau" ausgewählt, da aufgrund der gemischten Auftraggeberstruktur (öffentliche und private Auftraggeber) und den Privatisierungsbemühungen der öffentlichen Hand eine nur gering eingeschränkte Gültigkeit der Ergebnisse der Untersuchung auch für den Tiefbau und das Marktsegment Renovierung und Unterhaltung zu erwarten ist. Die Einschränkung bezieht sich vor allem auf die Vergabekriterien, da öffentliche Auftraggeber an die VOB/A gebunden sind.
Eine nähere Abgrenzung des Marktsegments erfolgt in Kapitel 4.2 „Datengewinnung".

Teil I

Grundlagen der Untersuchung

2. Einführung in das Thema Marketing

Die Einleitung beschränkt sich auf eine kurze, allgemeine Darstellung des Themengebietes „Marketing", da ausführliche Einführungen in die Marketinglehre in der Literatur in ausreichender Zahl vorhanden sind.[3]

Ziel dieses Kapitels ist, eine terminologische Abgrenzung vorzunehmen, Aufgaben und Instrumente des Marketing darzustellen, sowie die unternehmensexterne Situation eines deutschen Baukonzerns anhand verschiedener Merkmale zu erläutern.

Ein Marketing-Konzept ist nur dann sinnvoll, wenn darin die in- und externen Rahmenbedingungen im Unternehmensumfeld berücksichtigt werden. Für die Entwicklung eines mittel- bis langfristigen Konzepts ist es daher erforderlich, nicht nur die derzeitige Situation zu analysieren, sondern auch einen zukünftigen Trend aus Daten der Vergangenheit abzuleiten (vgl. Nieschlag/Dichtl/Hörschgen, 1997, S. 876).

Deshalb werden zunächst Veränderungen auf dem Gesamt- und speziell dem Bau-Markt untersucht. Daraus sollen Hinweise gewonnen werden, welche Reaktionen der Unternehmen auf die Marktgegebenheiten erfolgversprechend sind.

2.1 Anforderungen des Marktes an ein Unternehmen

Um langfristig erfolgreich zu sein, muß ein Unternehmen auf die ständig wechselnden Anforderungen des Marktes flexibel reagieren können (vgl. Kramer/Kramer, 1994, S. 1 ff.).

Der Markt, ein Ort an dem Angebot und Nachfrage zusammentreffen, wird von seiner Umwelt geprägt. Die Umwelt eines Unternehmens setzt sich aus globalen Einflüssen und den unmittelbaren Beziehungen zu Personen oder Organisationen zusammen.

In der Bauwirtschaft stehen die Unternehmen mit Kunden, Lieferanten, Architekten, Nachunternehmern, Projektsteuerern, Fachingenieuren und Wettbewerbern in direktem Kontakt. Diese bilden die Mikro-Umwelt.

---

[3] Weiterführende Literatur ist im Literaturverzeichnis angegeben. Als detaillierte Einführungen in das Thema „Marketing" sind die Bücher von Nieschlag/Dichtl/Hörschgen (1997), Kotler/Bliemel (1995) und Meffert (1998) zu empfehlen.

Die globalen Einflüsse (Makro-Umwelt) unterteilen Nieschlag, Dichtl, Hörschgen (1988, S. 613 ff.) in fünf Komponenten:

(1) Die ökonomische Komponente beschreibt volks- und weltwirtschaftliche Rahmenbedingungen. (2) Strukturmerkmale der Bevölkerung (Geschlecht, Alter, Nationalität etc.), Sozialstrukturen und Beziehungen gesellschaftlicher Institutionen untereinander (Gewerkschaften, Medien, Behörden etc.), sowie gesellschaftliche Werte und Normen bilden die sozio-kulturelle Komponente. (3) Verfahrens-, Material- und Produktinnovationen bestimmen die technologische Komponente. (4) Die physische Komponente beschreibt den Einfluß der klimatischen und geographischen Bedingungen, sowie der Infrastruktur des Raumes auf das Unternehmen. (5) Gesetze und Verordnungen werden durch die politisch-rechtliche Komponente berücksichtigt.

Abbildung 1: Umwelt der Bauunternehmen

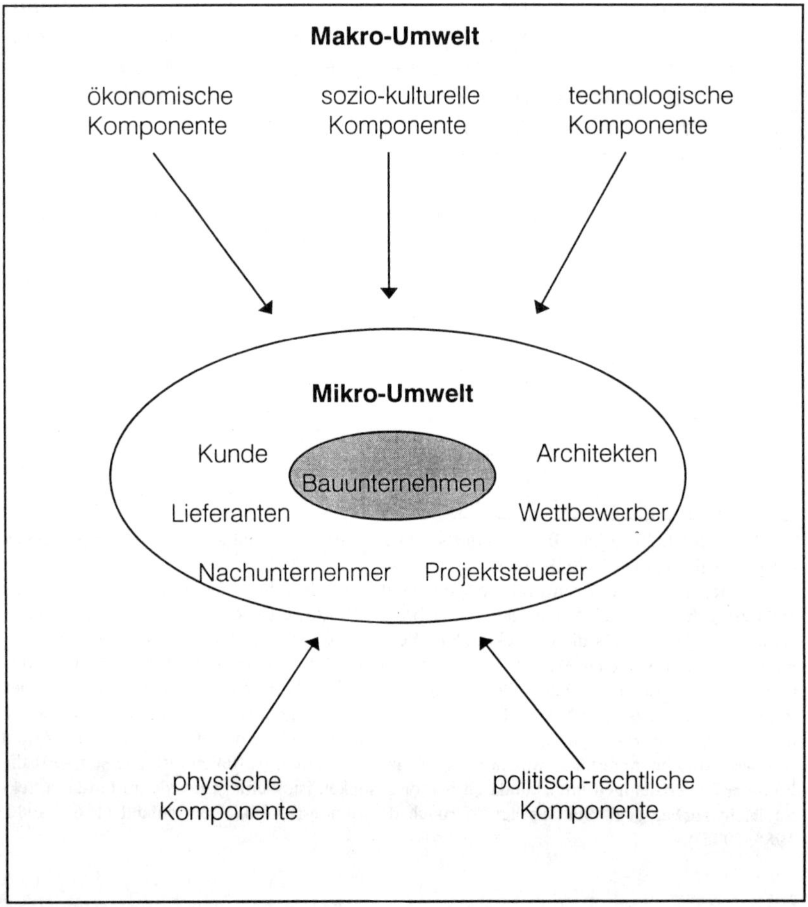

Das Zusammenwirken dieser Komponenten bildet die Grundlage für unternehmerisches Handeln.

Für die Bauwirtschaft sind fünf Entwicklungstendenzen des Marktes von besonderer Bedeutung:

1) Wachsende Nachfrage nach Dienstleistungen

In Deutschland war in den letzten Jahrzehnten eine Verschiebung in der Bedeutung der einzelnen Wirtschaftsbereiche für die gesamtwirtschaftliche Produktion festzustellen.[4] Der tertiäre Sektor gewinnt gegenüber den beiden anderen Sektoren immer mehr an Bedeutung.[5] Die Abteilung „Dienstleistungsunternehmen" dominiert in zunehmendem Maße den Wert der Bruttowertschöpfung in diesem Sektor.

Auch die Unternehmen der anderen Sektoren werden sich dem Trend hin zu einem steigenden Angebot von Dienstleistungen anschließen müssen. Denn der Verkauf ihrer Kernleistung wird immer mehr davon abhängen, welche Dienstleistungen dem Kunden zusätzlich angeboten werden können. Serviceleistungen und Beratung entscheiden heutzutage maßgeblich über die Anerkennung eines Produktes. Die integrierte Erweiterung der Wertschöpfungskette muß daher einen zentralen Punkt in der Unternehmensplanung einnehmen.

Der Erfolg einer Marketing-Strategie eines Baukonzerns wird in entscheidendem Maße davon abhängen, inwieweit traditionelle Kompetenzen und Werte mit einem modernen Dienstleistungsangebot verknüpft werden können.

[4] Anhand der Indikatoren „Bruttowertschöpfung" und „Erwerbstätige" ist dies empirisch zu belegen (vgl. Corsten, 1990, S. 6 f.).

[5] Die Untersuchung der Bruttowertschöpfungen der einzelnen Sektoren in den Jahren 1960 bis 1994 zeigt deutlich, daß Anfang der 70er Jahre die Bruttowertschöpfung des tertiären Sektors erstmals größer war, als die des sekundären Sektors. Seit diesem Zeitpunkt steigt diese kontinuierlich an und verzeichnete, im Gegensatz zum primären und sekundären Sektor, stets positive Wachstumsraten. Im Jahr 1994 betrug der absolute Wert der Bruttowertschöpfung des tertiären Sektors das ungefähr 1,8 fache des Wertes des sekundären Sektors. Die Untersuchung der Zahl der Erwerbstätigen zeigt ein ähnliches Bild. Seit Mitte der 70er Jahre ist der Anteil der Beschäftigten im tertiären Sektor höher als im sekundären. Auffallend ist, daß seit 1991 die Zahl der Erwerbstätigen im sekundären Sektor gesunken ist, wohingegen sie im tertiären Sektor leicht anstieg (vgl. Statistisches Jahrbuch der Bundesrepublik Deutschland (1963, 1980, 1985, 1996)).

2) Stetig steigender Informationsbedarf

Die zunehmend rasantere Entwicklung der Medien, vom Erscheinen der ersten Zeitung bis hin zu Internet PCs, verdeutlicht neben einer stetig steigenden Technologiedynamik, daß ein zunehmender Bedarf nach Informationen vorhanden ist.

Moderne Kommunikationsmittel erlauben nahezu eine Zeitgleichheit zwischen der Aussendung und dem Empfang einer Nachricht in Bild und Ton. Außerdem wird ein Informationsaustausch zwischen beliebig vielen Personen ermöglicht.

Die durch diese Entwicklung hervorgerufene zunehmende Transparenz des Marktes hat Einfluß auf die Kunden und das Unternehmen.

In Zukunft werden den Kunden immer mehr Informationen über verschiedene Unternehmen zeitgleich zur Verfügung stehen. Dies wird die Auftragsvergabe in der Bauindustrie entscheidend beeinflussen, da es Kunden immer leichter fallen wird, unterschiedliche Angebote zu vergleichen. Folglich werden die Vergabeentscheidungen immer weniger vom persönlichen Auftreten des Akquisiteurs abhängen, sondern zunehmend von objektiven Kriterien bestimmt werden. Auch der Einfluß des Bauherrn auf den Bauablauf wird sich noch verstärken, da er ohne großen Zeitaufwand in der Lage sein wird, Prozesse zu überwachen und regulierend einzugreifen.

Die Frage, die bei der Planung eines Marketing-Konzepts beantwortet werden muß ist folglich, wie es einer Unternehmung gelingen kann, dem Kunden die gewünschten wesentlichen Informationen in einer geeigneten Form zur Verfügung zu stellen und die damit verbundene Gefahr einer Informationsüberfrachtung zu vermeiden.

Unternehmensintern bietet die Nutzung von moderner Hard- und Software Möglichkeiten, in immer kürzeren Abständen noch größere Mengen an Daten zu verarbeiten.

Der interne Informationsfluß kann verbessert werden, indem Kundendaten, die zuvor erhoben und analysiert wurden, in einem Kundeninformationssystem gespeichert und autorisierten Mitarbeitern zur Verfügung gestellt werden. In ähnlicher Weise ließe sich auch ein Projektinformationssystem realisieren, in dem sämtliche projektbezogene Daten gespeichert sind.

3) Zunehmender Wettbewerbsdruck als Resultat konjunktureller und struktureller Probleme

In der 40. Ausgabe des statistischen Halbjahresberichts der FIEC wird betont, daß in der europäischen Bauindustrie ein Rückgang der Rezession in den meisten Ländern zu beobachten ist.[6]

Der Bausektor profitiert in seiner Gesamtheit, wenn auch nur gering, von konjunkturellen Verbesserungen in zahlreichen europäischen Ländern (Produktionssteigerung, niedrige Inflationsrate, relativ niedriger Zinssatz). Lediglich in Deutschland (-1,7%) und in Dänemark (-1,0%) nimmt die Bautätigkeit auch 1998 im Vergleich zum Vorjahr weiter ab (vgl. 42. Ausgabe des statistischen Halbjahresberichts der FIEC).

In Deutschland sind eine steigende Exporttätigkeit, moderate Lohnsteigerungen, niedrige Zinsen und die zunehmende Normalisierung des Außenwertes der Deutschen Mark Signale für eine Verbesserung der gesamtwirtschaftlichen Entwicklung. Dies darf jedoch nicht darüber hinwegtäuschen, daß die Investitionsneigung in der Wirtschaft immer noch sehr gering ist, was sich besonders negativ auf die Bauwirtschaft auswirkt.

Für 1998 wird laut FIEC in Europa mit einem leichten Aufschwung gerechnet, der durch das voraussichtliche Ende der Rezession in Deutschland unterstützt wird. Dort wird mit einer Zunahme der Bauinvestitionen um ein bis zwei Prozent gerechnet.

Der durch die allgemeine Rezession bedingte Nachfragerückgang hat einen verstärkten Konkurrenzkampf zwischen den Wettbewerbern ausgelöst, als dessen Folge ein Verfall der Baupreise festzustellen ist. Hiervon ist vor allen Dingen das Bauhauptgewerbe betroffen. Die Baupreise für Rohbauarbeiten im Wohnungsbau werden sich ebenso wie die für den Straßen- und Kanalbau nach der Prognose der FIEC weiter auf niedrigem Niveau bewegen.

In Deutschland ist die Zahl der Insolvenzen im Baugewerbe aufgrund der Konjunktur- und Strukturprobleme 1997 auf den äußerst hohen Wert von 7.800 angestiegen. Dies sind 10% mehr als im Jahr davor.

Angesichts der schwierigen Lage auf dem Bau-Markt müssen sich die Unternehmen entscheiden, in welchen Bereichen sie in Zukunft ihr Kerngeschäft abwickeln wollen.

[6] FIEC (Fédération de l'Industrie Européenne de la Construction) (Übersetzung: Verband der Europäischen Bauwirtschaft)

Wegen des hohen Wettbewerbsdrucks werden sich nur die Unternehmen am Markt behaupten können, die entweder:

(1) eine Marktnische gefunden haben,
(2) sich auf eine oder wenige Sparten konzentrieren und als Spezialist auftreten können oder
(3) in allen Sparten anbieten, mit dem Hinweis auf ein besonderes technisches und kaufmännisches Know-how, sowie Vorteilen, die sich aus der Größe des Anbieters ergeben, z.B. beim Einkauf und dem Nachunternehmermanagement aufgrund von Marktmacht oder des Einsatzes von besonders teurem technischen Material, das nur große Firmen anbieten können (z.B. Brückenschalung, spezielle Bau-Software).

Das Management von Baukonzernen sollte sich in schwierigen Zeiten von unrentablen Geschäftsbereichen trennen und Kernkompetenzen bündeln.

Bevor ein Marketing-Konzept entwickelt werden kann, müssen folglich Chancen und Risiken des Marktes, sowie die Stärken und Schwächen des Unternehmens abgewogen werden.

Danach muß entschieden werden, in welchen Sparten Vorteile gegenüber Konkurrenten bestehen und dementsprechend die technische Ausstattung und das Mitarbeiterprofil angepaßt werden.

4) Verstärkte Tätigkeiten der Unternehmen im Ausland

Untersuchungen der von den European International Contractors (E.I.C.) zur Verfügung gestellten Daten belegen, daß sich Unternehmen in einem immer größer werdenden Umfang im Ausland betätigen (vgl. auch Stoemer, 1988, S. 695). Die Länder mit dem größten Bauexport in der Europäischen Union sind Deutschland, Frankreich, Großbritannien, Italien, die Niederlande, Schweden und Spanien. Der Umfang ihrer Auslandsbauaufträge hat sich kontinuierlich von 32 Mrd. US-$ im Jahr 1993 über 36 Mrd. US-$ 1994 auf 48 Mrd. US-$ 1995 gesteigert. Wie die FIEC in ihrem statistischen Halbjahresbericht Ausgabe Nr. 40 darlegt, ergibt sich, selbst ohne innerhalb Europas grenzüberschreitend vergebene Aufträge, noch ein eindrucksvolles Ergebnis.

Einige gemeinsame Vorgehensweisen von Firmen sind in allen Staaten Europas zu beobachten. Zunehmend wird das Auslandsgeschäft von ausländischen Tochtergesellschaften oder Beteiligungsgesellschaften übernommen. Von den Unternehmen werden immer mehr Systemlösungen erwartet, d.h. es werden zusätzlich zu den Bauausführungen traditioneller Art weiterführende Leistungen nachgefragt, z.B. die Finanzierung oder die Betreibung einer Anlage. Die interessantesten Märkte für die europäische Bauwirtschaft finden sich in Asien, zunehmend wird auch Lateinamerika an Bedeutung gewinnen.

Der Grund für viele Bauunternehmen, sich verstärkt auf den Auslandsmarkt zu konzentrieren ist der Versuch, die schwache Inlandsnachfrage auszugleichen.

Deutsche Baufirmen erhielten 1995 im Ausland Bauaufträge in einer Rekordhöhe von 18,5 Mrd. DM. Dies entsprach in etwa zwei Dritteln des gesamten Auftragsvolumens. 8,4 Mrd. DM dieser Bauaufträge waren den Staaten der Europäischen Union zuzurechnen. Somit wurden 1995 die negativen Auswirkungen der innerdeutschen Konjunktur auf die Bauwirtschaft durch eine gesteigerte Auslandstätigkeit der Firmen kompensiert.

Die verstärkte Teilnahme der Firmen am internationalen Wettbewerb bedeutet allerdings im Umkehrschluß, daß Baufirmen bei heimischen Bauaufträgen zusätzlich noch mit internationalen Wettbewerbern konkurrieren müssen.

Sind Konzerne international tätig, so muß dies innerhalb eines Marketing-Konzepts zum einen in der Form berücksichtigt werden, daß ein Interessenausgleich zwischen In- und Auslandsabteilungen angestrebt wird, um Synergieeffekte nutzen zu können. Zwei in diesem Zusammenhang besonders hervorzuhebende Bereiche sind Großkundenbetreuung und Werbung.

Zum anderen müssen in einem Marketing-Konzept die Sitten, Werte und Normen der Länder berücksichtigt werden, in denen das Unternehmen tätig ist.

5) Ständig wachsende Umweltschutzanforderungen

Starken Einfluß auf den Unternehmenserfolg hat das rechtlich-politische und sozio-kulturelle Umfeld. Neue gesellschaftliche Werte und Normen werden zuerst politisch wahrgenommen und dann in der Gesetzgebung berücksichtigt. Ein frühzeitiges Erkennen dieser Entwicklung ermöglicht es dem Unternehmen, das Angebot rechtzeitig den veränderten Anforderungen der Kunden und des Gesetzgebers anzupassen (vgl. Coenenberg/Weise/Eckrich, 1991, S. 13).

Ein beherrschendes gesellschaftspolitische Thema in den 80er und 90er Jahren war in Europa der Umweltschutz. Die Erweiterung des gesellschaftlichen Wertesystems hinsichtlich dieses Aspektes war schon früh zu erkennen.

Für die Belange der Bauwirtschaft hat das am 07.10.1996 in Kraft getretene Kreislaufwirtschafts- und Abfallgesetz entscheidende Bedeutung.

In diesem Gesetz wird u.a. festgeschrieben, daß die Entsorgung von Bauabfällen in der Regel in privater Verantwortung erfolgen soll. Zusätzlich müssen Bauherr und Bauunternehmen die Produktverantwortung übernehmen. Das hat weitreichende Folgen hinsichtlich der vertraglichen Risikozuordnungen. Die Fragen der Verantwortlichkeit und Kostenübernahme des Transports, der Lagerung, der Verwertung und Beseitigung von Abfällen erlangen durch das Kreislaufwirtschafts- und Abfallgesetz eine neue Tragweite. So müssen etwa baurelevante Abfallarten, z.B. Ölabfälle, Verpackungen, Beton, Ziegel, Bodenaushub oder Isoliermaterial, jeweils mit schädlichen Verunreinigungen, gemäß der Verordnung zur Bestimmung von besonders überwachungsbedürftigen Abfällen klassifiziert und demzufolge (kostenintensiv) entsorgt werden.

Gesellschaftspolitische Themen müssen sich in einem Marketing-Konzept widerspiegeln. Die herausragende Bedeutung des Umweltschutzes in diesem Zusammenhang ermöglicht Firmen, durch geschickte Konzepte zur Abfallvermeidung, durch den Einsatz ökologischer Baumaterialien oder durch Ressourcen sparende oder schonende Bauverfahren, neue Kundengruppen anzusprechen und andere weiter an sich zu binden.

Zusammenfassung

Die Ansprüche der Kunden hinsichtlich der angebotenen Dienstleistungen und Informationen werden weiter steigen. Die konjunkturellen und strukturellen Probleme der europäischen und insbesondere der deutschen Wirtschaft haben in der Bauindustrie einen ruinösen Preiswettbewerb zur Folge. Der mit den Konsolidierungsbemühungen in den staatlichen Haushalten in Zusammenhang stehende Nachfragerückgang und die Privatisierungsbestrebungen in diesem Sektor verdeutlichen, daß die Bauindustrie auch in Zukunft mit einem Rückgang an öffentlichen Bauaufträgen rechnen muß. Tarifvertragliche Auseinandersetzungen, eine schleppende Gesetzgebung, ein ungeordnetes rechtliches Umfeld und steigende Anforderungen an die Bauabwicklung kennzeichnen die Marktlage (vgl. Noak, 1992, S. 19).[7]

Viele Unternehmen nutzen daher die Chancen, die sich ihnen auf den Auslandsmärkten bieten. Um im In- und Ausland den sich verändernden Anforderungen des Marktes gerecht zu werden, müssen sich die Unternehmen stärker als bisher am Markt, d.h. am Kunden und am Wettbewerber, orientieren.

2.2 Marketing, ein Unternehmensführungskonzept

Marktorientierung bedeutet zum einen, daß das Hauptaugenmerk einer Unternehmung nicht mehr ausschließlich auf dem Verkauf der angebotenen Leistung liegt, sondern daß die Problemlösung und Erfüllung der Wünsche des Kunden in den Vordergrund rücken (s. Abb. 3, S. 15) (vgl. Kohli/Jaworski, 1990; Kohli/Jaworski/Kumar, 1993). Der Begriff der Verbrauchersouveränität gewinnt in diesem Zusammenhang wieder an Bedeutung. Die Vorstellungen der Kunden bestimmen das Angebot. Zum anderen werden direkte Wettbewerber und Unternehmen anderer Branchen (Benchmarking) stärker als bisher beobachtet, um aus deren erfolg-

Abbildung 2: Marktorientierung

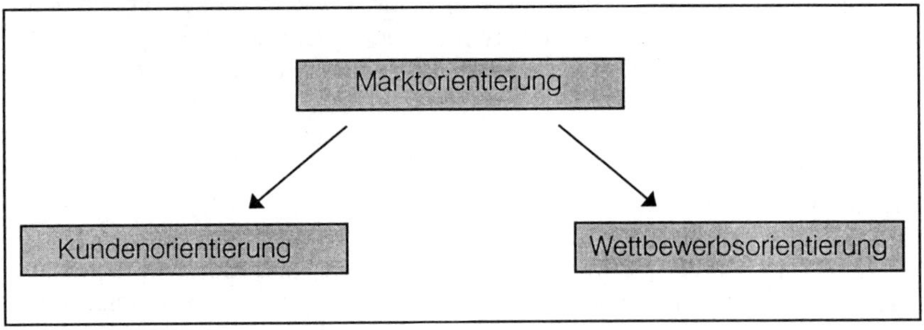

[7] Beispiele:

- tarifvertragliche Streitigkeiten: Konflikt zwischen der IG-Agrar-Bauen-Umwelt und der Fachgemeinschaft Bau Berlin und Brandenburg (1997): Die von der Gewerkschaft geforderte uneingeschränkte Übernahme des auf Bundesebene erreichten Schlichterspruchs wird abgelehnt
- schleppende Gesetzgebung: später Zeitpunkt der Einführung des Entsendegesetzes
- ungeordnetes rechtliches Umfeld: 16 uneinheitliche Landesbauordnungen
- steigende Anforderungen an die Bauabwicklung: u.a. Umweltschutz, Arbeitssicherheit

reichen Strategien Anregungen für Verbesserungsmöglichkeiten ableiten zu können.

Die Kunden- und Wettbewerbsorientierung ist somit eine grundlegende Voraussetzung für ein Unternehmen, um sich erfolgreich auf einem umkämpften Markt behaupten zu können. Der Einsatz von Marketing unterstützt eine marktorientierte Unternehmensführung.

Abbildung 3: Unterschiede der Verkaufs- und Marktorientierung

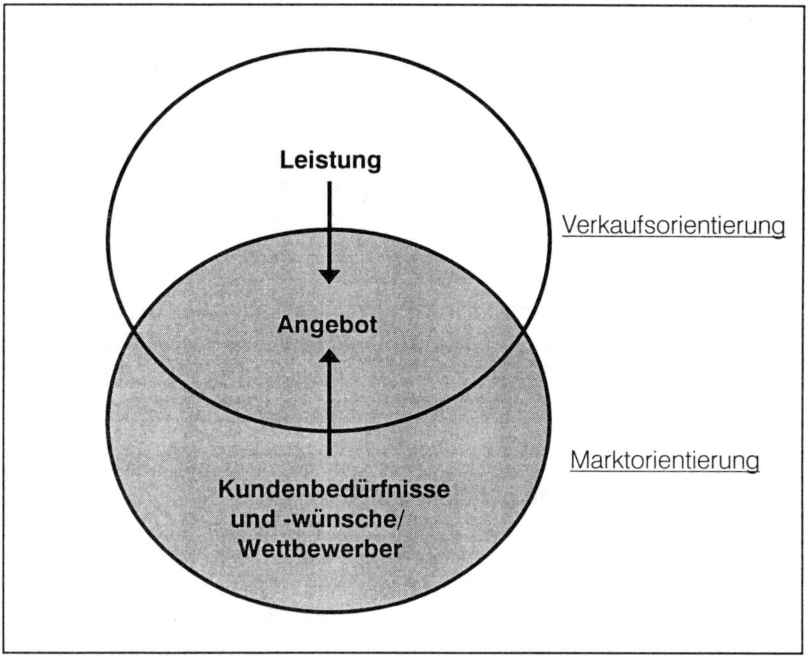

Unter Marketing wird das „Denken vom Markte her" verstanden. Nieschlag, Dichtl, Hörschgen (1988, S. 8; s.a. 1997, S. 15) sehen „Marketing (...) als Ausdruck eines marktorientierten, unternehmerischen Denkstils (...), der sich durch eine schöpferische, systematische und zuweilen auch aggressive Note auszeichnet".

In der Literatur finden sich zahlreiche Definitionen des Begriffs „Marketing". Sie alle stellen die Lösung absatzmarktbezogener Probleme und die Orientierung am Kundennutzen in den Mittelpunkt.

Bruhn (1990, S. 13) definiert „Marketing (...)" als „die Planung, Organisation, Durchführung und Kontrolle sämtlicher Unternehmensaktivitäten, die durch eine Ausrichtung des Leistungsprogramms am Kundennutzen darauf abzielen, absatzmarktbezogene Unternehmensziele zu erreichen".

Bereckhoven, Eckert und Ellenrieder (1993, S. 23) verstehen „Marketing (...)" als „Unternehmensführungskonzept, welches zur Erreichung der (marktlichen) Unternehmensziele alle betrieblichen Aktivitäten konsequent auf die Erfordernisse der relevanten Absatzmärkte ausrichtet".

Nieschlag, Dichtl und Hörschgen (1988, S. 8; s.a. 1997, S. 13) beschreiben „Marketing (...)" als „gewisse Grundhaltung der in einem Unternehmen Verantwortlichen, die sich mit einer konsequenten Ausrichtung aller unmittelbar und mittelbar den Markt berührenden Entscheidungen an den Erfordernissen und Bedürfnissen der Verbraucher bzw. Abnehmer (Marketing als Maxime), mit dem Bemühen um Schaffung von Präferenzen und damit Erringung von Wettbewerbsvorteilen durch gezielte unternehmerische Maßnahmen (Marketing als Mittel) und mit einer systematischen, moderne Techniken nutzenden Entscheidungsfindung (Marketing als Methode) umschreiben läßt".

In dieser Arbeit soll unter Marketing die zielorientierte Gestaltung aller Unternehmensaktivitäten durch die Entwicklung integrierter absatzpolitischer Maßnahmen verstanden werden, die dazu dienen den Unternehmenserfolg zu steigern.

2.2.1 Aufgaben des Marketing-Managements

Das Ziel des Marketing-Managements ist die Unterstützung einer marktorientierten Unternehmensführung. Nach Kotler (1982, S. 23) „umfaßt das Marketing-Management die Analyse, Planung, Durchführung und Kontrolle von" Maßnahmen, „die darauf gerichtet sind, zum Erreichen der Unternehmensziele einen beidseitig nützlichen Austausch und Beziehungen" mit Kunden „einzuleiten, aufzubauen und zu erhalten (vgl. auch Kotler/Bliemel, 1995, S.17). Das Marketing-Management" nutzt „dabei in erster Linie die systematische Analyse der Bedürfnisse, Wünsche, Wahrnehmungen und Präferenzen" der Kunden (vgl. auch Risse, 1991, S. 117).

Die Analyse und Überprüfung von Kundenbedürfnissen ermöglicht neben Aufschlüssen über kurz- und mittelfristige Marktchancen auch Erkenntnisse darüber, inwieweit ein Unternehmen derzeit die Erfordernisse des Marktes erfüllt oder erfüllen könnte. Das frühzeitige Erkennen von Marktveränderungen bietet Bauunternehmen die Möglichkeit, antizyklisch planen und marktgerecht agieren zu können. Von der Geschäftsleitung müssen daher in Zusammenarbeit mit dem Marketing-Management langfristige Wachstums- und Wettbewerbsstrategien, sowie jährliche Marketingpläne und Umsatz- und Absatzprognosen erstellt werden.

Abbildung 4: Marktorientierte Unternehmensleitung

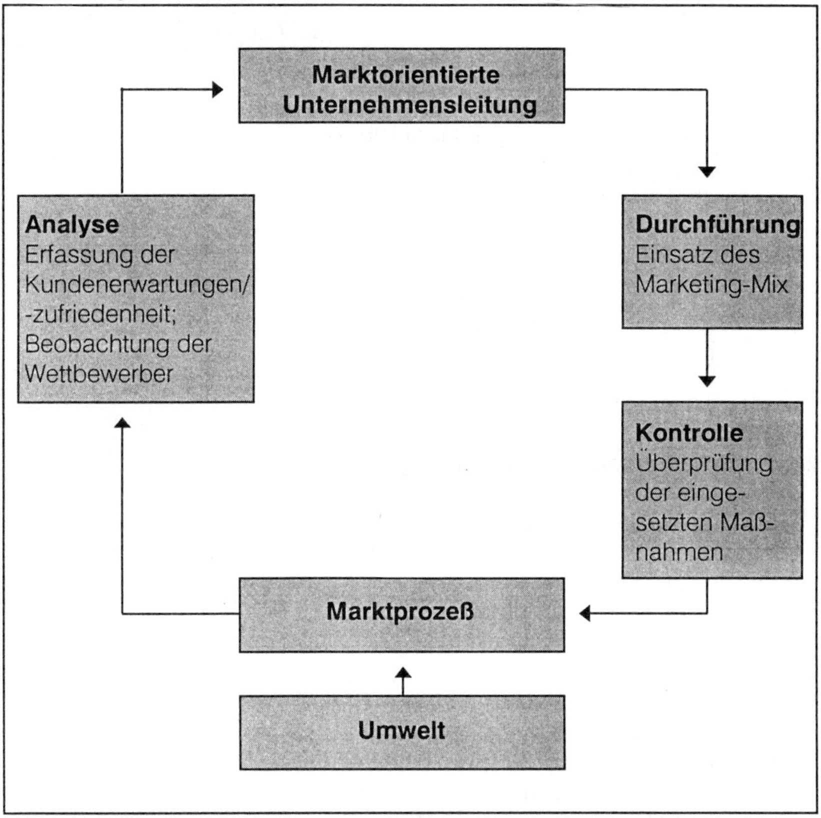

Die Marketing-Instrumente, die der Unternehmensleitung zur Verfügung stehen, um die Unternehmensziele zu erreichen, sind im Marketing-Mix zusammengefaßt (s. Abb. 5, S. 18). In der Bauindustrie setzt sich das Marketing-Mix aus den fünf Bereichen

- Personalmanagement,
- Preisfestsetzung,
- Akquisition,
- Leistungsspektrum und
- Kommunikation

zusammen.

Abbildung 5: Marketing-Mix der Bauindustrie

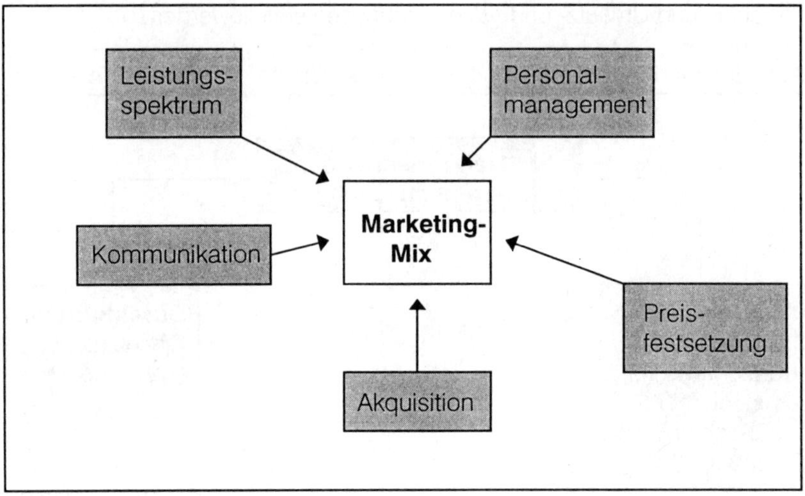

2.2.2 Grundelemente des Marketing-Mix

Hinter den Begriffen des Marketing-Mix verbergen sich verschiedene Teilbereiche, die darauf ausgerichtet werden müssen, die Kundenzufriedenheit zu steigern. Einige werden im folgenden beispielhaft erläutert:

Leistungsspektrum:

- Das Leistungsprogramm ist auf die Bedürfnisse und Wünsche der Kunden abzustimmen.
- Durch ein Markenimage wird erreicht, daß der Kunde mit dem Angebot bestimmte Eigenschaften verbindet.
- Eine gleichbleibend hohe Qualität des Produktes wird durch Serviceleistungen gewährleistet.
- Ein gut organisiertes Beschwerdemanagement erhöht die Bindung des Kunden an das Unternehmen.

Kommunikation:

- Durch Werbung,
- sowie persönliche und
- Multimedia-Kommunikation wird das Bild des Unternehmens in der Öffentlichkeit geprägt.
- Aber auch Auftritte auf Messen,

- Verkaufsförderungsmaßnahmen und
- Sponsoring gehören dazu.

Preisfestsetzung:

- Unterschiedliche Konditionen, je nach der Wichtigkeit eines Kunden,
- oder Preisbündelungen und
- -differenzierungen, je nach dem Verbund der einzelnen Komponenten des Leistungsangebots, gehören zu den Möglichkeiten im Rahmen der Preisfestsetzung.

In der Bauindustrie sind die Bereiche **Akquisition** und **Personalmanagement** eng miteinander verbunden, da bei der Akquisition nicht nur logistische Aspekte zu beachten sind, sondern insbesondere die erfolgreiche Kontaktaufnahme zum Kunden und der Aufbau eines Vertrauensverhältnisses von den persönlichen Fähigkeiten des Akquisiteurs und seines Teams abhängen.

- Daher muß der Personaleinsatz genau geplant und
- die Arbeit der Mitarbeiter in regelmäßigen Abständen überprüft werden.
- Weiterhin sollte die interne Kommunikation gefördert werden, um die Vorteile eines Informationsaustauschs über Projekte und Kunden nutzen zu können.

Zusammenfassung

Unternehmen müssen sich den Anforderungen des Marktes stellen. Marketing unterstützt die Unternehmensführung, indem integrierte und kundenorientierte Konzepte entwickelt werden (vgl. Proyer, 1989). Die Grundlage hierfür bilden Markt- und Marketingforschung, die Mittel zur Umsetzung ergeben sich aus den Instrumenten des Marketing-Mix.

3. Bau-System-Marketing

Der Bau-Markt weist im Vergleich zu anderen Dienstleistungs- und Investitionsgütermärkten einige spezifische Besonderheiten auf, die den Aufbau eines Marketing-Konzepts erschweren. Deshalb ist die Entwicklung einer eigenständigen Vorgehensweise im Bereich der Marketing-Lehre notwendig.[8]

Ein spezielles Bau-System-Marketing ermöglicht die Berücksichtigung der allgemeinen wirtschaftlichen Gegeben- und Gepflogenheiten, der gesetzlichen Rahmenbedingungen, der Tradition und des emotionalen Umfeldes in der Bauwirtschaft.

In diesem Kapitel werden die individuellen Merkmale der Bauindustrie erörtert. Obwohl man in der Bauwirtschaft laut Marhold (1996, S. 316) in vielen Bereichen immer noch das Selbstverständnis als Bereitstellungsgewerbe beobachten kann (vgl. auch Blum, 1985, S. 6), umfaßt das Leistungsprogramm von Konzernen schon lange nicht mehr nur reine Bauleistungen, sondern einen Verbund aus Sach- und Dienstleistungen. Konzerne bieten zusätzlich zur Bauleistung oft auch die Planung, Finanzierung und Betreibung von Anlagen, sowie speziell für die Bauwirtschaft entwickelte Software an.

Das in vielerlei Hinsicht außergewöhnliche Verhältnis zwischen der ausführenden Firma und dem Kunden wird nachfolgend in den Mittelpunkt gestellt. Es entsteht durch die auffällig intensive und lange Zusammenarbeit während der Leistungserstellung.

Den Abschluß dieses Kapitels bildet die Einordnung des Marketing in die Organisationsstruktur eines Baukonzerns.

3.1 Der Bau-Markt

Der Bau-Markt zeichnet sich auf den Investitionsgütermärkten[9] dadurch aus, daß jedem Nachfrager eine individuelle, auf seine technischen, kaufmännischen und emotionalen Bedürfnisse zugeschnittene Leistung angeboten wird.[10] Das ist aus unterschiedlichen Gründen notwendig:

---

[8] Vgl. Ausführungen auf S. 1ff.

[9] Vgl. Kapitel 3.1.5 „Verbund aus Sach- und Dienstleistungsmarketing".

[10] Die Befriedigung emotionaler Bedürfnisse unterscheidet den Bau-Markt z.B. von Beratermärkten, Spezialmaschinenmärkten und dem Anlagenbau (vgl. auch Punkt (4) auf Seite 21).

(1) Regional unterschiedliche Landesbauordnungen und international voneinander abweichende Vorschriften erschweren eine Vereinheitlichung der von gesetzlichen Regelungen in starkem Maße beeinflußten Bauleistung.
(2) Der geographische Ort und die damit in Zusammenhang stehenden klimatischen und geologischen Verhältnisse erfordern unterschiedliche technische Konstruktionen für jedes Projekt.
(3) Jeder Bauherr stellt unterschiedliche Nutzenanforderungen an sein Bauwerk. Dies hängt einerseits mit der Art des Bauwerks zusammen. An eine Lagerhalle werden andere Ansprüche gestellt als an ein Wohn- oder Bürogebäude und wieder andere an Brücken, Tunnel oder Straßen. Andererseits sind die Nutzenanforderungen stark davon abhängig, ob der Bauherr eine Eigen- oder Fremdnutzung für das Gebäude vorsieht.
(4) Die historische Entwicklung zeigt, daß nach wie vor Kunden ein Gebäude nicht nur unter funktionalen sondern auch unter emotionalen Gesichtspunkten erstellen lassen (Kirchen, Paläste, Privathäuser, usw.). Durch Werte und Normen der Gesellschaft ist das Bedürfnis der Bauherren geprägt worden, sich durch ein bestimmtes Gebäude von anderen zu unterscheiden und dies als unverwechselbares Prestigeobjekt (Statussymbol) für wirtschaftlichen und persönlichen Erfolg zu nutzen (Bankgebäude, Bürogebäude, Flughäfen, Brücken, Eigenheime, usw.).

Aufgrund der erforderlichen Individuallösungen ist der Bau-Markt durch heterogene Güter gekennzeichnet. Deren Erstellungsprozeß ist in hohem Maße erläuterungsbedürftig, da es sich um komplexe Objekte handelt (vgl. d´Alquen, 1998, S. 53).

3.1.1 Marktteilnehmer

Der Markt, auf dem Baukonzerne agieren, ist durch eine überschaubare Anzahl von Anbietern und Nachfragern und eine hohe Internationalität gekennzeichnet. Nur in einigen Ausnahmefällen sind stabile Marktpartnerbeziehungen zu beobachten.

Typisch sind Anbieterkonstellationen mit einem Generalunternehmer und Subkontraktoren oder die Zusammenarbeit in Arbeitsgemeinschaften (ARGE).

Die Nachfrager für Bauleistungen von Konzernen können wohlhabende Privatleute, privatwirtschaftliche Organisationen aus allen Sparten oder der Staat sein.

Einen starken direkten Drittparteieneinfluß üben Fachberater, z.B. Architekten, Projektsteuerer oder Fachingenieure aus. Indirekt wirken auf dem Markt, bedingt durch komplexe Beziehungsstrukturen, zusätzlich noch eine Vielzahl von Einflußnehmern mit. Beispiele hierfür wären ein Aufsichtsratsvorsitzender, der gleichzeitig Vorstandsmitglied einer Bank ist, oder auch Einflußnehmer aus dem privaten Umfeld, so z.B. Familienmitglieder oder Bekannte.

Der Staat hat in den Bereichen Tief- und Straßenbau oft eine Monopolstellung inne. In Deutschland werden deshalb Bauvergaben öffentlicher Auftraggeber durch die VOB/A geregelt.[11]

Sowohl bei privatwirtschaftlichen Organisationen als auch beim Staat erfolgt die Willensbildung über die Annahme des Angebots meist multipersonal (Buying-Center) und hierarchisch. Gemünden/Walter (1993, S. 123 ff.) unterscheiden in diesem Zusammenhang zwischen *Beziehungspromotoren*, die Prozesse durch persönliche Beziehungen zu Schlüsselaktoren fördern, *Machtpromotoren*, die Prozesse aufgrund des hierarchischen Potentials fördern und *Fachpromotoren*, die Prozesse durch objektspezifisches Wissen fördern.

3.1.2 Investitionsentscheidungsprozeß

Die Entscheidung zur Verwirklichung eines Bauobjektes gewinnt dadurch besondere Brisanz, daß sie einen hohen Umsatzwert für den Anbieter und gleichzeitig einen außerordentlich hohen Projektwert, der sich sowohl aus dem Preis als auch aus Prestige bildet, für den Nachfrager zur Folge hat.

Der Nachfrager ist bemüht, das Risiko für seine große Investitionssumme zu minimieren und seine Anforderungen an ein Objekt möglichst genau zu beschreiben und umzusetzen. Erschwerend kommt für den größten Teil der Kunden eines Baukonzerns hinzu, daß sie Einmalkunden sind, d.h. auf keinerlei Erfahrungen in diesem Bereich zurückgreifen können. Zudem haben sie bei einem Neubau nicht die Möglichkeit, vor dem Vertragsabschluß ihre potentielle Neuerwerbung begutachten oder eine komplette Planung vorlegen zu können.

[11] Im internationalen Recht gelten die Vorschriften des Internationalen Privatrechts (IPR), das im Anhang des BGB (EGBGB) geregelt ist (vgl. Clemm, 1989, 232 ff.). Die Vorschriften der Europäischen Gemeinschaft werden in der EG-Baukoordinierungsrichtlinie geregelt.

Durch die Synchronität von Planung und Ausführung, die lange Bauzeit und konjunkturelle Schwankungen erhöht sich das Risiko der Investitionsentscheidung für den Nachfrager und das Kalkulationsrisiko für den Anbieter.

Deshalb gehen der Verwirklichung eines Projekts meist beschwerliche und langwierige Entscheidungsprozesse voraus. Diese erfolgen bei Organisationen meist anhand formalistischer Willensbildungsprozesse.[12]

Kommt es zur Vergabeentscheidung, bedeutet dies für den Anbieter, daß er alle ihm zur Verfügung stehenden akquisitorischen Mittel einsetzen muß, um einen Auftrag aus dem Kreis der potentiellen Kunden zu erhalten. Die relativ kleine Anzahl der Kunden im Gegensatz zu anderen Wirtschaftszweigen und die hohe Erklärungsbedürftigkeit der angebotenen Leistung lassen nur einen Direktvertrieb und damit einen kurzen Absatzweg sinnvoll erscheinen.

Einflüsse auf die Vergabeentscheidung werden durch die Studie näher untersucht.

Eines der wichtigsten Auswahlkriterien ist der Preis. Er hat einen entscheidenden Einfluß auf die Rentabilität eines Projekts. Die Ausschreibung und anschließende Submission der Angebote führt jedoch nur zu einer scheinbaren Homogenisierung des heterogenen Produkts „Bauwerk", da die einzelnen Konzepte hinsichtlich der damit verbundenen Qualität der Ausführung und Kosten der Maßnahmen im frühen Stadium des Vertragsabschlusses nur schwer einzuschätzen sind.

3.1.3 Interaktionsprozesse

Die Beziehung zwischen Auftraggeber und Auftragnehmer ist in der Bauwirtschaft in vielerlei Hinsicht außergewöhnlich. Gründe dafür sind in den oft sehr langen Produktionszeiträumen (mehrere Jahre), der Möglichkeit des Bauherrn, den Produktionsprozeß permanent zu beeinflussen (VOB/B §1 Nr.3 „Änderung des Bauentwurfs") und den hohen Auftragssummen zu sehen. Die großen Investitionssummen erhöhen die Unsicherheit des Auftraggebers während des ganzen Bauprozesses. Durch verstärkte Kontrolle und Kommunikation versucht er sein Risiko zu verringern.

[12] Zum Ablauf betriebswirtschaftlicher Entscheidungen vgl. Bamberg/Coenenberg, 1994, S. 1-11.

Die Interaktionsprozesse lassen sich in fünf Phasen unterteilen. Die Einteilung der Phasen gilt auch für die einzelnen Bausteine des Bau-System-Marketing. Erläutert wird im nachfolgenden allerdings nur der „klassische Fall", d.h. die Kernleistung besteht aus einer Bauleistung.

1) In der Akquisitionsphase werden allgemeine Informationen über die Leistungsfähigkeit des Baukonzerns und über die Anforderungen des Kunden ausgetauscht. In der Regel sind ein bis zwei Personen seitens des Konzerns und drei bis sechs Personen seitens des Auftraggebers beteiligt. Charakteristisch ist, daß der Auftraggeber vom Auftragnehmer Vorleistungen verlangt, mit denen dieser sich bindet, er selbst aber ungebunden bleibt. Ein Beispiel hierfür sind Ausschreibungen.

Für die Erstellung von Ausschreibungsunterlagen wenden Baukonzerne mehr als ein Prozent ihres Jahresumsatzes auf. Die Erfolgsquote liegt bei ca. 1:10.

Deshalb ist die Phase der Akquisition bei der Entwicklung eines „Marketing-Konzepts" besonders zu berücksichtigen, da der erste Eindruck oft der entscheidende ist. Die Kunden müssen von der Leistungsfähigkeit, sowie einer ausreichenden Problem-Analyse- und -Lösungsfähigkeit des Anbieters überzeugt werden.

Die Akquisitionsphase endet damit, daß eine mögliche Zusammenarbeit in Aussicht gestellt oder abgelehnt wird.

2) Wird eine Zusammenarbeit vereinbart, so werden Vertragsverhandlungen aufgenommen. Die Vertragsverhandlungsphase ist dadurch gekennzeichnet, daß der Kunde nähere Informationen und weitere externe Faktoren zur Verfügung stellt.

Die Aufgabe des Marketing besteht vornehmlich darin aufzudecken, ob der Kunde „ein Informationsdefizit bezüglich des Ablaufs des Leistungserstellungsprozesses und der von ihm zu erbringenden Leistungsanteile" hat (Fließ, 1996, S. 11). Gezielte Aufklärung kann hier Abhilfe schaffen.

Beendet wird diese Phase mit dem Vertragsabschluß.

3) In der Haupt- oder Kernleistungsphase findet die Erstellung des Bauwerks statt. Häufig sind funktionale Ausschreibungen, d.h. nicht spezifizierte Leistungsbeschreibungen oder Änderungswünsche des Bauherrn dafür verantwortlich, daß ein erneuter Abstimmungsprozeß notwendig ist.

Innerhalb eines Marketing-Konzepts müssen diese Gegebenheiten in der Bauwirtschaft berücksichtigt und Mißverständnissen dadurch vorgebeugt werden, daß es zum einen keine Grundlage für überhöhte Anforderungen seitens des Kunden gibt, und zum anderen die Gründe für eine gestörte Kommunikation analysiert und dann, wenn möglich, behoben werden.

Die Schlußabnahme des Bauwerks schließt diese Phase ab.

4) Ist eine Leistung in Teilbereichen unzureichend ausgeführt worden, wird diese innerhalb der Gewährleistungsphase nachgebessert.

Die Aufgabe des Marketing-Managements besteht darin, eine Abschlußbewertung der Zusammenarbeit vorzunehmen und den Kontakt zum Kunden zu pflegen. Besonders die Gründe für Beschwerden müssen untersucht und daraus Rückschlüsse für Verbesserungsmöglichkeiten gezogen werden.

Mit Ablauf der gesetzlichen oder einzelvertraglich festgelegten Gewährleistungszeit endet diese Phase.

5) Nachdem keine vertragliche Bindung mehr zwischen den Parteien besteht, beginnt die After-Contract-Phase.

Durch Marketing-Management sollte sichergestellt werden, daß die Kundenbetreuung nach Beendigung des jeweiligen Bauvorhabens fortgesetzt wird und die Kunden auch weiterhin kontinuierlich über das Leistungsprogramm des Anbieters informiert werden.

3.1.4 Risiken der Bauabwicklung

Die Risiken während der Bauabwicklung sind vielfältig (vgl. Marhold 1997, S. 316 - 319). Bauobjekte können wegen des Anspruchs auf Individualität, der Größe, den damit zusammenhängenden Transportkosten und den ständig wechselnden Produktionsstätten, an denen unterschiedliche gesetzliche und technische Anforderungen gestellt werden, nicht auf Vorrat produziert werden.[13] Deshalb gibt es in der Bauindustrie ein Auftrags- anstatt eines Lagerhaltungsrisikos.

[13] Eine Ausnahme bilden Fertighäuser und -garagen. Der Kunde muß beim Kauf eines Fertighauses jedoch bezüglich der Individualität zu Eingeständnissen bereit sein. Außerdem sind Fertighäuser nur bei kleineren Baumaßnahmen (z.B. Wohnhäuser) wirtschaftlich sinnvoll, da ansonsten die Lagerhaltungskosten die Einsparungen bei der Fertigung übertreffen würden und aus den in Kapitel 3.1 aufgeführten Gründen auch kein ausreichend großer Bedarf besteht.

Für jede Baumaßnahme besteht ein Durchführungsrisiko, aufgrund von klimatischen, geologischen, politischen, arbeitsrechtlichen und konjunkturellen Unwägbarkeiten. Die Witterungsabhängigkeit der Bauwirtschaft stellt ein besonderes Problem dar, denn bei schlechtem Wetter, insbesondere Frost, kann aus baustofftechnischen Gründen nicht gebaut werden. Starker, böiger Wind erschwert zudem die Arbeit auf der Baustelle, da Krane nicht eingesetzt werden können.

Ein weiteres Risiko liegt in der starken Kapazitäts- und Kapitalbindung der ausführenden Betriebe, die eine mehrjährige kostenintensive Produktion mit sich bringt (vgl. Pfarr 1984, S. 151). In Zusammenhang damit muß auch das Liquiditätsrisiko beachtet werden, denn Baufirmen müssen den Personal- und Materialeinsatz vorfinanzieren. Die hierdurch hervorgerufene hohe Fremdkapitalquote in den Bilanzen der Baufirmen führt zu einer verstärkten Zinsabhängigkeit.

Die Abhängigkeit von Primärmärkten steigert ebenfalls das Risiko und hat zur Folge, daß die Beschaffung von Baumaterialien von der weltweiten konjunkturellen und politischen Lage beeinflußt wird.

3.1.5 Verbund aus Sach- und Dienstleistungsmarketing

Die Bauindustrie steht heute vor der Aufgabe, nicht mehr nur reine Sachleistungen, sondern zusätzlich auch baunahe Dienstleistungen, z.B. die Finanzierung eines Projekts oder Facility-Management anbieten zu müssen (vgl. Laakmann, 1996).[14]

Diese Notwendigkeit zeigt sich deutlich in den veränderten Ansprüchen der Kunden: Die schlüsselfertige Erstellung eines Objekts, das ein vom Bauherrn beauftragter Architekt geplant hat, das der Bauherr selber finanziert und später auch mit eigenem Personal betreibt, wird in Zukunft immer weniger gefragt werden. Schon heute fordern zunehmend mehr Kunden komplette Problemlösungen. Sie nennen z.B. nur noch die erforderliche Nutzfläche und den gewünschten Mietpreis und erwarten vom Auftragnehmer die Abwicklung der gesamten Aufgabe.

In der Bauindustrie muß deshalb sowohl ein Sachleistungs- als auch ein Dienstleistungs-Marketing betrieben werden.

---

[14] Vgl. Ausführungen in Kapitel 2.1 „Anforderungen des Marktes an ein Unternehmen" Teil 1 „Wachsende Nachfrage nach Dienstleistungen" (S. 8).

Bau-System-Marketing ist durch einen Verbund von Sach- und Dienstleistungs-Marketing gekennzeichnet, der eine individuelle Berücksichtigung und Gewichtung der beiden Teilbereiche zuläßt. Wegen der Heterogenität der Leistung und der unterschiedlichen Anforderungen an Einzel- oder Systemlösungen ist dies erforderlich.

Abbildung 6: Die Elemente des Bau-System-Marketing

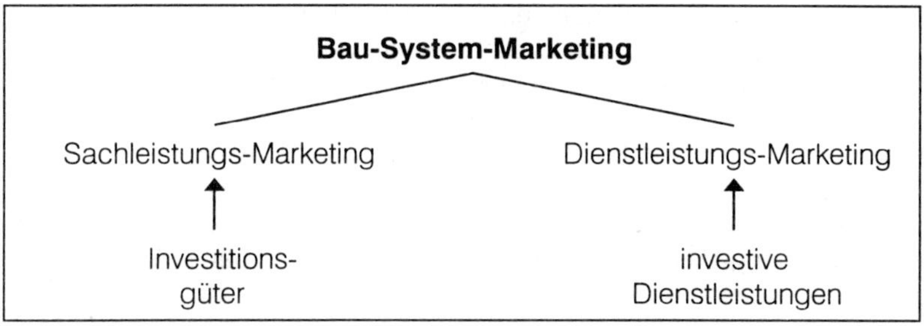

Investitionsgüter

Lehmeier (1979, S. 155) „versteht (...) unter Investitionsgütern im Unterschied zu den Konsumgütern, Güter, die nicht unmittelbar dem Verbrauch dienen, sondern ihrerseits die Produktion von Gütern ermöglichen". Eine ähnliche Definition wählt Backhaus (1997, S. 8), weist aber zusätzlich ausdrücklich darauf hin, „daß die Nachfrager nicht Letztkonsumenten, sondern Organisationen wie Industrieunternehmen, öffentliche Verwaltungen oder staatliche Außenhandelsorganisationen sind".[15]

Um auch Bauwerke als Investitionsgüter bezeichnen zu können, muß diese Definition erweitert werden, denn die Erstellung von Wohnimmobilien, Brücken und Tunneln dient beispielsweise nicht primär dazu, die Produktion von Gütern zu ermöglichen. Ein indirekter Zusammenhang kann in der Weise gesehen werden, daß z.B. ohne Brücken die Produktion mancher Güter erschwert würde oder Angestellte und Arbeiter, um produzieren zu können, eine Unterkunft benötigen. Diese Verknüpfung ist aber in den o.a. Definitionen nicht beabsichtigt.

Investitionsgüter zeichnen sich folglich dadurch aus, daß es sich um Leistungen handelt, die nicht unmittelbar dem Verbrauch dienen, häufig mit einer zielorientierten, langfristigen Bindung finanzieller Mittel in ein Objekt einhergehen und sowohl von Organisationen, als auch von Privatpersonen und dem Staat nachgefragt werden können.

[15] Backhaus verwendet in seiner Definition den Begriff Industriegut.

Investive Dienstleistungen

Corsten (1990, S. 18) hat dargestellt, daß aufgrund der Heterogenität des Dienstleistungssektors keine einheitliche Klärung des Begriffs Dienstleistung in der Literatur festzustellen ist (s.a. Hilke[16], 1989, S. 10).

Corsten selbst definiert „Dienstleistungen" als „immaterielle Produkte, die von personellen oder materiellen Leistungsträgern an einen externen Faktor, der sich nicht im uneingeschränkten Verfügungsbereich des Leistungsträgers befindet, erbracht werden und teilweise materieller Trägersubstanzen bedürfen" (a.a.O., S. 23). Als externen Faktor (bei anderen Autoren auch „Fremd-Faktor" oder einfach „Faktor") bezeichnet man das, was ein Dienstleistungsnachfrager als prozeßauslösendes Element in den Dienstleistungsprozeß einbringt, z.B. eine Idee, ein Grundstück oder eine Entwurfsplanung. Die besonderen Kennzeichen externer Faktoren sind, daß sie zeitlich begrenzt in den Verfügungsbereich des Anbieters gelangen und gemeinsam mit den internen Produktionsfaktoren in einen Ver- oder Bearbeitungsprozeß integriert werden (vgl. Hilke, 1989, S. 12).

Folgende Dienstleistungen der Bauindustrie genügen den drei Definitionen:

1. Beratungsleistungen
2. Einzelne Planungsleistungen (kaufmännische, ingenieurtechnische, logistische)
3. Projektentwicklung
4. Finanzierungsleistungen
5. Betreibung von Anlagen
6. Softwareprogramme für den Bau und den Betrieb von Anlagen
7. Facility Management

Investive Dienstleistungen sind Dienstleistungen, die von Unternehmen, dem Staat oder Privatpersonen gekauft werden, um mit dem Einsatz dieser Dienstleistungen anschließend Sachleistungen oder weitere Dienstleistungen für die Fremdbedarfsdeckung zu erstellen. Im Gegensatz dazu stehen konsumptive Dienstleistungen, wie sie z.B. ein Arzt oder ein Frisör erbringen.

[16] Hilke (1989, S. 10 ff.) unterscheidet „drei verschiedene Definitions-Ebenen oder Phasen der Dienstleistung". Die „Potential-Orientierung", d.h. die Fähigkeit und Bereitschaft, eine Dienstleistung zu erbringen, die „Prozeß-Orientierung" und die „Ergebnis-Orientierung" der Dienstleistung.

Sach- und Dienstleistungsmarketing

Für Investitionsgüter und investive Dienstleistungen müssen jeweils eigene Marketing-Konzepte entwickelt werden, da die einzelnen Leistungen auch innerhalb der beiden Gruppen sehr verschieden sind. Das Dienstleistungs-Marketing (i.w.S.) läßt sich nochmals in funktionelles und institutionelles Dienstleistungs-Marketing unterscheiden.

Abbildung 7: Unterteilung des Dienstleistungs-Marketing

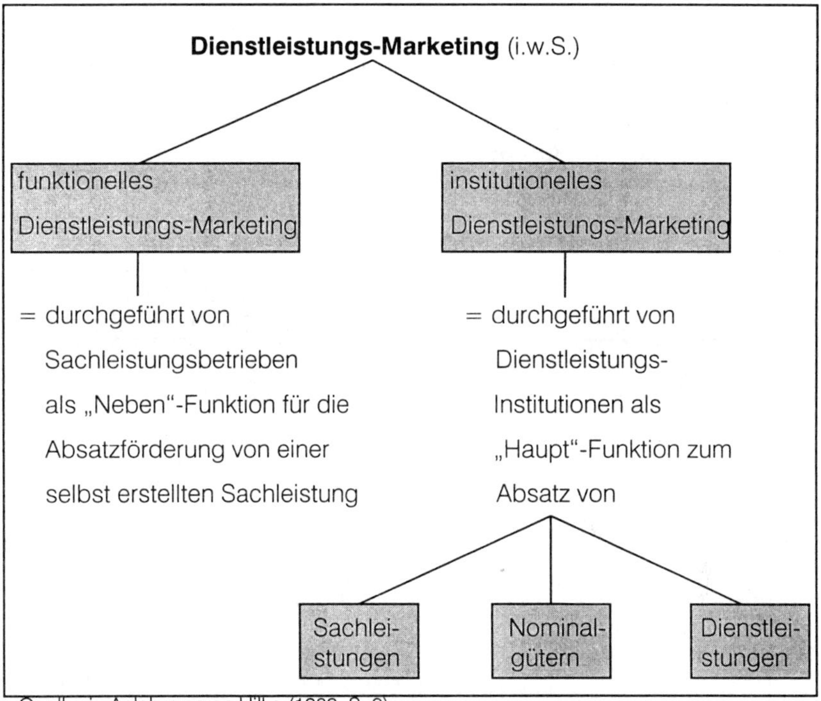

Quelle: in Anlehnung an Hilke (1989, S. 9)

Funktionelles Dienstleistungsmarketing wird von Baukonzernen betrieben, die zusätzlich zu ihrer Kernleistung und in Verbindung mit dieser Dienstleistungen anbieten.

Institutionelles Dienstleistungs-Marketing ist in der Bauindustrie nur dann möglich, wenn Dienstleistungen auch losgelöst von der Kernleistung angeboten werden, d.h. selbständige und voneinander unabhängige Bereiche im Unternehmen bestehen. Dienstleistungs-Marketing zum Absatz von Sachleistungen (Grundstücke, Gebäude) wird z.B. durch die Projektentwicklung betrieben, der Absatz von Nominalgütern kommt beispielsweise bei Finanzierungsleistungen zum Tragen.

Bau-System-Marketing

Bau-System-Marketing setzt sich aus den beiden Bausteinen Sach- und Dienstleistungs-Marketing zusammen. Es kann aufgrund der Verschiedenartigkeit der Güter nur dann erfolgreich sein, wenn die Wünsche und Anforderungen jedes einzelnen Kunden gesondert berücksichtigt werden. Die Baukonzerne müssen in der Lage sein, die benötigten Bausteine je nach Bedarf zusammenzufügen. Daraus folgt, daß nur ein integriertes und flexibles Marketing-Konzept erfolgversprechend ist.

Abbildung 8 verdeutlicht den Verbund aus Sach- und Dienstleistungen im Angebot von Baukonzernen. Eine Bauaufgabe ohne Dienstleistungen ist nicht denkbar, da zumindest Beratungsleistungen anfallen. „Deshalb darf die (...) <<Anteils-Begrenzungs-Linie>> (...) nicht als Diagonale (...) dargestellt werden" (Hilke, 1989, S. 8).

Abbildung 8: Bau-System-Marketing-Verbundkasten

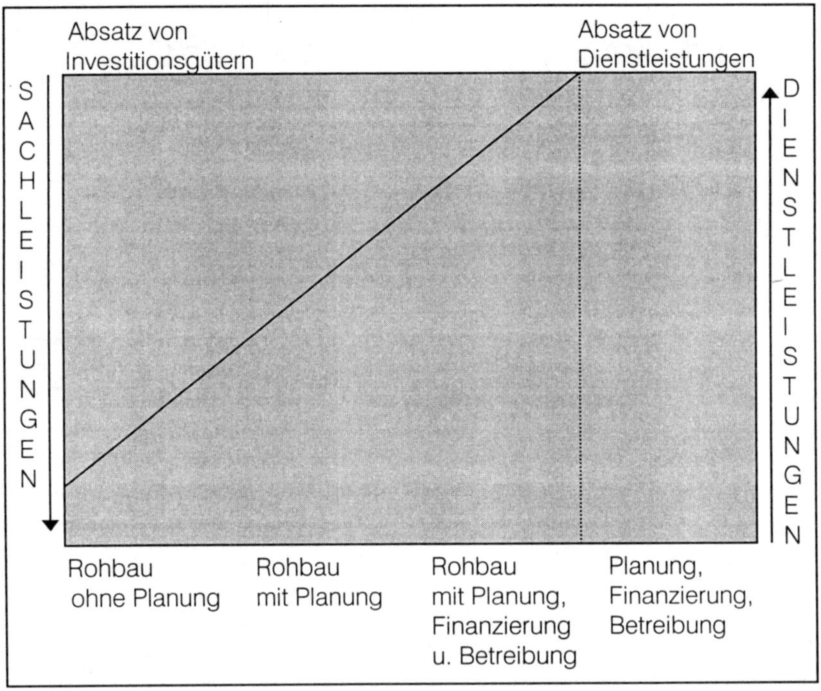

Quelle: in Anlehnung an Hilke (1989, S. 8)

3.2 Einordnung die Organisationsstruktur

Wenn Marketing einen entscheidenden Beitrag zur Erreichung der unternehmerischen Ziele leisten soll, ist es sinnvoll, eine eigenständige Marketing-Abteilung in die Organisationsstruktur eines Baukonzerns einzugliedern.

Die Effektivität der Unternehmenstätigkeit kann nur dann sichergestellt oder verbessert werden, wenn sich die Heterogenität der Aufgabenbereiche auch in der Organisationsstruktur widerspiegelt. Nur so ist gewährleistet, daß Marketing Bedeutung verliehen wird und entsprechendes Fachpersonal sich ausschließlich um die Aufgaben dieses Bereiches kümmert.

Da der Erfolg bei der Auftragsakquisition von ausschlaggebender Bedeutung für den Fortbestand eines Unternehmens ist, sollten alle betrieblichen Teilbereiche ihr Vorgehen mit der Marketing-Abteilung abstimmen (vgl. Nieschlag, Dichtl, Hörschgen, 1988, S. 946). Die Organisationsstruktur sollte dahingehend unter Beachtung der externen Rahmenbedingungen aufgebaut werden. Die bisher bestehenden internen Strukturen sollten möglichst beibehalten werden, um die zwangsläufige Abneigung der Belegschaft gegen die Einführung des unbekannten Bereichs „Marketing" weitestgehend zu minimieren.

Die Anforderungen, die an eine Einordnung des Bereichs Marketing in die Organisationsstruktur eines Baukonzerns gestellt werden, sind vielfältig:

1) Die Ausrichtung muß an der Zielgruppe erfolgen. Aufgrund der relativ geringen Kundenzahl, der individuellen Ansprüche[17] und des hohen Projektwertes[18] ist eine Kundenpflege vor Ort nötig, d.h. eine regionale Ausrichtung ist zu bevorzugen.[19]
2) Die Struktur muß so flexibel gestaltet werden, daß Anpassungen an eine veränderte Marktlage möglich sind.
3) Der Marketing-Abteilung müssen Einflußmöglichkeiten gegenüber anderen Abteilungen eingeräumt werden, da ansonsten eine konsequente Marktorientierung des Unternehmens nicht zu gewährleisten ist.

---

[17] Vgl. Kapitel 3.1 „Der Bau-Markt".
[18] Vgl. Kapitel 3.1.2 „Investitionsentscheidungsprozeß".
[19] Für die Betreuung von Großkunden ist aber eine regionale Betreuung nicht immer sinnvoll. Auf das Key-Account-Management wird in Kapitel 8.2.3 „Leistungsspektrum" eingegangen.

4) Die volle Handlungsfähigkeit einer Marketing-Abteilung kann nur erreicht werden, wenn die Informationswege, sowohl innerbetrieblich als auch zum Kunden, möglichst kurz gehalten werden.
5) Die Mitarbeiter einer Marketing-Abteilung müssen klar abgegrenzten Aufgabengebieten zugeordnet werden, damit eine sach- und problemnahe Aufgabenerfüllung möglich ist.

3.2.1 Organisationsform

In einem Baukonzern können die Anforderungen an die Organisationsstruktur durch eine regional funktionale Organisationsform am wirksamsten umgesetzt werden (s. Abb. 9, S. 33).

Eine funktionale Organisationsform ist vorteilhaft, da gleichartige oder ähnliche Verrichtungen zusammengefaßt werden. Es ist nicht notwendig, daß in jeder Niederlassung gesondert Marktforschung, Qualitätsmanagement oder Kommunikation im Sinne von Öffentlichkeitsarbeit angeboten werden. Die Übereinstimmung der Anforderungen an eine Marketing-Abteilung eines Baukonzerns in einem regional begrenzten Gebiet (HN-Ebene) ist z.B. hinsichtlich der Mentalität, den gleichen regionalen Medien und der gleichen Landesregierung sehr groß, so daß die Einrichtung einer Zentralabteilung aus folgenden Gründen sinnvoll ist:

1) An jeder Stelle der Marketing-Abteilung kann bei dieser Organisationsform erreicht werden, daß Spezialisten eine qualifizierte Aufgabenerfüllung sicherstellen.
2) Durch eine hohe Standardisierung und Routine im Ablauf der betrieblichen Prozesse kann eine relativ hohe Effizienz der Arbeit erreicht werden.
3) Die personelle Zuordnung für bestimmte Probleme ist eindeutig.
4) Einer zu umfangreichen Entscheidungszentralisation in der Unternehmensleitung soll entgegengewirkt werden.

Nachteilig kann sich bei einer solchen Organisationsform hingegen laut Nieschlag, Dichtl und Hörschgen (1988, S. 947; s.a. 1997, S. 992) auswirken, daß sich durch die „starke Spezialisierung (...) innerhalb der einzelnen Abteilungen funktionsspezifische Werte und Ziele herausbilden (Abteilungsdenken)". Ein weiteres Problem liegt in der Abstimmungsproblematik der einzelnen Abteilungen untereinander, z.B. der Marketing-Abteilung und der Geschäftsleitung der Niederlassungen im Falle einer Akquisition.

Abbildung 9: Organisationsform

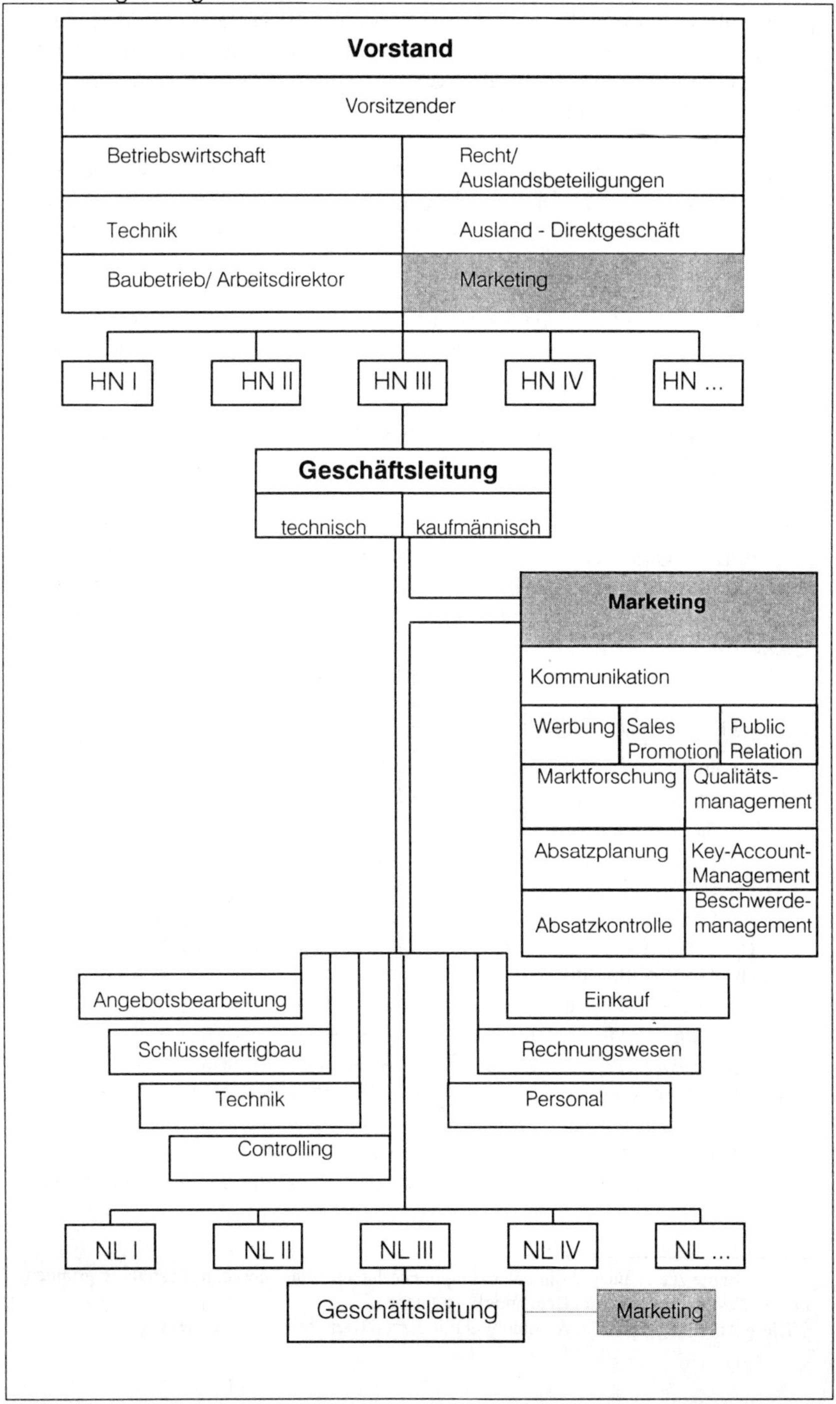

Eine regionale Organisationsform ist nach Berndt (1995, S. 157 f.) für „Unternehmen sinnvoll, die einen umfangreichen Außendienst besitzen". Dies ist bei Baukonzernen mit ihrer Gliederung in Hauptniederlassungen, Niederlassungen und Geschäftsstellen (Zweigstellen) und dem dadurch möglichen Direktvertrieb der Fall.

Die Vorteile liegen in einer größeren Marktnähe und der Möglichkeit, sich somit veränderten Marktbedingungen schnell anpassen zu können. Eine Dezentralisation von Entscheidungsbefugnissen führt zu einer Entlastung der Unternehmensleitung und erhöht die Motivation der Mitarbeiter.

Ein Nachteil besteht allerdings in der Gefahr des Sparten- oder Geschäftsfeldegoismus, durch den verhindert wird, daß wichtige Informationen für den Gesamtkonzern weitergeleitet werden.

Die Einordnung des Marketing-Managements in die Organisationsstruktur eines Baukonzerns sollte in zwei Schritten erfolgen.[20]

Als erstes ist in den Hauptniederlassungen eine Marketing-Abteilung aufzubauen. Diese sollte die Bereiche Kommunikation (Werbung, Sales Promotion und Public Relation), Marktforschung, Absatzplanung und -kontrolle, Qualitätsmanagement, Key-Account-Management und Beschwerdemanagement beinhalten.

Die Abteilung muß klar definierte Weisungsrechte gegenüber allen Abteilungen erhalten, um eine konsequente Orientierung an den Bedürfnissen der Kunden durchsetzen zu können. Sie muß demnach direkt unterhalb der Geschäftsleitung angeordnet werden. Eine rein beratende Funktion in Form einer Stabsstelle ist nicht zu empfehlen, da ansonsten

1) Erkenntnisse aus der Marktforschung, dem Qualitäts- und Beschwerdemanagement nur mit zeitlicher Verzögerung und aufgrund persönlicher Überzeugungsfähigkeit umgesetzt werden könnten,
2) die Geschäftsleitung nicht entlastet würde,
3) die Akzeptanz einer solchen Abteilung im Unternehmen nicht gewährleistet wäre und folglich auch eine Kundenorientierung der einzelnen Mitarbeiter nicht erreicht werden könnte, sowie
4) der Informationsfluß bzgl. Dauer und Umfang unzureichend wäre.

In einem zweiten Schritt sollten Marketing-Abteilungen auf den Ebenen der Niederlassungen und der Unternehmenszentralen eingeführt werden.[21]

---

[20] Man könnte zuerst auch nur in einer Hauptniederlassung eine Marketing-Abteilung gründen, um ein Testobjekt („Internal Benchmark“) zu haben.

[21] Diese Abteilungen sind in Abbildung 9 mit gepunkteten Rahmen dargestellt.

Die Marketing-Abteilung der Unternehmenszentrale hat zur Aufgabe, die Teilbereiche des Marketing für den gesamten Konzern zu koordinieren und somit eine einheitliche strategische Ausrichtung zu sichern. Dazu ist eine zielorientierte Unternehmensplanung, -steuerung und -kontrolle notwendig. Um eine Marktorientierung des Vorstands zu gewährleisten, sollte ein Marketing-Vorstand berufen werden.

Durch das Einrichten von Marketing-Abteilungen auf Niederlassungsebene soll der steigende Integrationsbedarf durch die ständige Erweiterung des Leistungsangebotes oder/und durch zunehmende Umweltstörungen berücksichtigt werden. Kurze Informationswege erlauben es, eine hohe regionale Marktkenntnis zu erreichen und deshalb Chancen sehr früh wahrnehmen zu können.

Die erfolgreiche Einordnung des Marketing-Managements in die Organisationsstruktur eines Baukonzerns ist nicht nur auf eine geeignete Organisationsform, sondern auch auf die Vorgehensweise bei der Implementierung in die betrieblichen Prozesse zurückzuführen.

3.2.2 Implementierung des Marketing

Für die Umsetzung eines theoretischen Marketing-Konzepts reicht es nicht aus, wie Backhaus (1997, S. 726) eingehend schildert, lediglich eine Marketing-Abteilung einzurichten, sondern es müssen die Unternehmenskultur, die Leitlinien und Visionen dahingehend geändert werden, daß jedem einzelnen Mitarbeitern die Bedeutung der und seine Verantwortung für die Marktorientierung des Unternehmens bewußt wird. Backhaus bezeichnet in diesem Zusammenhang „die marktorientierte Ausrichtung eines Unternehmens" als „genuine Managementaufgabe".

Die Geschäftsleitung sollte in Verbindung mit der Veröffentlichung neuer Leitlinien für alle Mitarbeiter klar und eindeutig definieren, was unter Marketing zu verstehen ist und verdeutlichen, daß Marketing Einfluß auf alle Unternehmensbereiche nimmt. Im einzelnen sind folgende Punkte zu präzisieren:

1) Die Erfüllung der Wünsche des Kunden sichern den Fortbestand des Unternehmens.
2) In von Ingenieuren dominierten Betrieben werden häufig technische Aspekte in den Vordergrund der Leistung gerückt. Nicht immer zieht der Kunde aus einer technisch anspruchsvollen Lösung auch den größten Nutzen!

3) Von entscheidender Bedeutung für den Erfolg eines innovativen Markenunternehmens ist die Abgrenzung des Leistungsangebotes gegenüber der Konkurrenz. Deshalb muß ständig nach Vorteilen der eigenen Leistungen (USP - Unique Selling Proposition, vgl. Bruhn, 1990, S. 124; Backhaus, 1997, S. 23 f.) gegenüber der Konkurrenz gesucht werden.
4) Durch eine systematische und regelmäßige Marktforschung wird das Erkennen von Veränderungen sichergestellt. Man erhält Kenntnisse sowohl über Kunden als auch über Wettbewerber.

Backhaus (1997, S. 734 f.) empfiehlt die Akzeptanzproblematik des Marketing bei den Mitarbeitern dadurch zu verringern, daß „Marketing als Management von KKVs interpretiert wird".[22] Der komparative Konkurrenz- oder auch Kundenvorteil besteht dann, wenn ein Unternehmen „durch Generierung neuer Lösungen vorhandene Bedürfnisse besser (oder billiger)" befriedigen kann als Konkurrenzunternehmen (Backhaus, 1997, S. 21).

Die Vorteile dieser Vorgehensweise sind, daß (1) alle Abteilungen eine einheitliche Zielvorgabe mit der Suche nach KKVs haben, (2) dadurch der Begriff „Marketing Erfolgsfaktoren" nicht mehr verwendet wird und somit andere Abteilungen nicht unmittelbar den Eindruck gewinnen können, sie würden bei einer Zusammenarbeit nur einen Beitrag zum Erfolg der Marketing-Abteilung liefern, (3) verdeutlicht wird, daß KKVs in allen Abteilungen zu finden sind und damit die übergreifende Funktion des Marketing akzeptiert wird und (4) der gemeinsame „Feind" (Konkurrent, demgegenüber man nach eigenen Vorteilen sucht) die innerbetriebliche Gruppendynamik und das Zusammengehörigkeitsgefühl steigert (vgl. Backhaus, 1997, S. 734 f.).

Das zu verdeutlichende Ziel ist folglich, im gesamten Unternehmen, d.h. in allen Abteilungen, KKVs zu identifizieren und zu realisieren.

Prozeß

Die einzelnen Schritte des Implementierungsprozesses werden in Abbildung 10 verdeutlicht. Der Prozeß ist durch ein schrittweises, ergebnis- und mitarbeiterorientiertes Vorgehen, sowie eine dauerhafte Dynamik gekennzeichnet. Die Geschäftsleitung gibt den Anstoß für den Prozeß, der dann unter Einbeziehung der Mitarbeiter vorangetrieben wird.

---

[22] KKV (Komparativer Konkurrenzvorteil)

Abbildung 10: Der Implementierungsprozeß

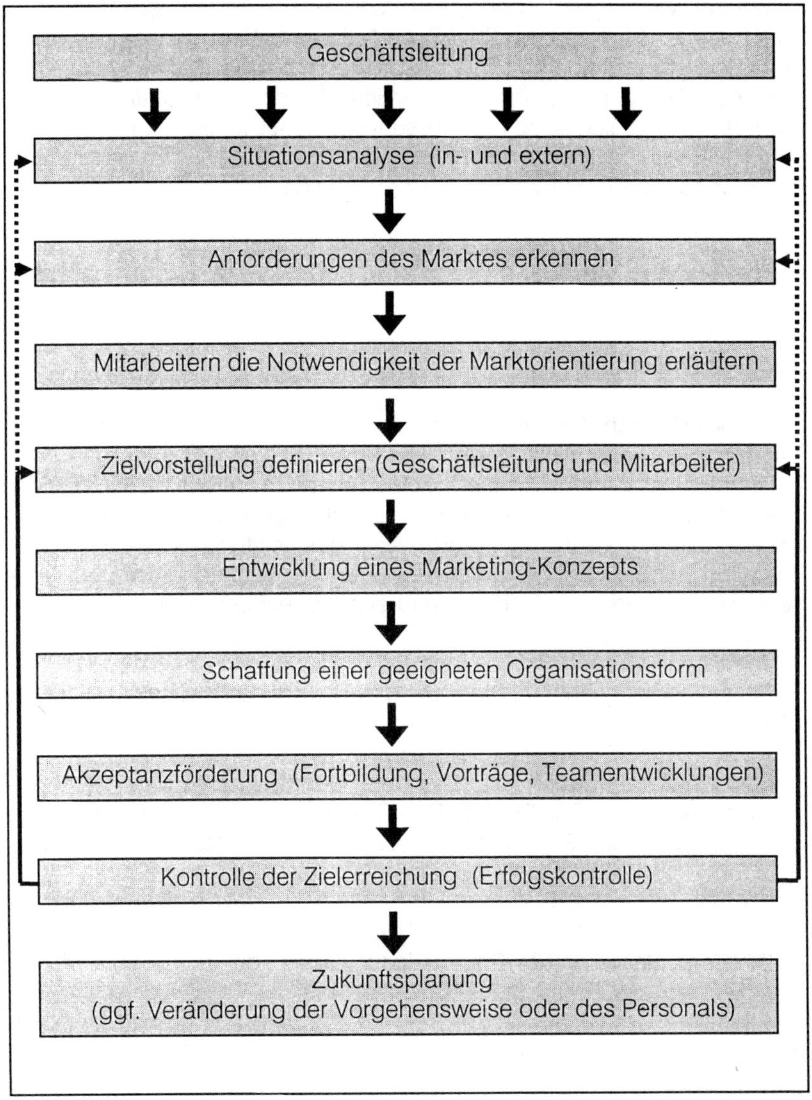

Eine empirische Studie (vgl. Narver/Slater, 1991, S. 7 ff.) hat gezeigt, daß ein Vorgehen nach dem „Programmatic Ansatz" nicht erfolgversprechend ist. Hierbei plant die Geschäftsleitung die gesamten notwendigen Veränderungen und setzt diese zu einem bestimmten Zeitpunkt durch. Das hat zur Folge, daß alle Mitarbeiter (Abteilungen) gleichzeitig mit den Neuerungen konfrontiert werden.

Hingegen werden nach dem „Market-Back Ansatz“ Neuerungen erst eingeführt, wenn die Notwendigkeit dazu auch von den Betroffenen erkannt wurde (Problembewußtsein) und diese Verbesserungsmöglichkeiten (Ziele) beschreiben konnten. Das Fortschreiten des Prozesses ist nicht detailliert geplant, sondern orientiert sich an einem Leitfaden („critical path“). Charakteristisch für diesen Ansatz ist, daß im Unternehmen eine Referenzeinheit („Internal Benchmark“) geschaffen wird, die als Vorläufer, Probeobjekt und Vorbild im Unternehmen gilt.[23]

Die Dauer des Implementierungsprozesses wird in der Literatur mit 4 bis 15 Jahren angegeben.

Zusammenfassung

Im einleitenden Teil wurden die Anforderungen des Marktes an ein Unternehmen dargestellt. Daraus wurde der Schluß gezogen, daß Baukonzerne nicht länger mit einem Selbstverständnis als Rohbauunternehmen oder Bereitstellungsgewerbe erfolgreich sein können. Der Markt muß beobachtet, Signale wahrgenommen und das Leistungsprogramm derart gestaltet werden, daß man in der Lage ist, die wahrgenommenen Wünsche der Kunden zu befriedigen und sich gegenüber der Konkurrenz zu profilieren.

Marketing kann einen entscheidenden Beitrag dazu leisten (vgl. Linke, 1988).

Sowohl die Aufgaben, als auch die Grundelemente des Marketing wurden behandelt. Der Begriff „Bau-System-Marketing“ wurde geprägt, da dieser die große Bandbreite des Leistungsangebots von der Projektidee/-entwicklung bis hin zur Nutzung und zum Betreiben baulicher Anlagen abdeckt.

Die Besonderheiten des Bau-Marktes wurden ebenso erläutert, wie die Kennzeichen des Bau-System-Marketing und die Vorteile einer regional funktionalen Organisationsform für die Umsetzung eines Marketing-Konzepts.

[23] Vgl. Ausführungen auf S. 34 zur schrittweisen Einführung.

Teil II

Marketingforschung

4. Einführung in das Forschungsgebiet

Anforderungen, die Kunden an einen Baukonzern stellen, sind bisher nicht systematisch untersucht worden.[24] Unklarheit herrscht darüber, wie Baukonzerne in der Öffentlichkeit wahrgenommen und welche Eigenschaften ihnen zugeschrieben werden. Es stellt sich die Frage, inwieweit das Leistungsangebot bekannt ist, ob die Kunden mit der Leistung zufrieden sind und welche Faktoren in welchem Maß Einfluß auf die Kundenzufriedenheit ausüben (vgl. Quartapelle/Larsen, 1996, S. 62).

Bisher ist nicht bekannt, ob die vom Management wahrgenommenen Bedürfnisse und die Zufriedenheit der Kunden mit den tatsächlichen Ansprüchen und Ansichten der Kunden übereinstimmen.

Durch die folgende explorative Studie sollen „erste tiefere Einblicke in die Struktur" der „Marketing-Probleme" aufgezeigt werden (Nieschlag, Dichtl, Hörschgen, 1988, S. 628; s.a. 1997, S. 675). Aus den gewonnen Daten werden nachfolgend Hypothesen zu den Forschungsfragen generiert (vgl. Kepper, 1996, S. 133; Deshpandé, 1983) und in einem beispielhaften Marketing-Konzept umgesetzt.

4.1 Stand der Kundenzufriedenheitsforschung

In Forschung und Praxis ist weitgehend unumstritten, daß in Märkten, in denen Güter und Dienstleistungen austauschbar geworden sind, Kundenorientierung und Kundenzufriedenheit strategische Erfolgsfaktoren darstellen (vgl. Scharnbacher/Kiefer, 1996, S. 1 f.; Stauss/Hentschel, 1991, S. 115 f.; Homburg/Rudolph, 1995, S. 43 f.; Kleinaltenkamp, 1995, S. 77; Plinke, 1992, S. 97 f.; Pieske, 1994, S. 180; Scheerer, 1994, S. 9 ff.; Burmann, 1991, S. 249; Lingenfelder/Schneider, 1991, S. 109; Bailom/Hinterhuber/Matzler/Sauerwein, 1996, S. 117; Günter/Platzek, 1992, S. 110; d´Alquen, 1998, S. 9).[25]

---

[24] Hinweis: Unter dem Begriff „Kunde" wird in dieser Arbeit nicht nur der Bauherr verstanden, sondern auch seine Vertreter oder von ihm zur Unterstützung beauftragte Personen, z.B. Projektsteuerer, Architekten oder Ingenieure.

[25] Die TARP-Studie (Technical Assistance Research Program) wird häufig als Beleg für die Begründung von Wettbewerbsvorteilen durch Kundenzufriedenheit angeführt (vgl. Scharnbacher/Kiefer, 1996, S. 16 unter Verweis auf TARP (1979) und TARP (1986)). Im Auftrag der US-amerikanischen Regierung wurde repräsentativ das Beschwerdeverhalten von Konsumenten untersucht. Ein Ergebnis war, daß zufriedene Kunden ihre Erfahrungen im Durchschnitt drei weiteren Personen mitteilen, unzufriedene Kunden hingegen ca. neun bis zehn Personen über ihre negativen Erfahrungen berichten. Dieses zeigt, wie wichtig es für Unternehmen ist, sich mit den Gründen für Unzufriedenheit zu beschäftigen.

Kundenorientierung bietet derzeit insbesondere im Business-to-Business-Bereich tätigen Unternehmen die Chance Wettbewerbsvorteile zu erlangen, da das Handeln dieser Unternehmen häufig „durch technisch und naturwissenschaftlich geprägtes Denken bestimmt wird" (Kleinaltenkamp, a.a.O.).

Die Wettbewerbsvorteile kundenorientierter Unternehmen begründen sich darauf, daß

- die Akquisitionskosten für die Neugewinnung von Kunden gesenkt werden können, da sich eine hohe Kundenzufriedenheit positiv auf das Image eines Unternehmens auswirkt (vgl. Fornell, 1992),
- die Wahrscheinlichkeit einer erneuten Zusammenarbeit mit der Zufriedenheit der Kunden steigt (vgl. Stauss/Hentschel, a.a.O.),
- treue Kunden meist profitable Kunden sind (vgl. Homburg/Rudolph, a.a.O.),
- die Transaktionskosten bei bestehenden Kunden gesenkt werden können (vgl. Bailom/Hinterhuber/Matzler/Sauerwein, a.a.O.; Homburg/Rudolph, a.a.O.),
- Preisunterschiede für Stammkunden weniger bedeutsam sind als für neue Kunden (vgl. Homburg/Rudolph, a.a.O.),
- aufgrund der „entspannteren" Zusammenarbeit mit zufriedenen Kunden ein besseres Betriebsklima herrscht (vgl. d´Alquen, a.a.O.) und
- die Mitarbeiter des Unternehmens sicherer und souveräner gegenüber den Kunden auftreten können (vgl. d´Alquen, a.a.O.).

4.1.1 Einordnung, Begriffsdefinition und verhaltenswissenschaftliche Wahrnehmungstheorien

Die Forschungsarbeiten zum Konstrukt Kundenzufriedenheit lassen sich anhand der beiden Dimensionen „Objekt" und „Träger" der Zufriedenheit in verschiedene Bereiche einordnen (vgl. Rudolph, 1998, S. 7 ff.). Untersuchungen auf gesamtwirtschaftlicher Ebene analysieren die Zufriedenheit der Gesamtheit der Personen in einer Volkswirtschaft („Träger") mit der Gesamtleistung mehrerer Unternehmen („Objekt"). Hingegen steht die Zufriedenheit einer Gruppe von Personen mit einer einzelnen Transaktion im Mittelpunkt der Untersuchungen auf einzelwirtschaftlicher Ebene. Seit 1992 werden beispielsweise im „Deutschen Kundenbarometer" jährlich branchenübergreifend Zufriedenheitsdaten auf einzel- bzw. gesamtwirtschaftlicher Ebene erfaßt (vgl. Meyer/Dornach, 1997). Arbeiten, die die Kundenzufriedenheit mehrerer Personen in Geschäftsbeziehungen in Marketingkanälen untersuchen, stellen sozialpsychologische Konstrukte, z.B. Vertrauen, in den Mittelpunkt ihrer Betrachtungen. Die Kundenzufriedenheit aus verhaltenswissenschaftlicher Perspektive sieht als Träger der Zufriedenheit die einzelne Person und als Objekt die einzelne Transaktion an.

Die Definitionen des Begriffs (Un-)Zufriedenheit in der Literatur sind vielfältig (vgl. Rudolph, 1998, S. 11 ff.). Als konsensfähige Definition schlagen Scharnbacher und Kiefer (1996, S. 7) vor, unter Kundenzufriedenheit die „gefühlsmäßige (affektive) Reaktion auf einen kognitiven Vergleich von Erwartungen und Erfahrungen" zu verstehen. Diese Definition verdeutlicht, daß es sich bei Zufriedenheit um eine emotionale Reaktion handelt, die im Anschluß an einen kognitiven Soll-Ist-Vergleich erfolgt, wobei der Grad der (Un-)Zufriedenheit vom Ausmaß der Bestätigung oder Nicht-Bestätigung der Erwartungen abhängt.

Der Wahrnehmungsprozeß der Ist-Leistung wird durch verschiedene Ansätze aus den Verhaltenswissenschaften, insbesondere der Sozialpsychologie, versucht zu erklären. Nach der *Theorie der kognitiven Dissonanz, Konsistenz-* oder *Assimilationstheorie* sind Kunden bestrebt, die Unterschiede zwischen Erwartungen und Erfahrungen zu minimieren, d.h. sie passen ihre Produktwahrnehmung den Erwartungen an, um einen Zustand der „psychologischen Spannung" oder des „psychologischen Unwohlseins" zu vermeiden. Auch nach der *Kontrasttheorie* verändern Kunden nachträglich ihre Wahrnehmung, wenn ihre Erwartungen nicht mit ihren Erfahrungen übereinstimmen. Allerdings wird in diesem Fall die Diskrepanz zwischen Soll und Ist vergrößert, d.h. die Kunden bewerten aufgrund der von ihrer subjektiven Erwartung abweichenden Erfahrung das Produkt schlechter als sie es ursprünglich getan haben. Die *Assimilations-Kontrast-Theorie* verbindet beide Theorien. Abhängig von der Diskrepanz zwischen Erwartungen und Erfahrungen verhalten sich die Kunden gemäß der Assimilitations- oder Kontrasttheorie. Ist die Diskrepanz aus subjektiver Sicht der Kunden relativ gering und damit „annehmbar", so wird diese assimiliert. Die Unzufriedenheit wird verstärkt, d.h. die Produktleistung noch ungünstiger bewertet, wenn ein gewisser Spielraum überschritten wird und die Kunden die Diskrepanz für nicht mehr „annehmbar" halten.

Die Wahrnehmungsverzerrungen beeinflussen die affektive Bewertung des kognitiven Vergleichs und erschweren daher die Messung der Kundenzufriedenheit über die Diskrepanz zwischen Erwartungen und Erfahrungen.

4.1.2 Modelle der Kundenzufriedenheit

Unter den Modellen, die das Konstrukt Kundenzufriedenheit beschreiben, hat das C/D-Paradigma („Confirmation/Disconfirmation-Paradigm") eine führende Rolle in der Literatur übernommen (vgl. Oliver/DeSarbo, 1988, S. 497 ff.). Das Zusammenwirken der einzelnen Komponenten spiegelt den Prozeß wider, der gemäß o.a. Definition zur Kundenzufriedenheit bzw. Unzufriedenheit führt.

Abbildung 11: Das C/D-Paradigma

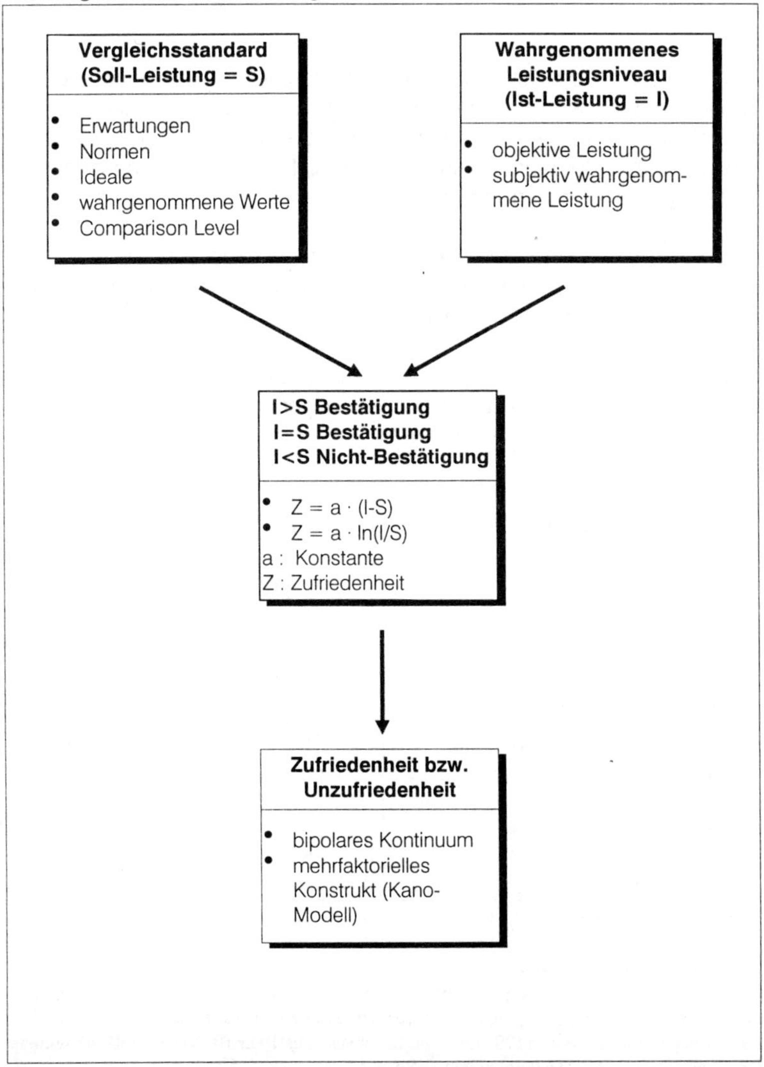

Die einzelnen Modellkomponenten bedürfen einer differenzierten Betrachtung. Aus verhaltenswissenschaftlicher Perspektive kann der Vergleichsstandard aus Erwartungen, Normen, Idealen, wahrgenommenen Werten oder einem Comparison Level gebildet werden.[26]

Die Ist-Leistung nimmt jeder Kunde aufgrund der o.a. Wahrnehmungseffekte unterschiedlich wahr. Deshalb hat sich die subjektiv vom Kunden wahrgenommene Leistung gegenüber der objektiven Leistung, die die tatsächliche und für alle Kunden gleiche Höhe der Leistung beschreibt, als Ist-Komponente in der Literatur durchgesetzt (vgl. Rudolph, 1998, S. 20 f.).

Der Vergleich der Ist- und Soll-Komponente führt zu einem Bestätigungsprozeß, dessen Ergebnis positiv oder negativ sein kann. Zufriedenheit entsteht, wenn die wahrgenommene Leistung dem Vergleichsstandard entspricht oder besser ist. Ist dies nicht der Fall, spricht man von einer Negativen-Bestätigung, die Unzufriedenheit zur Folge hat.[27]

Haben positive und negative Bestätigungen jeweils einen gleich starken Einfluß auf die Zufriedenheit, so läßt sich der Zusammenhang folgendermaßen formulieren: $Z_{a)} = a \cdot (I-S)$

Anderson und Sullivan (1993, S. 127 ff.) stellen hingegen die Hypothese auf, daß Positive-Bestätigungen einen geringeren Einfluß auf die Zufriedenheit ausüben als Negative-Bestätigungen ($Z_{b)} = a \cdot \ln(I/S)$).

Abbildung 12: Hypothesen zum Bestätigungsprozeß

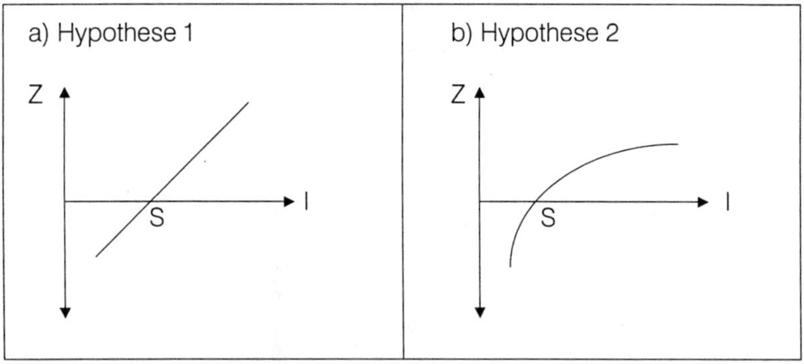

Quelle: In Anlehnung an Homburg/Rudolph 1998, S. 42.

[26] In Kapitel 5.4 „Kundengruppenanalyse" wird detailliert auf die unterschiedlichen Vergleichsstandards eingegangen, die Kunden zur Urteilsfindung heranziehen.

[27] Scharnbacher und Kiefer (1996) verwenden anstatt des Begriffs Negative-Bestätigung den Begriff Negative-Nicht-Bestätigung entsprechend.

Die Zufriedenheit wird in der Literatur meist als bipolares Kontinuum mit Zufriedenheit und Unzufriedenheit an den Endpolen angesehen (vgl. Westbrook/Oliver, 1991). Mehrfaktorielle Ansätze gehen auf die Zwei-Faktoren-Theorie nach Herzberg (1964) zurück. Herzbergs Ansatz bezieht sich auf Studien zur Arbeitszufriedenheit. Er selbst schlägt aber eine Erweiterung seines Ansatzes auf andere Gebiete vor. Eine Weiterentwicklung dieser Theorie stellt das Kano-Modell dar, das nicht nur zwischen zwei (Hygiene und Motivator-Faktoren) sondern zwischen drei Faktoren unterscheidet. Den Motivator-Faktoren nach Herzberg ähneln die Begeisterungsanforderungen im Kano-Modell. Entsprechend verhält es sich mit den Hygiene-Faktoren und den Basisanforderungen. Das Kano-Modell stammt aus dem Qualitätsmanagement und ist daher nicht direkt den verhaltenswissenschaftlichen Ansätzen zuzurechnen. Dennoch leistet es einen wichtigen Beitrag zur Klärung der Faktorstruktur des Konstrukts Kundenzufriedenheit.

Abbildung 13: Das Kano-Modell

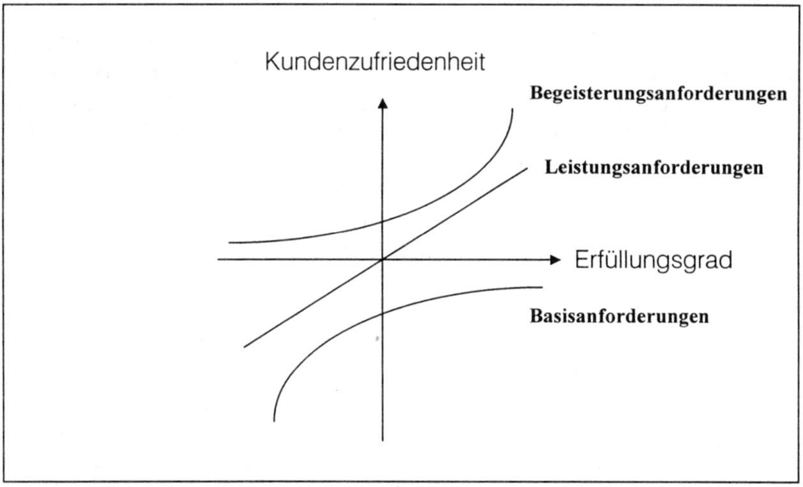

Quelle: Bailom, Hinterhuber, Matzler, Sauerwein (1996) unter Verweis auf Berger et al. (1993).

Die Erfüllung von Basisanforderungen wird von den Kunden als selbstverständlich angesehen und daher nicht ausdrücklich verlangt. Eine Erfüllung der Basisanforderungen führt nur zu einer marginalen Steigerung der Kundenzufriedenheit. Eine Nicht-Erfüllung hat hingegen extreme Unzufriedenheit zur Folge.

Leistungsanforderungen werden von den Kunden meistens ausdrücklich verlangt. Ihre Erfüllung hat in gleichem Maß positive Auswirkungen auf die Kundenzufriedenheit wie ihre Nicht-Erfüllung negative Auswirkungen hat.

Begeisterungsanforderungen werden von den Kunden weder explizit formuliert noch erwartet. Deshalb hat ihre Erfüllung einen hohen Einfluß auf die Kundenzufriedenheit. Es entsteht kein Gefühl der Unzufriedenheit, wenn diese Anforderungen nicht erfüllt werden.

Als Vorteile dieser Klassifizierung führen Bailom, Hinterhuber, Matzler und Sauerwein (1996, S. 118 f.) u.a. an, daß Faktoren identifiziert werden können, die einen hohen Einfluß auf die Kundenzufriedenheit haben, Prioritäten für die Kundenbetreuung abgeleitet werden können, Differenzierungsmöglichkeiten gegenüber Wettbewerbern zu erkennen und Kombinationsmöglichkeiten mit dem Management von Kernkompetenzen gegeben sind.

Zu beachten ist bei der Identifikation der verschiedenen Anforderungsarten, daß das Kano-Modell eine Momentaufnahme darstellt und sich daher im Zeitablauf Begeisterungsanforderungen auch zu Basisanforderungen wandeln können.

Eine empirische Überprüfung des Kano-Modells im Industriegüterbereich durch Rudolph (1998, S. 181 ff.) hat ergeben, daß „lineare Modelle eher geeignet sind, die Struktur der Beziehungen zwischen der Gesamtzufriedenheit und ihren einzelnen Dimensionen zu beschreiben" (a.a.O., S. 185). Es wurden nur schwache Nicht-Linearitäten beobachtet, die tendenziell den Verläufen von Begeisterungs- und Leistungsanforderungen zugeordnet werden konnten. Aufgrund der Ergebnisse von Rudolph hinsichtlich der ermittelten Dimensionen und Indikatoren ist jedoch zu bezweifeln, ob Dimensionen hätten erfaßt oder ermittelt werden können, die Basisanforderungen darstellen. Obwohl das von Rudolph gewählte Instrumentarium des Tiefeninterviews grundsätzlich geeignet ist, die verschiedenen Anforderungsarten zu ermitteln, fällt auf, daß bei den aufgeführten Indikatoren und Dimensionen offensichtliche Basisanforderungen, wie z.B. die Fähigkeit des Unternehmens die gewünschte Grundleistung zu erbringen, fehlen. Eine, wenn auch zugegeben triviale Basisanforderung an einen Automobilhersteller wäre z.B., daß die hergestellten Autos in der Lage sind zu fahren oder daß das Verkaufsgespräch in einer höflichen Atmosphäre stattfindet. Solche elementaren Basisanforderungen finden sich bei Rudolph nicht. Da Zweifel an der Validität der empirischen Überprüfung des Kano-Modells durch Rudolph bestehen, erfolgt in dieser Arbeit aufgrund der o.a. Vorteile ein Bezug darauf.

Zwei weitere Ansätze zur Erklärung des Konstrukts Kundenzufriedenheit haben in der Literatur Beachtung gefunden. Zum einen die Equity Theorie, die ähnlich dem C/D-Paradigma einen Vergleichsprozeß beschreibt, der sich jedoch nicht auf ein Objekt, sondern auf eine Austauschsituation bezieht. Zum anderen die Attributionstheorie, der zufolge Kunden Ursachen für bestimmte Ergebnisse suchen. Von den Ursachen ist die Zufriedenheit der Kunden abhängig. Beide Ansätze werden in Kapitel 5.4 „Kundengruppenanalyse" eingehend anhand der konkreten Untersuchung dargestellt.

4.1.3 Verfahren zur Messung der Kundenzufriedenheit

Die Verfahren zur Messung der Kundenzufriedenheit lassen sich gemäß Abbildung 14 einteilen. Das Schema von Andreasen (1977, S. 16) wurde in der Folgezeit weiter verfeinert (vgl. Homburg/Rudolph 1998, S. 47 ff.).

Abbildung 14: Verfahren zur Messung der Kundenzufriedenheit

Objektive Verfahren	**Subjektive Verfahren**	
	Merkmalsgestützte Verfahren	**Ereignisorientierte Verfahren**
Umsatz	**1. Implizite Methoden**	Critical Incident Technique
Marktanteil	Systematische Erfassung von Beschwerden	
Wiederkaufrate	Problem-Panels	
Zurückgewinnungsrate	Befragung von Verkäufern und Absatzmittlern	
Abwanderungsrate	**2. Explizite Methoden**	
Qualitätskontrollen	Direkte Messung der Zufriedenheit anhand einer Zufriedenheitsskala	
	Indirekte Messung der Zufriedenheit durch die Messung des Erfüllungsgrades von Erwartungen	

Quelle: in Anlehnung an Scharnbacher/Kiefer, 1996, S. 19.

Objektive Verfahren basieren auf der Annahme, daß die Loyalität der Kunden von ihrer Zufriedenheit abhängt. Folglich läßt sich die Kundenzufriedenheit anhand von subjektiv nicht verzerrt wahrnehmbaren Größen, wie Umsatz oder Marktanteil messen. Diese Indikatoren sind allerdings nur zeitlich verzögert zu beobachten und eignen sich daher nicht als

Frühwarnsystem. Zudem ist man durch ihre Beobachtung nicht in der Lage, direkte Rückschlüsse auf die Höhe der Kundenzufriedenheit zu ziehen, da sie auch vielfältigen anderen Einflüssen unterliegen. Beispielsweise ist der Marktanteil auch vom Umfang der Werbeaktivitäten abhängig.

Subjektive Verfahren lassen sich in merkmalsgestützte und ereignisorientierte Verfahren unterteilen. Sie zeichnen sich dadurch aus, daß sie auf der Erfassung individuell unterschiedlich ausgeprägter psychischer Sachverhalte bzw. den damit verbundenen Verhaltensweisen beruhen. Merkmalsgestützte Verfahren eignen sich eher zur Erfassung einer Gesamtbeurteilung, wohingegen ereignisorientierte Messungen eher Ausnahmesituationen widerspiegeln (vgl. Stauss/ Hentschel, 1991).

Ereignisorientierte Verfahren beruhen auf der Annahme, daß bestimmte Ereignisse das Gesamturteil der Kunden maßgeblich beeinflussen (vgl. a.a.O., S. 117). Die Methode der kritischen Ereignisse („Critical Incident Technique") ist der wichtigste Vertreter dieser Verfahren. Im Rahmen eines qualitativen Verfahrens werden positive und negative Erfahrungen von Kunden, die die Beziehung zum Unternehmen in einem besonderen Maße beeinflußt haben, erhoben und ausgewertet.

Merkmalsgestützte Verfahren lassen sich in im- und explizite Verfahren unterteilen. Zur impliziten Messung der Kundenzufriedenheit werden Indikatoren verwendet, die einen Rückschluß auf das vorhandene Ausmaß an Zufriedenheit ermöglichen. Beispielsweise werden Beschwerden systematisch erfaßt, wiederholte repräsentative Erhebungen bzgl. von Kunden wahrgenommenen Problemen durchgeführt (Problem-Panel) oder Mitarbeiter im Unternehmen hinsichtlich ihrer Einschätzung der Kundenzufriedenheit befragt.

Bezüglich der Indikatoren ist einzuwenden, daß nicht eindeutig von der Beschwerdezahl auf die Zufriedenheit der Kunden geschlossen werden kann. Im Rahmen der TARP-Studie ist festgestellt worden, daß 96% der unzufriedenen Kunden sich nie bei dem betreffenden Unternehmen beschweren. Aufgrund der Subjektivität der Einschätzung ist auch bei Mitarbeiterbefragungen mit verzerrten Ergebnissen zu rechnen.

Der Vorteil der in expliziten Verfahren angewendeten Zufriedenheitsmessung ist in der verhaltenswissenschaftlichen Fundierung zu sehen. Allerdings kann die mangelnde Abbildbarkeit psychischer Prozesse zu Ergebnisverfälschungen führen. Zwei grundsätzlich unterschiedliche Vorgehensweisen lassen sich bei der indirekten Messung unterscheiden. In beiden Fällen wird die Zufriedenheit durch die Messung des Erfüllungsgrades der Erwartungen oder eines alternativen Vergleichsstandards erfaßt. Werden die Erwartung vor dem Vertragsabschluß und die Erfahrungen nach der Nutzung oder Inbetriebnahme abgefragt, so spricht man von einer *ex ante/ex post-Messung*. Bei dieser Art der Messung kann es zu zwei Problemen kommen. Einerseits tendieren die Kunden bei der wiederholten Verwendung einer Meßskala zu konsistenten Antworten (vgl. Prakash/Loundsbury, 1984). Andererseits kann es vorkommen, daß Kunden bei der ersten Befragungen ihre Erwartungen schon höchstmöglich beziffert haben und wenn diese übertroffen werden, in der zweiten Befragung dies nicht mehr zum Ausdruck bringen können („Floor or Ceiling Effect"; vgl. Peterson/Wilson, 1992, S. 63).

Bei der *ex post-Messung* werden diese Probleme vermieden, da sowohl Erwartungen als auch Erfahrungen nach der Nutzung oder Inbetriebnahme abgefragt und aus der Differenz auf die Zufriedenheit geschlossen wird. Ein Nachteil besteht jedoch darin, daß die ursprünglichen Erwartungen durch die gemachten Erfahrungen einer Wahrnehmungsverzerrung unterliegen und folglich im Nachhinein nicht mehr zutreffend beschrieben werden können.

Die direkte Messung von Zufriedenheitsurteilen erfolgt anhand von eindimensionalen Ratingskalen. Zur Abbildung der Komplexität des Konstrukts Kundenzufriedenheit eignen sich vornehmlich multiattributive Meßverfahren, die im Gegensatz zu eindimensionalen Verfahren erlauben, nicht nur die Globalzufriedenheit zu erfassen, sondern zusätzlich alle relevanten Einzelaspekte in die Messung einzubeziehen.

4.1.4 Bedeutung des Qualitätsmanagements für die Kundenzufriedenheit

Wenn man den Begriff „Qualität" nicht auf die rein technischen Aspekte beschränkt, wird Qualität in der Literatur als eine Voraussetzung für Kundenzufriedenheit angesehen (vgl. Scharnbacher/Kiefer, 1996, S. 2; Pieske, 1994, S. 180; Burmann, 1991, S. 249; Däubler/Kohlbacher, 1997; Kohlbacher, 1993). Anhand von Daten, die im Rahmen des PIMS-Projekts (PIMS = „Profit Impact of Market Strategy") erhoben wurden, läßt sich statistisch nachweisen, daß ein positiver Zusammenhang zwischen einem Qualitätsvorsprung gegenüber Konkurrenten und einem nachhaltigen Unternehmenserfolg besteht (vgl. Scharnbacher/Kiefer, 1996, S. 30 ff. unter Verweis auf Buzzell/Bradley, 1989, S. 3). Dieser wird mittels der Veränderung von zentralen Kenngrößen, wie dem Return on Investment (ROI) oder des Cash Flow nachgewiesen.

Qualitätsmanagementsysteme, wie das Total Quality Management (TQM) oder die Managementsysteme nach DIN ISO 9000 ff. werden in

Unternehmen mit dem Ziel der Erreichung einer andauernden Kundenzufriedenheit eingesetzt.

Unternehmen, die ihr Managementsystem nach DIN ISO 9000 ff. zertifizieren lassen, streben an, den Kunden nachweisen zu können, daß sie in der Lage sind, ein Produkt oder eine Dienstleistung fehlerfrei entwikkeln, fertigen und liefern zu können. Dagegen ist das Ziel der Unternehmen die TQM einsetzen, eine optimale Bedürfnisbefriedigung der Kunden und der Gesellschaft. Scharnbacher und Kiefer (1996, S. 64) gelangen nach einem Vergleich der beiden Managementsysteme zu dem Schluß, daß das TQM dem Normensystem DIN ISO 9000 ff. hinsichtlich der Punkte Kundenorientierung und Kundenzufriedenheit vorzuziehen ist, weil das gesamte System des TQM konsequenter am Kunden ausgerichtet ist. Das Qualitätsverständnis des TQM ist kundenorientiert und das Ziel höchste Qualität, die durch eine kontinuierliche Verbesserung der eigenen Arbeit und die intensive Mitwirkung der Mitarbeiter erreicht werden soll.

Verschiedene Qualitätspreise und -auszeichnungen werden an Unternehmen vergeben, die der Grundidee des TQM folgen, so z.B. der Malcom Baldrige National Quality Award und der European Quality Award. Der Nutzen liegt für Unternehmen nicht in der Preisverleihung an sich, sondern im Bewerbungsprozeß, denn die Umsetzung der Bewertungskriterien kann den Unternehmen als Leitfaden zur Einführung von TQM dienen.

4.1.5 Schlußfolgerungen für das weitere Vorgehen

Renner (1996, S. 59) hält fest, daß es im Rahmen der Kundenzufriedenheitsanalyse „keine empirische Untersuchung“ darüber gibt, „wie sich speziell Kunden von Bauunternehmen verhalten“. Deshalb wird eine möglichst umfassende Betrachtung des Konstrukts Kundenzufriedenheit erfolgen, die inhaltliche Repräsentanz gewährleistet.

Aufgrund der Nachteile der einzelnen Meßmethoden und der Tatsache, daß merkmals- und ereignisorientierte Verfahren unterschiedliche Aspekte der Kundenzufriedenheit messen, werden die Verfahren in abgewandelter Form nicht alternativ, sondern komplementär angewendet (vgl. Botschen /Botschen/Thelen/Pieters, 1996, S. 159).

Der hohen Bedeutung des C/D-Paradigmas in der Kundenzufriedenheitsforschung und des im Gegensatz zu anderen Modellen weitreichenden inhaltlichen Spektrums wird dadurch Rechnung getragen, daß den Grundgedanken des Paradigmas zur Erklärung der Zufriedenheit gefolgt wird. Aus Gründen der umfassenden Analyse werden auch die Equity- und die Attributionstheorie zur Bildung von Alternativhypothesen herangezogen.

Die direkte Messung der Kundenzufriedenheit mittels einer Einfachskala wird der indirekten Messung gegenüber vorgezogen, da wegen o.a. meßtechnischer Probleme von der getrennten Erfassung von Erwartungen und Erfahrungen Nachteile zu erwarten sind. Babakus/Boller (1992, S. 255 f.) weisen darauf hin, daß zu vermuten ist, daß die Beantwortung der ersten Frage bei einer Doppelskala Einfluß auf die Beantwortung der zweiten hat. Eine indirekte Messung würde zudem die Interviewzeit verlängern, da die doppelte Anzahl der Fragen gestellt werden müßte.

4.2 Datengewinnung

Es wurden insgesamt vier Studien und eine Expertenvalidierung (vgl. Kepper, 1996, S. 217) durchgeführt:

1.) Studie: Schriftliche NL/GS - Leiter Befragung
2.) Studie: Allgemeine Kundenbefragung
3.) Studie: Mündliche NL/GS - Leiter Befragung
4.) Studie: Bemusterungen

Die *Schriftliche NL/GS - Leiter Befragung* wurde als Vorstudie eingesetzt, um sich dem für die Bauwirtschaft nahezu unbekannten Forschungsgebiet zu nähern.[28] Externe Quellen, wie z.B. das Deutsche Kundenbarometer (vgl. Meyer/Dornach, 1997), die Studie der Firma Ensle Bau (vgl. Renner, 1996, S. 62 ff.) und die Darstellung der Entwicklung eines Konzepts zur standardisierten Ermittlung der Kundenzufriedenheit von Scharnbacher und Kiefer (1996, S. 65 ff.) wurden hinzugezogen, um wichtige Themenbereiche für die Zufriedenheit der Kunden aus anderen Branchen (Freundlichkeit, telefonische Erreichbarkeit, usw.) und im besonderen von Bauunternehmen (Mängelbeseitigung, Bemusterungen, usw.) zu explorieren.

Aufbauend auf den Ergebnissen wurden die Fragebögen für die *Allgemeine Kundenbefragung* und die *Mündliche NL/GS - Leiter Befragung* konzipiert. Beide Gruppen wurden zu denselben Themenbereichen befragt, wobei die NL - und GS - Leiter einschätzen sollten, wie ihrer Meinung nach die Kunden geantwortet haben.

[28] Vgl. auch Ausführungen zu bauspezifischen Ansätzen auf Seite 1.

Die Auswertung der Kundenbefragung zum Thema „Bemusterung" dient als Vertiefungsstudie zu einem bauspezifischen Themenschwerpunkt, der großen Einfluß auf die Kundenzufriedenheit hat. Als Grundlage dieser Studie wurden ausschließlich Primärdaten erhoben, da diese eine Entscheidungsgrundlage für die Erstellung eines neuen Konzepts auf einem bisher nicht untersuchten Gebiet liefern sollten.

Die verwendete Grundmethode für alle Untersuchungen war eine Entscheidungsträger- und Expertenbefragung im Rahmen von qualitativen Befragungen mit quantitativen Teilbereichen (vgl. Bereckhoven, Eckert, Ellenrieder, 1993, S. 90 ff.; Desphandé, 1983). Als einzige Ausnahme enthielt die *Schriftliche NL/GS - Leiter Befragung* keinen quantitativen Teil.

Lehmeier (1979, S. 84) sieht Vorteile schriftlicher Befragungen darin, daß der Interviewereinfluß wegfällt und überlegtere Antworten zu erwarten sind. Nachteilig ist u.a., daß die Zahl der Antworten pro Fragebogen geringer und die Gefahr von Mißverständnissen größer ist, als bei einer mündlichen Befragung.

Diese Nachteile wurden durch die nachfolgenden mündlichen Befragungen minimiert. Die Kunden wurden u.a. deshalb mündlich befragt, weil dadurch die Akzeptanz im Gegensatz zu schriftlichen oder telefonischen Befragungen bei Führungskräften verbessert werden kann (vgl. d´Alquen, 1998, S. 19). Der Wert der Befragung für das Unternehmen und das Interesse an der Meinung der Kunden kann in einer persönlichen Befragung am besten vermittelt werden. Zusätzlich läßt sich die Erhebungssituation im Gegensatz zu anderen Befragungsmethoden bei der persönlichen Befragung am besten kontrollieren.

Es wurden teilstandardisierte Interviews, die ca. eine Stunde dauerten, geführt. Teilstandardisierte Interviews werden laut Kepper (1996, S. 39) durch offene Fragen und eine nicht genau vorgeschriebene Anzahl und Reihenfolge dieser charakterisiert. Bortz und Döring (1995, S. 289) bezeichnen diesen Interview-Typ als Leitfaden- oder halbstrukturiertes Interview. Ein Problem dieser Vorgehensweise, den Interviewer-Einfluß nicht ausschließen zu können, wurde durch eine objektive und distanzierte Gesprächsführung minimiert.

Nach Bereckhoven, Eckert und Ellenrieder (1993, S. 94) ist für standardisierte mündliche Interviews kennzeichnend, „daß die Fragen vor dem Interview schriftlich festgelegt wurden und allen Befragten mit dem gleichen Wortlaut und in der gleichen Reihenfolge gestellt werden." Kepper (1996, S. 39; Verweis auf Schub von Bossiazky (1992, S. 94), Böhler (1992, S. 78), Bereckhoven, Eckert und Ellenrieder (1993, S. 94 f.)) bezeichnet diese Interviewform als vollständig standardisierte Befragungen und weist explizit darauf hin, daß auch die Anzahl der Fragen festgelegt sein muß. Den Hauptnachteil einer standardisierten Interviewform sehen Lehmeier (1979, S. 81), Bereckhoven, Eckert und Ellenrieder (1993, S. 94) darin, daß durch den vorgegebenen Fragebogen und die folglich sehr eingeschränkte Gesprächsgestaltung wichtige Informationen verlorengehen können. Diesem Problem wurde dadurch begegnet, daß ein Fachmann die Interviews führte, der in der Lage war, die Fragen der spezifischen Interviewsituation anzupassen ohne den Sinn der Fragestellung zu vernachlässigen (vgl. Bereckhoven, Eckert, Ellenrieder, 1993, S. 90).

Durch die qualitativen Teile der Befragungen konnten, ohne daß der Antwortkatalog zu den komplexen Themen in großen Teilen vorgegeben wurde, Merkmale (Einflußfaktoren oder Indikatoren) und indirekt Erwartungen erhoben werden, da die Kunden ihre quantitativ abgegebenen Einschätzungen begründeten. In einer nachfolgenden repräsentativen Studie könnte die quantitative Gewichtung der Merkmale untersucht werden. Hierzu eignen sich besonders multivariate Analysemethoden, z.B. die Kausalanalyse und das Conjoint-Measurement (vgl. Backhaus, Erichson, Plinke, Wieber, 1996).

Die in der Literatur u.a. von Hüttner (1979, S.40) geäußerten kritischen Anmerkungen zum Adressatenkreis der Experten hinsichtlich der Repräsentativität ihrer Aussagen, sind auch in dieser Studie zu beachten. Häufig stimmen jedoch in der Bauindustrie Experten mit Entscheidungsträgern überein. Beispielsweise haben Firmen, die einen Baukonzern mit der Durchführung eines Projekts beauftragen, oft eigene Bauabteilungen und Projektentwickler sind meistens Ingenieure oder Architekten. Man kann ebenfalls davon ausgehen, daß letztgenannte Berufsgruppen ihre Auftraggeber (Investoren) sehr gut kennen und einschätzen können, da die Bauzeiten lang und die Kontakte häufig eng sind. 61% der in den Jahren 1995 - 1999 von der untersuchten HN schlüsselfertig abzuwickelnden oder abgewickelten Projekte, deren Auftragssumme größer als 1 Mio. DM war oder ist, haben eine Bauzeit von mehr als einem Jahr.

Rudolph (1998, S. 162 ff.) weist jedoch die Multipersonalität des Konstrukts Kundenzufriedenheit im Industriegüterbereich empirisch nach, d.h. Personen, die unterschiedliche Funktionen in Unternehmen bekleiden, zeigen nicht nur Unterschiede in der Wahrnehmung und Beurteilung von Leistungen, sondern sie weisen zudem einzelnen Teilbereichen eine unterschiedlich hohe Bedeutung für das untersuchte Konstrukt zu. Bei qualitativen Untersuchungen wird aufgrund der mangelnden Datenreduktion der Umfang bei sehr großen Stichproben schnell unüberschaubar (vgl. Kap. 4.4.4 „Repräsentativität"). Um die inhaltliche Repräsentativität zu gewährleisten, wurden deshalb bei der *Allgemeinen Kundenbefragung* nicht mehrere Personen aus unterschiedlichen Funktionsbereichen eines

Unternehmens befragt, sondern der Bauherr selbst und/oder ein bis zwei Vertreter des jeweiligen Bauherrn. Es handelte sich dabei u.a. um kaufmännische Leiter, Geschäftsführer, Leiter der Konstruktions- und Bauabteilungen, Architekten und Projektmanager.

Als Forschungsobjekt diente eine Hauptniederlassung (HN) eines deutschen Baukonzerns. Der Umsatz der HN liegt pro Jahr bei ca. 1 Mrd. DM. Fünf Niederlassungen (NL) und sieben Geschäftsstellen (GS) sind ihr angegliedert.

Die Untersuchung beschränkt sich auf das Marktsegment „Schlüsselfertiger Hochbau mit einem Auftragsvolumen über 1 Mio. DM", da dieses den größten Umsatzanteil (ca. 55%) der untersuchten HN ausmacht. Daher wurden die NL Tief- und Ingenieurbau und die GS Bauwerkserhaltung nicht in die Untersuchung einbezogen. Die Leitung einer GS wurde zur Zeit der Befragungen kommissarisch von einem NL - Leiter übernommen.

Alle neun technischen NL - und GS - Leiter der HN wurden sowohl schriftlich als auch mündlich befragt.

Für die *Allgemeine Kundenbefragung* wurde eine einfache Stichprobe ohne Zurücklegen durch Auslosen gezogen (vgl. Lehmeier, 1979, S. 58 - 61; Nieschlag, Dichtl, Hörschgen, 1988, S. 696 u. 1997, S. 729; Hammann, Erichson, 1990, S. 113 ff.). Als erreichbare Auswahlbasis wurden alle Projekte des interessierenden Marktsegments angenommen, mit deren Erstellung in den letzten drei Jahren (1995 - 1997) im Gebiet der HN begonnen wurde und bei denen mindestens eine große Bemusterung stattgefunden hat. Dies waren 119.[29] Die Zeitspanne wurde festgelegt, da sich Kunden, deren Projekte länger als zweieinhalb Jahre fertiggestellt sind, wahrscheinlich nicht mehr an alle Einzelheiten erinnern können.

Aufgrund der ausgewählten Projekte wurden die betreuenden NL und GS bei allen Befragungen gebeten, geeignete Ansprechpartner zu nennen.

27 Kunden wurden angeschrieben, von denen 20 an der Befragung teilnahmen. Der Auswahlsatz erreichte 16,81%.

Bei der Befragung zum Thema „Bemusterungen" handelte es sich um die erste in diesem Bereich und in dieser HN. Daher legte die Geschäfts-

---

[29] Die Auswahl der Kunden, die zum Thema „Bemusterung" befragt wurden, fand vor der Ziehung dieser Stichprobe statt. Daher wurden diese Kunden, wenn sie gezogen wurden, nicht berücksichtigt.

führung großen Wert auf ein sensibles Vorgehen. Sie bestimmte im Rahmen einer typischen Auswahl den Adressatenkreis (vgl. Hüttner, 1979, S. 101; Nieschlag, Dichtl, Hörschgen, 1997, S. 726; Hammann, Erichson, 1990, S. 112 f.). Die Auswahl erfolgte nach folgenden Gesichtspunkten:

- Es kamen nur Projekte in Betracht, die schlüsselfertig übergeben wurden.
- Nach der Größe der Niederlassungen und Geschäftsstellen wurde die Anzahl der Adressaten festgelegt.
- Es wurde darauf geachtet, daß sowohl zufriedene als auch unzufriedene Kunden ausgewählt wurden.
- Nur Entscheidungsträger wurden befragt.
- Es wurden nur Personen befragt, die an Bemusterungen teilgenommen haben.
- Die befragten Personen sollten aus unterschiedlichen Berufsgruppen stammen, um deren spezielle Anforderungen an Bemusterungen untersuchen zu können.

33 Kunden wurden angeschrieben, von denen 21 bereit waren, an der Befragung teilzunehmen. Der Auswahlsatz betrug 17,65%.

4.3 Datenauswertung

Der Fragebogen der *Schriftlichen NL/GS - Befragung* enthielt ausschließlich offene Fragestellungen.[30] Skala-Fragen wurden zusätzlich bei der *Allgemeinen Kundenbefragung* und der *Mündlichen NL/GS - Leiter Befragung* gestellt. Darüber hinaus wurden in der *Allgemeinen Kundenbefragung* eine und in der Befragung zum Thema „Bemusterung" mehrere „Ja-Nein" Fragen verwendet.

Mittels einer einfachen Häufigkeitsanalyse wurden die ordinal und nominal skalierten Daten ausgewertet. Für die ordinal skalierten Daten der *Allgemeinen Kundenbefragung* und der *Mündlichen NL/GS - Leiter Befragung* wurden zusätzlich Mittelwertanalysen angestellt (vgl. Materialband).

Auf weitere statistische Auswertungen wurde wegen des Forschungsziels, des explorativen Charakters der Untersuchung, des für eine statistisch Auswertung geringen Stichprobenumfangs und des großen qualitativen Anteils weitgehend verzichtet (vgl. Scharnbacher, Kiefer, 1996, S. 93).

[30] Die Fragebögen sind im Materialband abgedruckt.

Die graphische Darstellung der absoluten Häufigkeiten wurde zugunsten der relativen Häufigkeiten und deren plastischerer Anschaulichkeit vernachlässigt.

Es wurden verschiedene Gruppen gebildet, um aus dem Vergleich der Antworten Rückschlüsse für die Beantwortung der Forschungsfragen ziehen zu können (vgl. Jüttemann, 1990, S. 21 - 43).

Die Interviewten der *Allgemeinen Kundenbefragung* wurden in sehr zufriedene (Gruppe A) und weniger zufriedene (Gruppe B) Kunden unterteilt. Als Unterscheidungskriterium diente die Beantwortung der Frage nach der Globalzufriedenheit. Die Kunden, die die Angaben „vollkommen" und „sehr zufriedenen" machten, wurden der Gruppe A zugeordnet. Gruppe B enthält die Kunden, die mit zufrieden, weniger zufrieden oder unzufrieden antworteten. Die Anzahl der Mitglieder beider Gruppen betrug 10.

Die NL - und GS - Leiter wurden aufgrund der Rendite der von ihnen geleiteten Einheiten in den letzten fünf Jahren (1993 - 1997) der erfolgreichen (5 Mitglieder/Gruppe 1) oder weniger erfolgreichen (4 Mitglieder/Gruppe 2) Gruppe zugeteilt.

Wegen des besonderen Untersuchungsthemas und des Interesses an unterschiedlichen Sichtweisen, wurden die Befragten in der Vertiefungsstudie nach Berufsgruppen (Architekten, Ingenieure, Rest) unterteilt.

Die Beantwortung der offenen Fragen wurde mittels der qualitativen Inhaltsanalyse untersucht. Die zur Auswertung herangezogene inhaltsanalytische Technik in Anlehnung an Mayring (1989, S. 197 ff.), die inhaltliche Strukturierung hat zum Ziel, die Inhalte großer Textmengen nach bestimmten Gesichtspunkten (Kategorien) zu ordnen und zu reduzieren (vgl. Flick, 1995, S. 21 ff./ Kepper, 1996, S. 58 ff.).

Mayring beschreibt das Ablaufmodell der strukturierten Inhaltsanalyse in 7 Schritten (s. Abb. 15, S. 57).

Die Protokollierung erfolgte mit Stichworten und Tonbandaufzeichnungen (vgl. Bereckhoven, Eckert, Ellenrieder, 1993, S. 92). Diese wurden zu einer komprimierten Darstellung in Stichworten, Sätzen und Zitaten der Gespräche zusammengefaßt.

Abbildung 15: Ablaufmodell strukturierender Inhaltsanalysen

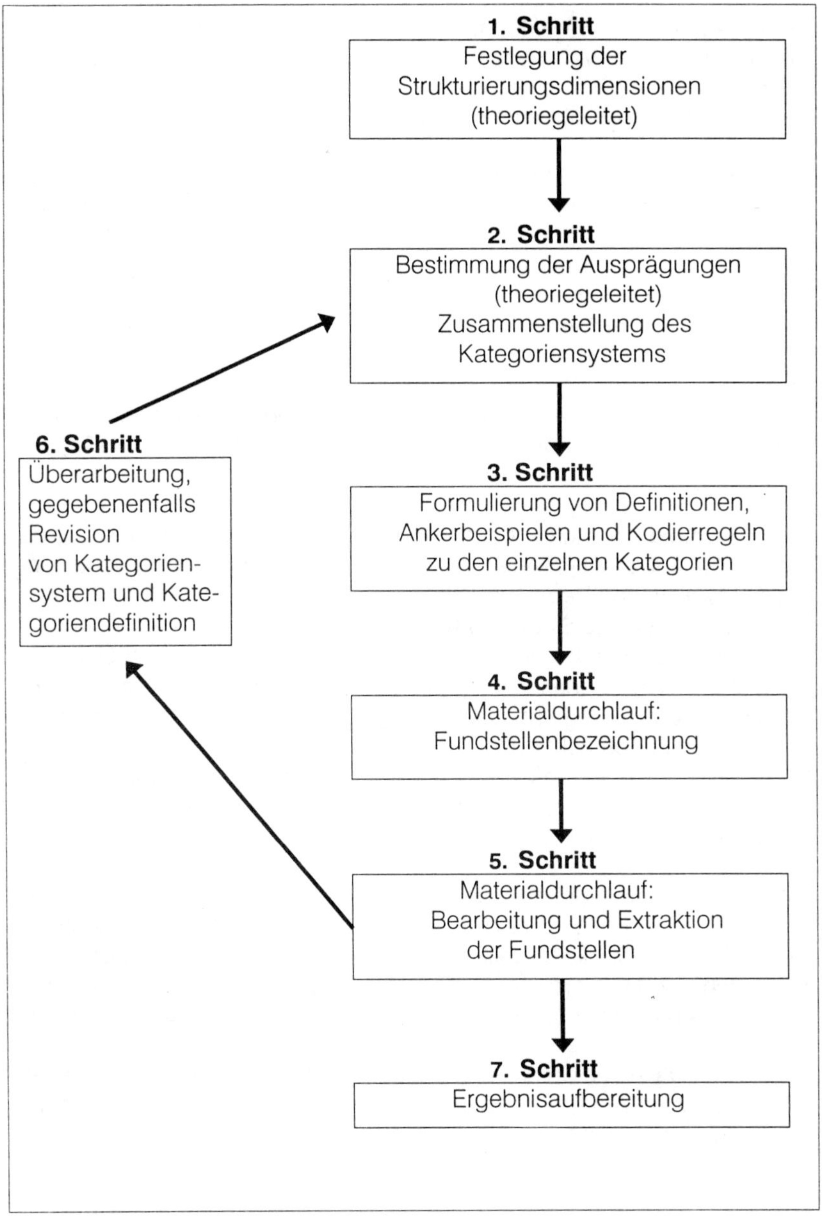

Quelle: Mayring, 1989, S. 199.

4.4 Methodendiskussion

Die verwendete Auswertungsmethode bildet die Grundlage für ein induktives Vorgehen (vgl. Kepper, 1996, S. 214). Sie ist ein datenreduzierendes Verfahren, das eine präzise, wissenschaftlich fundierte Auswertung ermöglicht (vgl. Jüttemann, 1992, S. 135 f.).

Kepper (1996, S.18) beschreibt, daß „das eigentliche Forschungsziel qualitativer Marktforschung im Erkennen, Beschreiben und Verstehen psychologischer und soziologischer Zusammenhänge liegt, nicht aber in deren Messung. Qualitative Marktforschung zielt auf eine möglichst vollständige Erfassung und Interpretation problemrelevanter Themen ab, um Einblick in die verschiedenen Problemdimensionen aus Sicht der Untersuchungsperson zu erlangen."

Die Vorteile einer qualitativen Inhaltsanalyse gegenüber einer rein statistischen (quantitativen) Auswertung begründen sich laut Ritsert (1972) auf vier Faktoren:

- Der **Kontext** der Äußerungen wird berücksichtigt. Dies ist wichtig, da gleichlautende Äußerungen in einem anderen Kontext eine voneinander abweichende Bedeutung haben können.
- Es können **latente Sinnstrukturen** erkannt werden. Bedeutungen von Wörtern und Begriffen sind nicht objektiv oder lexikalisch festgelegt.
- Nicht nur häufig genannte Äußerungen, sondern auch **einzelne Anmerkungen** werden untersucht und gegebenenfalls in der Auswertung entsprechend berücksichtigt.
- Erkenntnisse über das bewußte **Einblenden** und **Ausblenden** bestimmter Themenbereiche ist häufig aufschlußreicher als das bloße Auswerten von Häufigkeiten.

Durch qualitative Auswertungsmethoden kann auf die Komplexität eines Problems sensibel und flexibel eingegangen werden. Nach Mayring (1989, S. 191) ist die „qualitative Inhaltsanalyse"..."die Voraussetzung wissenschaftlichen Vorgehens. Sie schafft den Begriffsapparat (das inhaltliche Kategoriensystem) und das Analyseinstrumentarium."

Die Qualität einer Untersuchung wird durch die Güte der erhobenen Daten bestimmt (vgl. Bereckhoven, Eckert, Ellenrieder, 1993, S. 84 ff.). Diese läßt sich anhand von Gütekriterien messen.

4.4.1 Objektivität

Eine Untersuchung ist im Sinne der quantitativen Forschung dann objektiv, wenn die Ergebnisse vom subjektiven Einfluß des Forschers unabhängig sind (vgl. Kepper, 1996, S. 203). Dies kann qualitative Forschung nicht leisten, da der Vorteil dieser Methode gerade in der offenen Gesprächsführung liegt, die es erlaubt, individuell auf jeden Gesprächspartner einzugehen.

Dennoch wurde versucht, durch eine geringstmögliche Interaktion zwischen den jeweiligen Gesprächspartnern, ohne eine unnatürliche oder unangenehme Situation zu schaffen, das größtmögliche Maß an Neutralität des Forschers zu erreichen. Kepper (1996, S. 204) macht unter Verweis auf Volmerg (1983, S. 126) und Lamnek (1988, S. 166) darauf aufmerksam, daß durch „eine bewußt herbeigeführte Neutralität des Forschers unter Ausschluß aller situativen Kontextfaktoren (...) die Gefahr besteht, eine Künstlichkeit zu erzeugen, die sich verzerrend auf den Untersuchungsinhalt auswirken kann."

Die Objektivität im qualitativen Sinne wird u.a. durch eine „gezielte Berücksichtigung der spezifischen Untersuchungssituation" gewährleistet (Kepper, 1996, S. 204).

Bis auf eine Ausnahme wurden alle Interviews am Firmensitz der Kunden als vier-oder-sechs-Augen Gespräche geführt. Ein Interview wurde auf einer Baustelle geführt, da so die Anreise für beide Parteien verringert werden konnte. Die NL - und GS - Leiter wurden bis auf zwei Ausnahmen in ihren Büros interviewt. Es ist davon auszugehen, daß sich die Interviewumgebung in der HN für die beiden anderen Führungskräfte nicht auf ihre Antworten ausgewirkt hat, da dies keine ungewohnte Umgebung für sie war.

Aufgrund des Stichprobenumfanges, der erreichbaren Auswahlbasis, der langen Bauzeiten und des als sinnvoll erachteten Bezugszeitraums der Untersuchung, konnte nicht ganz vermieden werden, daß auch Kunden befragt wurden, deren Projekte noch nicht fertiggestellt waren. Um Aussagen zu vermeiden, die durch eine sehr große Involviertheit in das direkte Baugeschehen beeinflußt sein könnten, wurden keine Interviews mit Kunden geführt, deren Projekte sich kurz vor oder nach der Abnahme befanden. In der Zeitspanne der Abnahme sind beide Vertragsparteien wenig objektiv in ihren Beurteilungen, da um die Höhe der Schlußrechnung verhandelt wird.

Eine nähere Beschreibung des Untersuchungsumfeldes ist nicht erforderlich und daher nicht untersuchungsrelevant, da keine anderen entscheidenden Einflußfaktoren zu erwarten sind und es sich um lange vorher angekündigte, zustimmungspflichtige Befragungen zu geschäftlichen Themen handelte.

Unter Objektivität im qualitativen Vorgehen wird insbesondere intersubjektive Nachvollziehbarkeit verstanden. Entscheidend ist nach Lamnek (1988, S. 171), wie plausibel und glaubwürdig die hervorgebrachten Theorien sind.

Um eine stichhaltige und nachvollziehbare Interpretation zu gewährleisten, wurden die Kernaussagen im ersten Schritt unabhängig von ihrer inhaltlichen Logik im Materialband wörtlich wiedergegeben. Im zweiten Schritt sind sie ohne Wertung des Autors unter Kategorien zusammengefaßt worden. Erst darauf aufbauend begann die Interpretation.

4.4.2 Reliabilität

Reliabilität beschreibt in der quantitativen Forschung die formale Genauigkeit der Merkmalserfassung.

Wegen der offenen Fragestellungen bei einer qualitativen Untersuchung, der individuellen Ausdrucksweise der befragten Personen und der Historizität des Psychischen allgemein, ist die exakte Wiederholung der Forschungsergebnisse bei einer erneuten Untersuchung nicht zu gewährleisten. Allerdings darf eine mangelnde quantitative Reliabilität laut Kepper (1996, S. 204) nicht als „Unvollkommenheit qualitativer Methoden" und damit als Nachteil angesehen werden, sondern muß als „spezifisches Charakteristikum" akzeptiert werden, da sie in der „Methode (...) selbst begründet (...) liegt".

In der qualitativen Forschung wird u.a. von „synchroner Reliabilität" gesprochen, wenn sich eine Konsistenz von Ergebnissen bei der Verwendung von unterschiedlichen Erhebungsinstrumenten nachweisen läßt (vgl. Flick, 1995, S. 240 ff.), da aufgrund der nicht quantifizierbaren Daten eine exakte Reproduzierbarkeit unmöglich ist.

Zur Erhöhung der Reliabilität wurden Maßnahmen ergriffen. Soweit es die Interviewsituation zuließ, wurde die Reihenfolge und der Wortlaut der Fragen beibehalten. Die Aufzeichnung der Daten wurde in der o.g. Weise (Mayring) standardisiert und eine strikte Trennung zwischen den Aussagen der jeweiligen Befragten (Materialband) und der Interpretation des Auswertenden vorgenommen.

Zusammenfassend kann man feststellen, daß die Begriffe Objektivität und Reliabilität in ihrer quantitativen Bedeutung nur eingeschränkt auf die qualitative Forschung zu übertragen sind. Die formale Genauigkeit dieser Untersuchung wird durch die umfassende Erforschung und Analyse der Problemdimensionen gewährleistet. Eine Vorstudie und externe Quellen wurden zur Themenauswahl herangezogen. Durch die Frage nach der Globalzufriedenheit im ersten Drittel der Fragebögen zur *Allgemeinen Kundenbefragung* und *Mündlichen NL - und GS - Leiter Befragung* konnte sichergestellt werden, daß die Kunden, bevor sie zu speziellen Sachverhalten befragt wurden, Gelegenheit hatten, die ihrer Meinung nach relevanten Problembereiche zu nennen. Eine direkte Beeinflussung der Interviewpartner ist somit vermieden worden. Die Transparenz des Erhebungsablaufs und der Nachvollziehbarkeit der Datenauswertung wurde gewährleistet. Weiterhin sind die Forschungsergebnisse mit Experten (Dipl.-Bauingenieuren, Dipl.-Kaufleuten, Dipl.-Psychologen) diskutiert und von diesen interpretiert worden (vgl. Kepper, 1996, S. 205 f.).

4.4.3 Validität

Unter Validität einer Untersuchung versteht man die Fähigkeit eines Verfahrens, den tatsächlich interessierenden Sachverhalt abbilden zu können.[31] Durch die o.a. umfassende Analyse und Erforschung der Problemdimensionen wurde sichergestellt, daß die Kundenzufriedenheit maßgeblich beeinflussende Merkmale abgefragt wurden.

Um ein hohes Maß an Validität zu sichern, wurde in Anlehnung an Lamnek (1988, S. 156) während des Interviews möglichst flexibel gehandelt, um die Gedankengänge des Interviewten nicht zu unterbrechen; eine Frage gestellt, auf die der Befragte vollkommen frei antworten konnte (Globalzufriedenheit), sowie bei der Interpretation der situative Kontext berücksichtigt.

Nach Flick (1995, S. 244) ist mit einer hohen Validität der Interpretationsergebnisse zu rechnen, wenn diese transparent und durch die Äußerungen der Befragten begründet erfolgen. Die systematische, sorgfältige und in kleinen Schritten durchgeführte Auswertung des Materials (s. Materialband) gewährleistet dies (vgl. Kepper, 1996, S. 220 f.).

[31] Nach Kepper (1996, S. 214) wird die empirische Gültigkeit daran gemessen, „inwieweit die interessierenden Phänomene der Realität im Rahmen der Untersuchung umfassend abgebildet werden" können.

4.4.4 Repräsentativität

Statistische Repräsentanz kann durch diese Untersuchung nicht erreicht werden, da der Stichprobenumfang zu gering ist.[32] Hammann und Erichson (1990, S. 119) geben an, daß Stichprobenumfänge für quantitative Untersuchungen in der Praxis zwischen 150 und 3000 schwanken. Aufgrund mangelnder Datenreduktion würde der Umfang des Datenmaterials einer qualitativen Untersuchung allerdings unüberschaubar werden, wenn der Stichprobenumfang weit über den in diesem Fall gewählten hinausginge (vgl. Kepper, 1996, S. 226 f.).

Da in dieser Studie größtenteils qualitativ erfaßte Daten ausgewertet werden, wird keine statistische, sondern inhaltliche Repräsentanz angestrebt. Es werden typische Aussagen zu bestimmten Problemfeldern gesucht. Weil sich laut der Angaben der Kunden und Experten das Leistungsbild und -angebot der Baukonzerne sehr ähnelt[33] und Vergabeentscheidungen daher größtenteils aufgrund des Preises getroffen werden, kann eine Repräsentativität der Aussagen der Kunden des untersuchten Unternehmens für die Kunden anderer Konzerne vermutet werden. Die Generalisierbarkeit der Daten ist daher nicht von der statistischen Repräsentanz, sondern von der o.a. Güte der Untersuchungsergebnisse abhängig (vgl. Kepper, 1996, S. 228).

---

[32] Alle nachfolgenden statistischen Untersuchungen müssen unter dieser Prämisse betrachtet werden. Sie dienen lediglich dazu, Hypothesen über Abhängigkeiten aufstellen zu können, nicht der empirischen Überprüfung. Ein geringer Stichprobenumfang birgt die Gefahr eines hohen Zufallsfehlers.

[33] 90% der befragten Kunden der *Allgemeinen Kundenbefragung* haben ähnliche Projekte wie mit dem untersuchten Unternehmen auch schon mit anderen Firmen durchgeführt. 67% gaben dies bei der Studie zum Thema „Bemusterung" an.

5. Quantitative Datenanalyse

Die in den Studien erhobenen Daten werden nachfolgend analysiert und interpretiert.

Zunächst werden die quantitativ erhobenen Daten der *Allgemeinen Kundenbefragung* und der *Mündlichen NL - und GS - Leiter Befragung* dahingehend untersucht, wie die Kunden die einzelnen Themenbereiche (Kategorien) bewerten und welchen Einfluß die Einzelbewertungen auf die Beurteilung der Globalzufriedenheit haben.[34] Darauf aufbauend wird eine Prioritätenliste erstellt, die die Dringlichkeit von Verbesserungsmaßnahmen aufzeigt.

Nachfolgend wird untersucht, ob sich Unterschiede in der Wahrnehmung der Kundenmeinung durch erfolgreiche und weniger erfolgreiche NL- und GS - Leiter aufzeigen lassen und ob die vom Management wahrgenommenen Einschätzungen realistisch sind.

Mittels einer Detailanalyse wird einerseits festgestellt, ob die Verteilungen der einzelnen Gruppen Besonderheiten aufweisen und ob auffällige Übereinstimmungen festzustellen sind. Andererseits wird die Auswertung der qualitativen Daten aufzeigen, aus welchen Gründen die Bewertungen abgegeben wurden und es deshalb erlauben, Indikatoren der Kategorien zu bilden.[35] Diese werden nach Basis-, Leistungs- und Begeisterungsanforderungen (in Anlehnung an das Kano-Modell) unterteilt.

Eine Abschlußanalyse wird Auskunft darüber geben, ob die Bewertungen der Gruppen bei einer besonders großen quantitativen Übereinstimmung aus denselben qualitativen Gründen abgegeben wurden.

---

[34] In der Literatur wird von Dimensionen der Kundenzufriedenheit gesprochen. In Weiterführung der Auswertungsterminologie wird in dieser Arbeit gleichbedeutend für den Begriff „Dimension" der Begriff „Kategorie" verwendet.

[35] Hinweis: Die Kategorien, für die keine quantitativen Daten vorliegen, werden nur qualitativ ausgewertet.

5.1 Mittelwertanalyse der Allgemeinen Kundenbefragung[36]

In Abbildung 16 (S. 65) werden die arithmetischen Mittel der quantitativ erhobenen Daten der *Allgemeinen Kundenbefragung* anhand einer Schulnotenskala dargestellt.[37]

Die gegebenen Antworten scheinen plausibel, da die Gruppe der zufriedeneren Kunden im Mittel stets eine bessere Beurteilung in den einzelnen Kategorien abgegeben hat als die Gruppe der weniger zufriedenen Kunden. Dies zeigt, daß jede Kategorie einen positiven Einfluß auf die Globalzufriedenheit ausübt.

Die mit Abstand besten Bewertungen erhielten die Fragen nach einer potentiellen erneuten Zusammenarbeit und der Weiterempfehlung. Dies verdeutlicht, daß entweder trotz einer gewissen Unzufriedenheit die Leistungen der Konkurrenz als vergleichbar oder schlechter eingestuft werden (vgl. Tse/Wilton, 1988, S. 205 unter Verweis auf LaTour/Peat, 1979) oder die Vergabeentscheidung in erster Linie von anderen Faktoren, z. B. dem Preis, abhängt. Die Unzufriedenheit mit Leistungen resultiert auch aus einem hohen Anspruch, den Kunden aus Branchen, in denen sie selbst tätig sind oder aus privaten Erfahrungen auf die Bauindustrie übertragen. Für eine genauere Analyse ist eine Einbeziehung der angegebenen Gründe für die Bewertungen notwendig.

Die Werte der Standardabweichungen veranschaulichen, daß man in der Bewertung der Kategorien in Gruppe A mehr Übereinstimmung erzielt hat als in Gruppe B.[38] Lediglich eine linkssteile und rechtsflache Verteilung der Gruppe A in der Kategorie „Nachtragsmanagement“ und eine zweihöckrige Verteilung in der Kategorie „Angebotspreisbeurteilung“ bilden Ausnahmen. Je flacher eine Verteilung ist, desto unterschiedlicher wird die Kategorie bewertet, wohingegen eine zwei- oder mehrhöckrige Verteilung ein Anzeichen für stark differierende Auffassungen, d.h. polarisierte Meinungen in der Beurteilung ist.

---

[36] Die in der Grafik verwendeten Werte sind im Anhang in Tabelle 1 numerisch dargestellt.

[37] Schon vor den Interviews (*Allgemeine Kundenbefragung* und *Mündliche NL - und GS - Leiter Befragung*) wurden die Befragten darauf hingewiesen, daß die verbalen Einteilungen der Skalen immer einer numerischen 5er Schulnotenskala von „sehr gut“ bis „mangelhaft“ entsprechen.

[38] Die Verteilungen sind im Anhang A der Studie „*Allgemeinen Kundenbefragung*“ dargestellt (s. Materialband).

Abbildung 16: Mittelwertanalyse der Allgemeinen Kundenbefragung

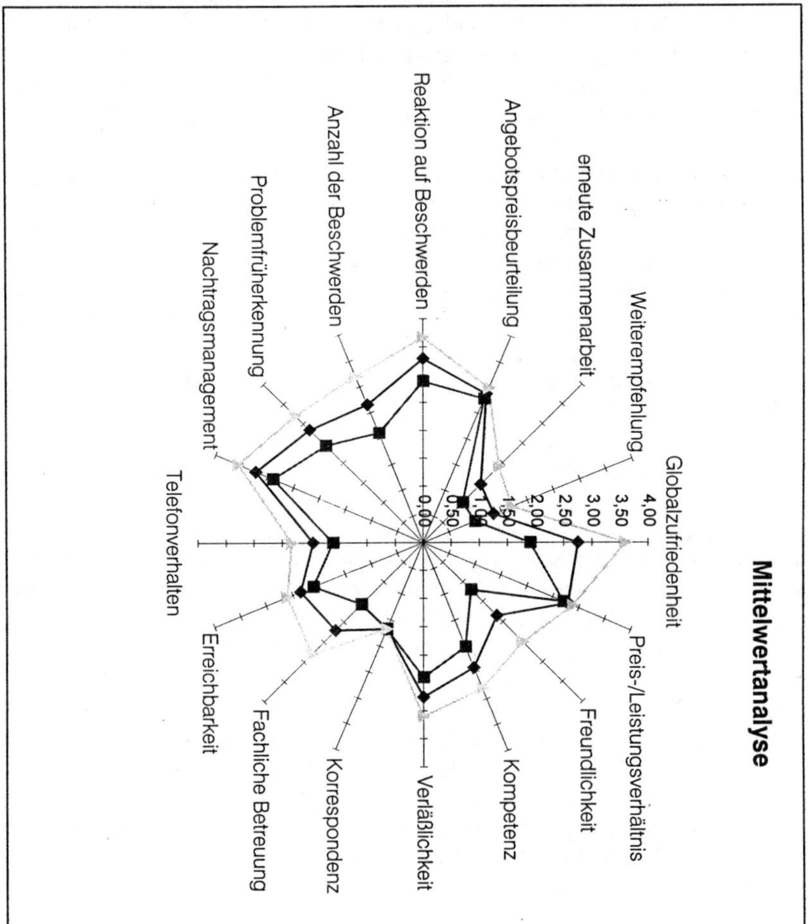

Relativ große Standardabweichungen weisen die linkssteilen und rechtsflachen Verteilungen der Gruppe B in den Kategorien „Kompetenz", „Fachliche Betreuung", „Erreichbarkeit", „Erneute Zusammenarbeit" und „Weiterempfehlung" auf. Ebenso verhält es sich mit der zweihöckrigen Verteilung in der Kategorie „Verläßlichkeit" und der annähernden Gleichverteilung in der Kategorie „Reaktion auf Beschwerden".

Aufgrund der kleinen Stichprobe für statistische Verfahren und der im Verhältnis dazu hohen Anzahl an Variablen konnte weder mit einer lineraren noch mit einer nicht-lineraren Regressionsanalyse eine Funktion ermittelt werden, die den Einfluß der einzelnen Kategorien auf die Globalzufriedenheit zuverlässig beschreibt. Eine Überprüfung durch die F-Statistik hat gezeigt, daß die berechneten Beziehungen zwischen der abhängigen (Globalzufriedenheit) und den unabhängigen Variablen bei einem Signifikanzniveau von 0,05 zufällig sind (vgl. Tabelle 6 und 7 im Anhang).

Dennoch ist zu erkennen, daß offensichtlich die einzelnen Kategorien mehr oder weniger Einfluß auf die unterschiedliche Bewertung der Globalzufriedenheit durch die beiden Gruppen ausüben. Große Differenzen in den Bewertungen der einzelnen Kategorien durch zufriedene und weniger zufriedene Kunden lassen den Schluß zu, daß diese Kategorien mehr Einfluß auf die unterschiedliche Beurteilung der Globalzufriedenheit durch die beiden Gruppen ausgeübt haben als Kategorien, in denen nahezu übereinstimmende Bewertungen abgegeben wurden. Betrachtet man die durchschnittliche Zufriedenheit der Kunden mit den einzelnen Kategorien im Verhältnis zum Grad der Beeinflussung der Globalzufriedenheit durch die einzelnen Kategorien, so kann man Rückschlüsse ziehen, welche Prioritäten ein Marketing-Konzept setzen sollte. Um ein Maß für die Beeinflussung der unterschiedlichen Beurteilung der Globalzufriedenheit durch die Bewertungen der einzelnen Kategorien bestimmen zu können, wurde die größte Differenz der Bewertungen zwischen den Gruppen A und B als maximaler Einfluß angenommen. Übereinstimmung bedeutet, daß kein Einfluß erkennbar ist. Die ermittelten Differenzen wurden auf eine 5er Skala transformiert, wobei 1 für geringen und 5 für hohen Einfluß steht (vgl. Tabellen 1 und 2 im Anhang).

Das Prioritätenportfolio in Abbildung 17 (S. 67) ist in vier Rechtecke unterteilt. Die waagerechte Trennungslinie verläuft zwischen zwei (sehr zufrieden) und drei (zufrieden), da Untersuchungen ergeben haben, daß Kunden, die auf die Frage nach der Beurteilung der Leistungen mit „zufrieden" geantwortet haben, nicht langfristig an Unternehmen gebunden werden können (vgl. Butcher 1996, S. 49; Whiteley, 1992, S. 74).

Erste Priorität für Maßnahmen besitzen Kategorien, die einen großen Einfluß auf die unterschiedliche Bewertung der Globalzufriedenheit durch die Kundengruppen haben und deren Zufriedenheitswerte insgesamt relativ schlecht sind. Da der Grad der Beeinflussung immer dann hoch ist, wenn die Beurteilungen der beiden Gruppen weit auseinander liegen, bedeutet dies für den rechten Teil des Prioritätenportfolios, daß ein großes Potential an Verbesserungsmöglichkeiten besteht und diese auch realisiert werden können. Es besteht kein einheitlicher Standard im Konzern, was die Bildung eines Markenimages erschwert.

Abbildung 17: Prioritätenportfolio

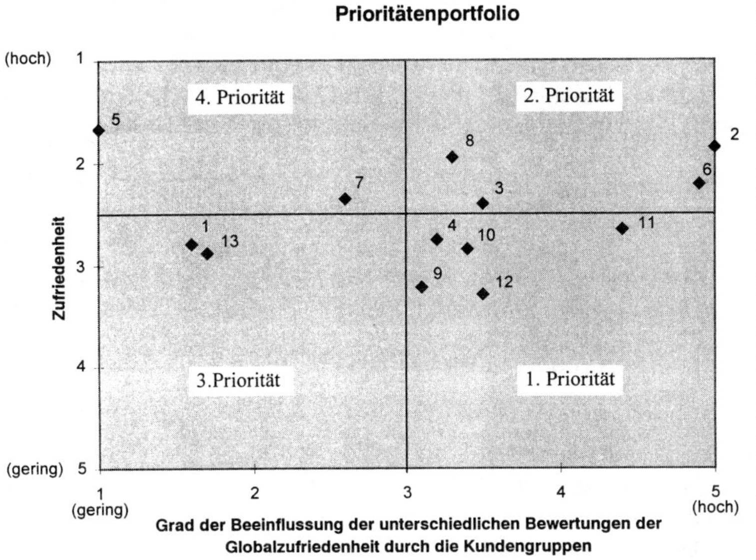

Legende:

1 - Preis-/Leistungsverhältnis
2 - Freundlichkeit
3 - Kompetenz
4 - Verläßlichkeit
5 - Korrespondenz
6 - Fachliche Betreuung
7 - Erreichbarkeit
8 - Telefonverhalten
9 - Nachtragsmanagement
10 - Problemfrüherkennung
11 - Anzahl der Beschwerden
12 - Reaktion auf Beschwerden
13 - Angebotspreisbeurteilung

Bei den Leistungen zweiter Priorität herrscht zwar kein einheitlicher Standard, die Zufriedenheit der Kunden ist im Durchschnitt aber relativ hoch.

Im Gegensatz zu den Leistungen, die der rechten Hälfte des Portfolios zugeordnet wurden, kann man nicht behaupten, daß die Leistungen auf der linken Seite als weniger wichtig für die Globalzufriedenheit eingestuft wurden. In dieser Arbeit wurde mit Ausnahme der Studie zum Thema „Bemusterungen" bewußt darauf verzichtet die Kunden zu bitten, die Wichtigkeit der einzelnen Kategorien für die Globalzufriedenheit anzugeben. Es wäre zu erwarten gewesen, daß alle Kategorien als „wichtig" eingestuft worden wären (vgl. Scharnbacher, Kiefer, 1996, S. 26). Eine Konstantsummenskala kann bei einer mündlichen Befragung nur unter wesentlich erhöhtem Zeitaufwand und dem Risiko, den Interviewfluß und damit auch die Ergebnisse zu beeinflussen, eingesetzt werden. Sollte die Bewertung der Wichtigkeit vor oder nach dem Interview erfolgen, besteht die Gefahr, daß die Befragten ihre Aussagen der einmal getroffenen Entscheidung anpassen oder im Nachhinein ihre Aussagen korrigieren wollen, um ein konsistentes Bild abzugeben. Die in dieser Arbeit verwendete indirekte Messung der Wichtigkeit erlaubt aufgrund der Gruppenbildung auf einen eindeutigen Zusammenhang der Größe der Differenzen zwischen den Bewertungen der Gruppen und der Wichtigkeit der Kategorien für die Globalzufriedenheit zu schließen. Der Umkehrschluß, daß geringe Differenzen auf eine geringe Bedeutung hinweisen, darf nicht vorgenommen werden, weil geringe Differenzen nur aussagen, daß die Gruppen in ihrer Meinung übereinstimmen. Ein geringer Grad der Beeinflussung der unterschiedlichen Bewertungen der Globalzufriedenheit durch die Kundengruppen zeigt, daß im Mittel ein einheitlicher Standard bei den Leistungen besteht.

Mit den Leistungen dritter Priorität sind die Kunden relativ unzufrieden. Es ist davon auszugehen, daß es hierfür stichhaltige Gründe auf seiten des Unternehmens gibt, da ein einheitlich geringer Standard festzustellen ist.

Die Leistungen vierter Priorität zeichnen sich durch einen allgemeinen hohen Standard aus, da die Befragten mit ihnen übereinstimmend überdurchschnittlich zufrieden sind.

Verknüpft man die Zufriedenheit mit einer Kategorie mit ihrem Grad der Beeinflussung multiplikativ[39], so erhält man folgende nach Prioritätsgra-

[39] Die multiplikative Verknüpfung der affektiven (wertenden) und kognitiven (sachlichen) Komponenten wird in denen der Einstellungsforschung zuzurechnenden Multiattributmodellen von Rosenberg, der Weiterentwicklung durch Weinberg und Behrens, sowie dem Modell von Fishbein angewendet (vgl. Kroeber-Riel, 1996, S. 196-203; S. 307-309). Lingenfelder und Schneider (1991, S. 115 ff.) weisen empirisch nach, daß unter den in den Sozialwissenschaften am häufigsten eingesetzten linear-kompensatorischen Modellen, der Modellalgorithmus dem Informationsverarbeitungsprozeß von Individuen am ehesten entspricht, der die Globalzufriedenheit als Summe der multiplikativ verknüpften attributspezifischen Zufriedenheitsurteile mit der attributspezifischen Bedeutungsgewichtung darstellt.

den geordnete Prioritätenliste, die anzeigt, in welchen Kategorien Verbesserungen am notwendigsten und auch am einfachsten zu realisieren sind:

1. Priorität

1) Anzahl der Beschwerden
2) Reaktion auf Beschwerden
3) Nachtragsmanagement
4) Problemfrüherkennung
5) Verläßlichkeit

2. Priorität

6) Fachliche Betreuung
7) Freundlichkeit
8) Kompetenz
9) Telefonverhalten

3. Priorität

10) Angebotspreisbeurteilung
11) Preis-/Leistungsverhältnis

4. Priorität

12) Erreichbarkeit
13) Korrespondenz

5.2 Mittelwertanalyse der Mündlichen NL - und GS - Leiter Befragung[40]

Die Analyse der arithmetischen Mittelwerte der quantitativ erhobenen Daten der *Mündlichen NL- und GS - Leiter Befragung* verdeutlicht Unterschiede in der Wahrnehmung der Beurteilung der Kategorien durch die Kunden zwischen den erfolgreichen (Gruppe 1) und weniger erfolgreichen NL - und GS - Leitern (Gruppe 2) (s. Abb. 18, S. 70).

Es ist kein einheitliches Bild in den Bewertungen der beiden Gruppen dahingehend zu erkennen, daß Gruppe 1 im Mittel davon ausgeht, daß ihre Kunden insgesamt oder mit Teilleistungen zufriedener sind als die der Gruppe 2. In den drei Fällen, in denen die Einschätzung der Beurteilungen zwischen den Gruppen am meisten differiert (Telefonverhalten, Angebotspreisbeurteilung, Fachliche Betreuung), ist die Gruppe 1 der Ansicht, daß ihre Leistung schlechter beurteilt wird als die der Gruppe 2.

Obwohl alle NL - und GS - Leiter annehmen, daß die Leistung ihrer Einheiten mittelmäßig und vereinzelt auch schlecht beurteilt wird, sind sie dennoch davon überzeugt, daß dies keine Auswirkungen auf eine erneute Zusammenarbeit oder Weiterempfehlung durch die Kunden hat. Eine solche Einschätzung spricht für die Annahme, eine vergleichbare oder bessere Leistung als Konkurrenten zu erbringen oder daß eine Vergabeentscheidung nicht primär durch eine Bewertung der Kategorien beeinflußt wird.

[40] Die in der Grafik verwendeten Werte sind im Anhang in Tabelle 3 numerisch dargestellt.

Abbildung 18: Mittelwertanalyse der Mündlichen NL - und GS - Leiter Befragung

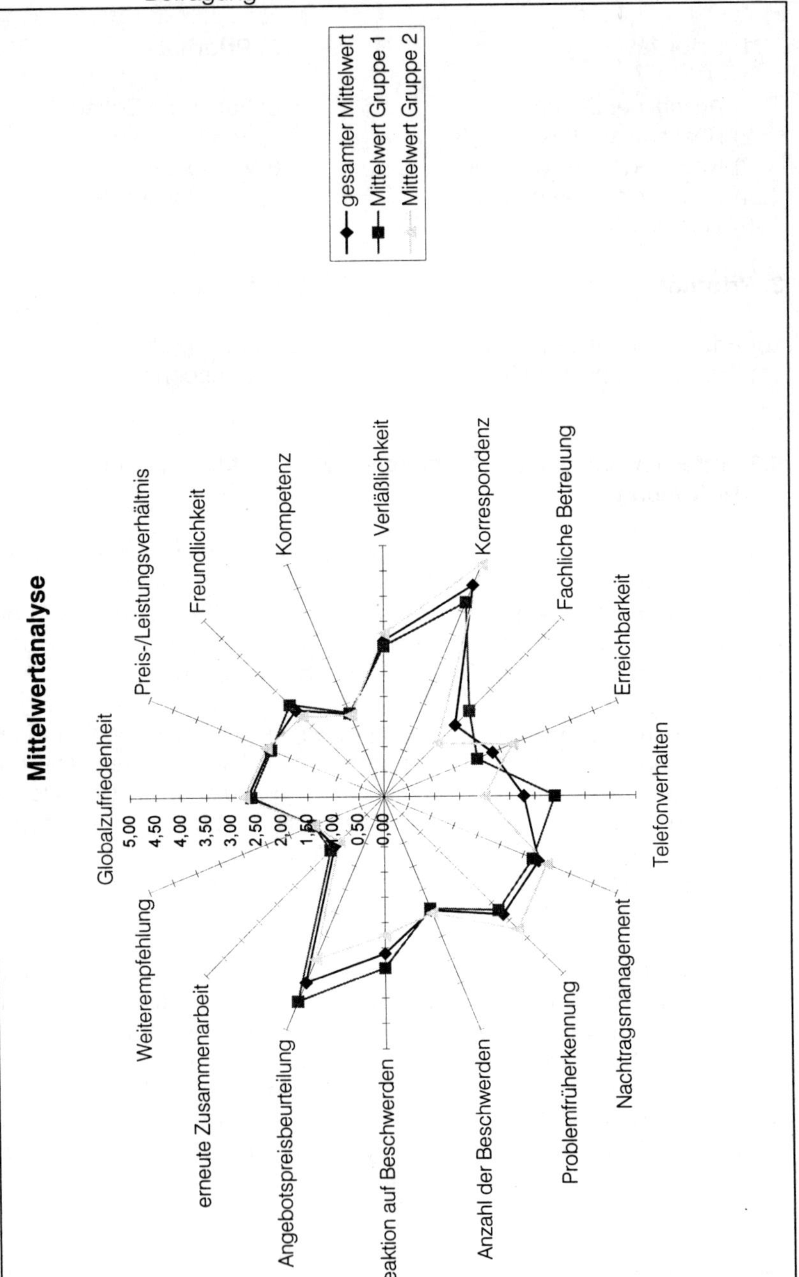

Die Untersuchung der Standardabweichungen zeigt, daß Gruppe 2 insgesamt wesentlich übereinstimmender urteilt als Gruppe 1. Dies weist auf einen einheitlicheren Standard hin. Flachere und breitere Verteilungskurven der Gruppe 1 in den Kategorien „Preis-/Leistungsverhältnis", „Fachliche Betreuung" und „Anzahl der Beschwerden", sowie eine zweigipflige Verteilung in der Kategorie „Reaktion auf Beschwerden" verdeutlichen dies.[41]

Die Frage nach der Beurteilung der eigenen Verläßlichkeit durch die Kunden wird innerhalb beider Gruppen unterschiedlich beurteilt. Es besteht die Ansicht, daß Kunden das Gefühl haben, sich häufig bzw. selten oder gar nicht auf die Aussagen ihrer Kontaktpersonen verlassen zu können. Damit wird die Aussage des Portfolios bestätigt, daß in der Kategorie „Verläßlichkeit" kein einheitlicher Standard besteht.

In den Kategorien „Erreichbarkeit" und „Angebotspreisbeurteilung" sind die Beurteilungen der Gruppe 2 nahezu gleichverteilt, d.h. es ist keine übereinstimmende Meinung festzustellen.

5.3 Vergleichende Mittelwertanalyse[42]

Der Vergleich der Bewertung der Kategorien durch die Kunden mit der Einschätzung der Kundenurteile durch die Führungskräfte zeigt, inwieweit das Management in der Lage ist, die Kundenzufriedenheit zu beurteilen. Stimmt die Einschätzung nicht mit der Beurteilung der Kunden überein, müssen die Ziele in der Kundenbetreuung ggf. überdacht und revidiert werden.

Es ist nicht festzustellen, daß die NL - und GS - Leiter die Zufriedenheit der Kunden einheitlich zu schlecht oder zu gut einschätzen. Auffällig ist jedoch, daß bei den sechs größten Abweichungen die Führungskräfte die Kundenzufriedenheit schlechter beurteilen als sie tatsächlich ist. Die bedeutendste Fehlwahrnehmung besteht in der Kategorie „Korrespondenz", zusätzlich gibt es größere Abweichungen in den Kategorien „Telefonverhalten" und „Angebotspreisbeurteilung".

[41] Die Verteilungen sind in den verschiedenen Studien jeweils im Anhang A dargestellt (s. Materialband).

[42] Die in den Grafiken verwendeten Werte sind im Anhang in Tabelle 4 numerisch dargestellt.

Abbildung 19: Vergleichende Mittelwertanalyse

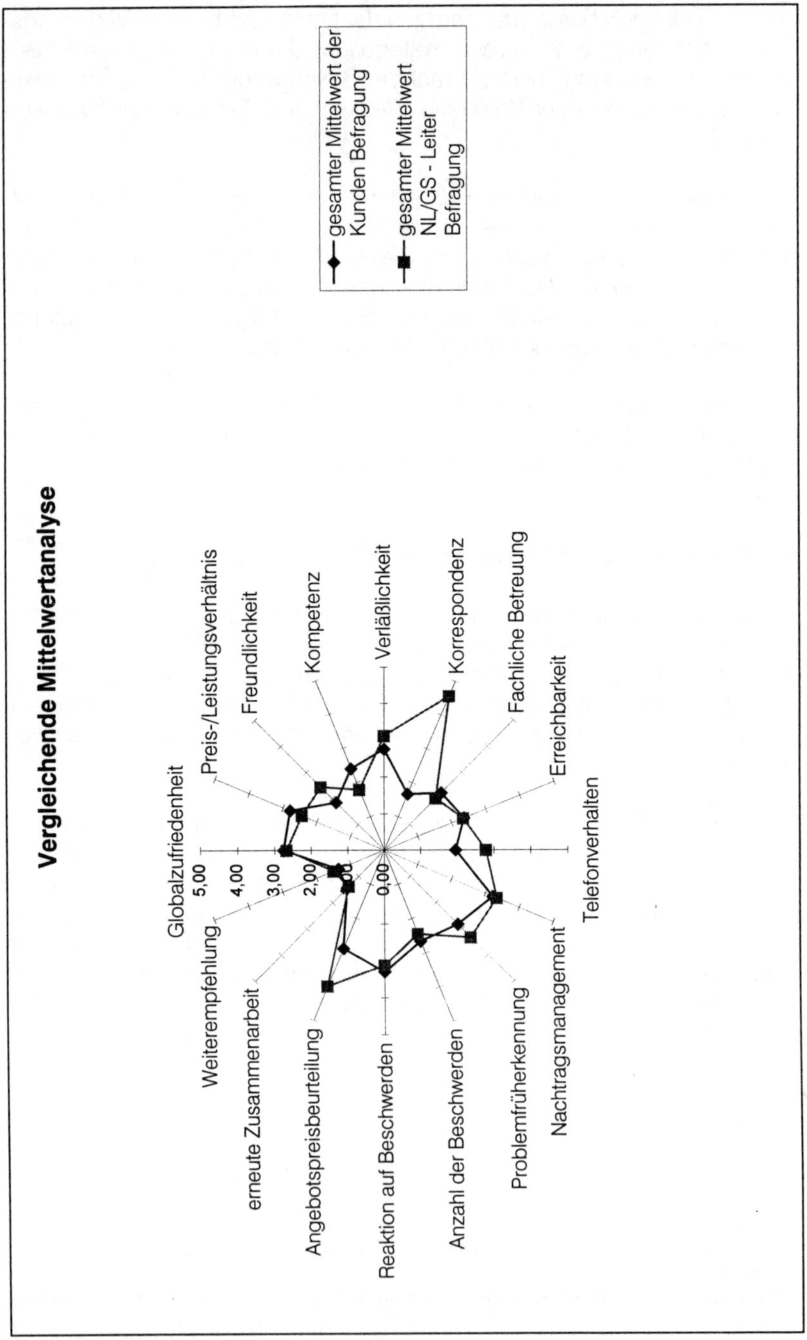

Insgesamt kann man festhalten, daß die Wahrnehmung der Kundenzufriedenheit gut ist. Deshalb kann im qualitativen Teil dieser Arbeit den Aussagen der Führungskräfte hohe Validität in Bezug auf die Einschätzung der Kunden beigemessen werden. Ausnahmen bilden o.a. Kategorien.

5.4 Kundengruppenanalyse[43]

Objektive Meßverfahren zur Bestimmung der Kundenzufriedenheit sollten in der Bauindustrie nicht eingesetzt werden, da man die zufriedenen Kunden nicht eindeutig den erfolgreichen NL und GS zuordnen kann. Aggregierte Kaufverhaltensgrößen, wie z.B. die Wiederkaufsrate, sind ebenfalls nicht geeignet, da ein Großteil der Kunden Einmalkunden sind.

Es können nicht nur die zufriedenen Kunden nicht eindeutig den erfolgreichen NL und GS zugeordnet, sondern es kann sogar eine entgegengesetzte Tendenz vermutet werden. Eine Kontingenzanalyse hat ergeben, daß sich aufgrund der vorliegenden Daten mit einer Vertrauenswahrscheinlichkeit von 99% annehmen läßt, daß eine Abhängigkeit in der vermuteten Weise zwischen der Kundenzufriedenheit und dem Erfolg der NL oder GS besteht (s. Tabelle 9, Anhang).[44]

Die o.a. Beobachtung findet ihre Bestätigung auch darin, daß die Beurteilungen der erfolgreichen NL - und GS - Leiter am ehesten mit denen der weniger zufriedenen Kunden übereinstimmen (s. Tabelle 5, Anhang). Bemerkenswert ist, daß trotz der guten Übereinstimmung in den Kategorien die Einschätzung der Globalzufriedenheit eine relativ große Abweichung dahingehend aufweist, daß die NL - und GS - Leiter die Bewertung der Globalzufriedenheit durch die Kunden als zu gut beurteilen. Dies zeigt, daß Mitglieder der Gruppe 1 zwar in der Lage sind, die Kundenmeinung bezüglich der Kategorien gut einzuschätzen und daher Stärken und Schwächen adäquat wahrzunehmen, jedoch die negativen Auswirkungen auf die Globalzufriedenheit unterschätzen.

Die schlechteste Einschätzung der Beurteilungen durch die Kunden ist zwischen Gruppe 1 und Gruppe A festzustellen. Hohe Übereinstimmung weisen die Antworten der Gruppe 2 mit den jeweiligen Kundengruppen auf. Daher ist nicht festzustellen, daß die weniger erfolgreichen NL - und GS - Leiter die Beurteilungen einer Gruppe besonders gut einschätzen konnten.

---

[43] Die Daten, auf die im folgenden Bezug genommen wird, befinden sich in den Tabellen 5 und 9 des Anhangs.

[44] Vgl. Kap. 4.4.4 „Repräsentativität".

Die Tatsache, daß den erfolgreichen NL und GS nicht eindeutig die zufriedenen Kunden zugeordnet werden können, kann auf mehrere Ursachen zurückzuführen sein.

Nachfolgend werden anhand der drei Modellierungsrahmen der Kundenzufriedenheit Hypothesen zur Erklärung aufgestellt.

C/D-Paradigma

Da das C/D-Paradigma aus verschiedenen Komponenten besteht, werden diese einzeln untersucht. Es kann drei Ursachen geben, weil dem Bestätigungsprozeß selbst kein Einfluß auf das Phänomen zugeschrieben wird:

1) Der Vergleichsstandard (Soll-Leistung) liegt bei den Kunden erfolgreicher NL und GS höher als bei weniger erfolgreichen.[45]

Die fünf verschiedenen Vergleichsstandards weisen teilweise nur geringe Unterschiede auf und sind deshalb nur schwer voneinander abzugrenzen (vgl. Rudolph, 1998, S. 20). Erevelles und Leavitt (1992, S. 108) zeigen, daß Kunden auch mehrere Standards zur Urteilsfindung heranziehen. Die Verwendung von drei unterschiedlichen Vergleichsstandards konnte von Tse und Wilton (1988) empirisch nachgewiesen werden.

Erwartungen als Standard

Stroebe, Hewstone, Codol und Stephensen (1992, S.115) unterscheiden zwischen objektzentrierten und kategorienzentrierten Erwartungen. Unter objektzentrierten Erwartungen sind frühere „Informationen über einen bestimmten Akteur beziehungsweise ein bestimmtes Handlungsobjekt" zu verstehen (a.a.O.). Dies würde bedeuten, daß die höheren Erwartungen, die auf der Zusammenarbeit mit einer erfolgreichen NL oder GS beruhen, in den Personen der NL - und GS - Leiter, den Projektteammitgliedern oder der gesamten NL oder GS begründet liegen. Es wäre daher anzunehmen, daß Kunden die Mitarbeiter einer erfolgreichen GS oder NL als kompetenter und leistungsfähiger einschätzen als die Mitarbeiter von weniger erfolgreichen NL oder GS und deshalb ihre Erwartungen gegenüber einer Zusammenarbeit mit einer weniger erfolgreichen Geschäftseinheit erhöhen.

[45] Annahme: Konstante Ist - Leistung bei erfolgreichen und weniger erfolgreichen NL und GS.

Kategorienzentrierte Erwartungen beruhen auf der „Zugehörigkeit des Handlungsobjekts zu einer bestimmten Klasse, Kategorie oder sozialen Gruppe" (a.a.O.). Die Zuordnung nimmt der Kunde aufgrund seiner subjektiven Einschätzung vor. Man kann jedoch davon ausgehen, daß objektive Merkmale, wie z.B. Qualität der Leistungen, Marktanteil, Umsatz oder Gewinn, wichtige Indikatoren der Klassenzugehörigkeit sind. Folglich würden die erfolgreichen NL und GS einer höheren Klasse zugeordnet als die weniger erfolgreichen NL und GS und damit ist auch anzunehmen, daß sie höheren Erwartungen ausgesetzt würden (vgl. Tse/Wilton, 1988, S. 206).

Erfahrungsnormen als Standard

Werden von Kunden Erfahrungsnormen als Standard verwendet, so würde die Leistung von ihnen an vorherigen Erfahrungen gemessen. Diese Erfahrungen können mit dem gleichen Unternehmen, einem Konkurrenzunternehmen der gleichen Klasse oder aber auch mit Produkten, die die Kunden als ähnlich einschätzen, gemacht worden sein (vgl. La Tour/Peat, 1980, S. 588; Woodruff/Cadotte/Jenkins, 1983, S. 298 f.).

Die Erfahrungen der Kunden, die z.B. schon mit einem anderen Unternehmen einer hohen Klasse zusammengearbeitet haben, würden folglich die zukünftigen Erwartungen beeinflussen. Es wäre daher zu vermuten, daß eine erfolgreiche NL oder GS im Gegensatz zu einer weniger erfolgreichen eher an diesen Erfahrungen gemessen wird, da sie der gleichen Klasse zugeordnet wird.

Ähnlich dürfte es sich verhalten, wenn andere Produkte, z.B. Luxusyachten, als Vergleichsstandard in der Bauindustrie herangezogen werden. Einer erfolgreichen NL und GS wird man eher zutrauen, ein „Luxusobjekt" fehlerfrei zu bauen als einer weniger erfolgreichen und sie daher auch an dem entsprechenden Qualitätsstandard messen.

Comparison Level

Der Comparison Level ist ein Vergleichsmaßstab für das Ergebnisniveau, das der Kunde erwartet. Das Vergleichsniveau wird von drei Determinanten bestimmt (vgl. Swan/Martin, 1981, S.77).

Die Erfahrungen der Kunden mit ähnlichen Projekten beeinflussen zum einen den Comparison Level (vgl. Ausführungen zu Erfahrungsnormen). Zum anderen sind die Erfahrungen anderer Kunden entscheidend. Es ist anzunehmen, daß die Erfahrungen anderer Kunden mit erfolgreichen NL und GS sich eher erhöhend auf das Anspruchsniveau der Kunden gegenüber erfolgreichen Geschäftseinheiten auswirken als gegenüber weniger erfolgreichen, da sie der gleichen Klasse zugeordnet werden. Drittens sind die Erfahrungen der jeweiligen Situation, z.B. mit der Werbung, ausschlaggebend. Die erfolgreichen NL und GS sind in der Lage, mit mehr positiv verlaufenen Objekten und besseren Marktdaten werben zu können als weniger erfolgreiche NL und GS. Deshalb wird der Comparison Level bei erfolgreichen NL und GS höher liegen als bei weniger erfolgreichen NL und GS.

Ideale als Standard

Nehmen Kunden Ideale als Standard an, so stellen sie sich die Frage, welche Leistung überhaupt möglich ist (vgl. Tse/Wilton, 1988, S. 205). Diese Ideale können auch auf Erfahrungen in anderen Branchen beruhen.

Dieser Ansatz ist nicht geeignet zu erklären, warum den erfolgreichen NL und GS nicht die zufriedeneren Kunden zuzuordnen sind, da nicht anzunehmen ist, daß sich die Ideale der Kunden der Gruppe 1 von denen der Gruppe 2 unterscheiden.

Wahrgenommene Werte

Dieser Ansatz geht davon aus, daß Menschen bestimmte, bei jedem Individuum verschiedene, ursprüngliche Bedürfnisse haben. Das Niveau der Kundenzufriedenheit würde von der Differenz zwischen wahrgenommener Leistung und eigenen Werten, d.h. Wünschen und Bedürfnissen, abhängig sein (vgl. Cadotte/Woodruff/Jenkins 1987, S. 312; Spreng/ MacKenzie/ Olshavsky 1996, S. 16f.; Westbrook/Reilly 1983, S. 285). Dieser Ansatz ist zur Erklärung nicht geeignet, da nicht zu vermuten ist, daß ausschlaggebende Unterschiede zwischen den ursprünglichen Bedürfnissen der Kunden der Gruppe 1 und denen der Kunden der Gruppe 2 bestehen, die erklären könnten, warum den erfolgreichen NL und GS nicht eindeutig auch die zufriedeneren Kunden zuzuordnen sind.

2) Die Kunden erfolgreicher NL und GS nehmen ein geringeres Leistungsniveau (Ist-Leistung) wahr als die Kunden von weniger erfolgreichen NL und GS.[46]

In der Literatur wird die Ist-Leistung in objektive und subjektiv wahrgenommene Leistung unterteilt (vgl. Cadotte/Woodruff/Jenkins, 1987; Churchill/Surprenant, 1982; Oliver, 1980; Tse/Wilton 1988).

Für eine Erklärung der Kundengruppenzuordnung ist die subjektiv durch die Kunden wahrgenommene Leistung maßgebend. Es ist anzunehmen, daß gerade in weniger erfolgreichen NL und GS das Bemühen groß ist Kunden zufriedenzustellen, um die Marktposition zu verbessern.

Unter der Voraussetzung, daß der Vergleichsstandard bei erfolgreichen und weniger erfolgreichen NL und GS durch die Kunden als ähnlich eingestuft würde, bedeutete dies, daß der Einfluß der Kundenzufriedenheit auf langfristigen wirtschaftlichen Erfolg zwar erkannt wird, andere Faktoren, wie z.B. der Marktanteil der NL oder GS oder das Konkurrenzverhalten, aber einen bedeutenderen Einfluß auf wirtschaftlichen Erfolg haben.

Beide bisher erläuterten Hypothesen zusammenfassend, kann man aufgrund von Expertenaussagen zum vergleichbaren Leistungsniveau und Verhalten der verschiedenen NL und GS gegenüber den Kunden annehmen, daß die vermutete Differenz der Vergleichsstandards der Kunden der erfolgreichen und der weniger erfolgreichen NL und GS, die gemutmaßte Differenz zwischen den wahrgenommenen Leistungsniveaus übersteigt.

3) Die Kunden der erfolgreichen NL und GS haben andere Begeisterungsanforderungen als die der weniger erfolgreichen.

Wird die Kundenzufriedenheit nicht als bipolares Kontinuum mit Zufriedenheit und Unzufriedenheit an den Endpolen (vgl. Westbrook/Oliver, 1991), sondern als mehrfaktorielles Konstrukt angesehen (vgl. Zwei-Faktoren-Theorie, Herzberg, 1964; Interpretation des Modells von Kano et al. 1984, S. 117 ff. bei Bailom et al. 1996), ist zu mutmaßen, daß Leistungs- und Begeisterungsanforderungen bei den Kunden der Gruppen 1 und 2 nicht übereinstimmen. Aufgrund der vermuteten unterschiedlichen Erwartungen ist anzunehmen, daß vereinzelte Faktoren, die die Kunden der erfolgreichen NL - und GS - Leiter zu den Leistungsanforderungen zählen von Kunden der weniger erfolgreichen Geschäftseinheiten den Begeisterungsanforderungen zugerechnet werden.

---

[46] Annahme: (1) Konstante Soll - Leistung bei erfolgreichen und weniger erfolgreichen NL und GS.

Da Begeisterungsanforderungen einen überproportinalen Einfluß auf die Kundenzufriedenheit ausüben wäre erklärt, warum den erfolgreichen NL und GS bei einer vergleichbaren Leistung nicht eindeutig die zufriedeneren Kunden zuzuordnen sind.

Equity Theorie

Die Equity Theory basiert auf der Verwendung des Gerechtigkeitsparadigmas. Ähnlich dem C/D-Paradigma findet ein Vergleichsprozeß statt, der sich jedoch nicht auf das Objekt, sondern auf die Austauschsituation bzw. Transaktion oder Geschäftsbeziehung bezieht (vgl. Fisk/Young, 1985, S. 341 f.; Oliver/DeSarbo 1988, S. 496; Oliver/Swan 1989a, S. 21 f., 1989b, S. 372 ff.). Zufriedenheit entsteht, wenn Kunden das Einsatz/Ergebnisverhältnis als fair empfinden oder es zu ihren Gunsten bewerten.

Es kann vermutet werden, daß Kunden erfolgreicher NL oder GS das Einsatz/Ergebnisverhältnis eher negativ bewerten als die Kunden der weniger erfolgreichen NL und GS. Diese Vermutung läßt sich anhand der erhobenen Daten bestätigen. Da Kunden laut der NL - und GS - Leiter in der Bauindustrie häufig das Gefühl haben übervorteilt zu werden und den Bauunternehmen wenig oder keinen Gewinn zugestehen, liegt es für die Kunden nahe, sich unfair behandelt zu fühlen, wenn sie wissen, daß die NL oder GS, insgesamt und wahrscheinlich auch an ihrem Projekt, Gewinn gemacht hat.

Attributionstheorie

In der Attributionstheorie wird davon ausgegangen, daß Kunden aufgrund kognitiver Prozesse Ursachen für eigenes und fremdes Verhalten ableiten (vgl. Folkes, 1988, S. 548 f.; Krishnan/Valle, 1979, S. 445 f., Oliver, 1989, S. 3 f.; Tse, 1990, S. 105 ff.; Stroebe/Hewstone/Codol /Stephenson, 1992, S. 112 f.).

Die Ursachen können anhand eines Schemas eingeordnet werden, dessen Dimensionen Ort, Stabilität und Kontrollierbarkeit sind (vgl. Folkes 1984, S. 402; Erevelles/Leavitt 1992, S. 110). Es ist entscheidend für die Zufriedenheit, ob der Kunde sich für ein Ergebnis als selbstverantwortlich ansieht oder nicht (Ort) und ob er die Ursache für ein Ergebnis als stabil und dauerhaft oder instabil und vorübergehend einschätzt (Stabilität). Einfluß hat zudem, ob der Anbieter die Möglichkeit besitzt, die Ursache zu kontrollieren (Kontrollierbarkeit).

Es ist anzunehmen, daß Kunden der Gruppe 1 aufgrund ihres Erfolgs eher zutrauen, Ursachen zu kontrollieren. Kommt es zum Mißerfolg, sind die Kunden der Gruppe 1 folglich leichter zu enttäuschen. Rudolph (1998, S. 27) beschreibt, daß „Mißerfolge, die (...) vom Hersteller kontrolliert werden können zur Verärgerung des Kunden" führen, „während Mißerfolge, die nicht vom Hersteller zu kontrollieren sind, nicht unbedingt Verärgerung und damit auch Unzufriedenheit bedingen müssen".

Außerdem ist zu vermuten, daß Kunden sich selbst am Erfolg eines Projektes einen größeren Teil zuschreiben, wenn dieses von einer weniger erfolgreichen NL oder GS durchgeführt wurde. Die Untersuchungen von Folkes (1984) und Richins (1985) zeigen, daß Kunden zufriedener sind, wenn sie sich selbst für eine Entscheidung verantwortlich fühlen, die zu einem für sie positiven Ergebnis geführt hat.

5.5 Expertenvalidierung

Alle neun NL - und GS - Leiter, sowie die HN - Leiter der untersuchten Unternehmenseinheit, wurden gebeten, die nachfolgend aufgeführten Hypothesen 2 bis 6 mittels einer Konstantsummenskala von 25 Punkten hinsichtlich ihrer Gültigkeit zu bewerten. Das Zutreffen der Hypothese 1 konnte lediglich bejaht oder verneint werden. Zehn Mitarbeiter beantworteten die Anfrage, wobei einer sich aufgrund von Verständnisproblemen nicht in der Lage sah, eine Beurteilung der Hypothesen vorzunehmen.

H1:	Die Kunden sind darüber informiert, ob eine NL oder GS wirtschaftlich erfolgreich arbeitet oder nicht.
H2:	An wirtschaftlich erfolgreiche NL oder GS werden höhere Erwartungen seitens der Kunden gestellt als an weniger erfolgreiche NL und GS.
H3:	Mitarbeiter erfolgreicher NL und GS werden von den Kunden als kompetenter und leistungsfähiger eingeschätzt als die Mitarbeiter weniger erfolgreicher NL und GS.
H4:	Die Kunden beurteilen eine vergleichbare Leistung bei erfolgreichen NL und GS schlechter als bei weniger erfolgreichen NL und GS.
H5:	Kunden sehen Leistungen, die sie bei wirtschaftlich weniger erfolgreichen NL und GS begeistern würden, bei wirtschaftlich erfolgreichen NL und GS als normal an.
H6:	Kunden erfolgreicher NL und GS haben subjektiv eher das Gefühl, bzgl. des Einsatz/Ergebnis - Verhältnisses übervorteilt worden zu sein, als Kunden der weniger erfolgreichen NL und GS.

Um eine möglichst hohe Rücklaufrate zu erzielen wurde bei der Fragebogenerstellung darauf geachtet, die Hypothesen so zu formulieren, daß sie eindeutig auch von Personen, die sich zum erstenmal mit dem Konstrukt Kundenzufriedenheit auseinandersetzen, in ihrer Bedeutung zu unterscheiden waren. Deshalb konnten nicht alle der in Kapitel 5.4 sehr differenziert dargestellten Hypothesen berücksichtigt werden.

Nach Meinung von 56% der Experten, sind die Kunden darüber informiert, ob eine NL oder GS erfolgreich arbeitet oder nicht. 30,2% aller zu vergebenen Punkte entfielen auf Hypothese 3 und 23,1% auf Hypothese 6. Die restlichen 46,7% der Punkte verteilen sich zu 18,2% auf Hypothese 2, zu 16,4% auf Hypothese 5 und zu 12% auf Hypothese 4.

Das Ergebnis verdeutlicht, daß die Tatsache, daß den erfolgreichen NL und GS die unzufriedeneren Kunden zugeordnet werden können, mit hoher Wahrscheinlichkeit darauf zurückzuführen ist, daß Kunden die Leistung erfolgreicher NL und GS an einem höheren Vergleichsstandard messen als die Kunden der weniger erfolgreichen NL und GS.

Es ist anzunehmen, daß ein Großteil der Kunden darüber informiert ist, ob die von ihnen beauftragte NL oder GS wirtschaftlich erfolgreich arbeitet. Aus dieser Kenntnis heraus bilden sich primär objektzentrierte Erwartungen.

Die Ergebnisse führen weiterhin zu der Vermutung, daß als Modellierungsrahmen für die Kundenzufriedenheit das C/D-Paradigma der Equity Theorie in der Bauindustrie vorzuziehen ist. Trotzdem bleibt festzuhalten, daß laut der Experten auch die Bewertung des Einsatz/Ergebnisverhältnisses Einfluß auf die Zufriedenheit der Kunden ausübt.

Zusammenfassung

Die quantitativ erhobenen Daten wurden analysiert. Aufbauend auf einem Vergleich der Beurteilungen durch zufriedene und weniger zufriedene Kunden wurde ein Prioritätenportfolio entwickelt. Anhand dessen läßt sich ablesen, welche Verbesserungen die größte Aussicht auf eine Steigerung der Kundenzufriedenheit haben unter Berücksichtigung der Wahrscheinlichkeit, Verbesserungsmaßnahmen entwickeln und auch realisieren zu können.

Der in einer Globalanalyse durchgeführte Vergleich hat verdeutlicht, daß bzgl. der Einschätzung der Kundenmeinung durch die erfolgreichen und weniger erfolgreichen NL - und GS - Leiter zwischen den beiden Gruppen keine eindeutigen Unterschiede in der Hinsicht bestehen, daß eine Gruppe die Meinung der Kunden positiver einschätzt als die andere. Insgesamt konnte festgestellt werden, daß die Wahrnehmung der Kundenmeinung bis auf einige wenige Ausnahmen realitätsgerecht ist.

Eine nachfolgende Detailanalyse hat ergeben, daß die erfolgreichen NL - und GS - Leiter die Meinung der weniger zufriedenen Kunden besonders gut erfassen.

Weiterhin wurde festgestellt, daß zufriedene Kunden nicht eindeutig den erfolgreichen NL und GS zuzuordnen sind. Experten vermuten, daß dies hauptsächlich auf objektzentrierte Erwartungen der Kunden, die auf einer Einschätzung des wirtschaftlichen Erfolges der operativen Einheit beruhen, zurückzuführen ist.

6. Qualitative Datenanalyse

Die qualitativ erhobenen Daten geben Aufschluß darüber, welche Indikatoren die einzelnen Kategorien beeinflussen, welche Anforderungen Kunden stellen und welche Erwartungen bestehen.

Ziel der Datenanalyse ist die Identifikation von Marketingerfolgsfaktoren. Dazu werden die Antworten der vier Gruppen, zusammengefaßt nach Themenbereichen, gegenübergestellt.

Die inhaltliche Bandbreite und der Grad der Übereinstimmung der Antworten bei den einzelnen Gruppen erlaubt es Rückschlüsse zu ziehen, welche Indikatoren bei welcher Ausprägung eher positiven oder negativen Einfluß auf die Kategorien ausüben, wie groß der Einfluß der einzelnen Indikatoren auf die Zufriedenheit ist und in welchem Maß die Sichtweise der Kunden durch das Management wahrgenommen wird.

Die Einordnung nach Basis-, Leistungs- und Begeisterungsanforderungen erfolgt unter Berücksichtigung des Kontexts der Äußerungen, latenter Sinnstrukturen, einzelner Anmerkungen und des bewußten Ein- und Ausblendens bestimmter Themenbereiche (vgl. Kapitel 4.4 „Methodendiskussion“).[47]

6.1 Aufmerksamkeit

Dem Konzern wird ein allgemein hoher Bekanntheitsgrad unter den Kunden zugesprochen. Vielen Kunden ist das Unternehmen schon vor dem ersten persönlichen Kontakt mit Mitarbeitern durch die Medien, insbesondere im Zusammenhang mit der Erstellung von Großprojekten und durch die Wirtschaftsteile der Zeitungen, bekannt. Allerdings sieht der größte Teil der Kunden, die aufgrund ihrer Ausbildung oder ihrer Tätigkeit nicht dem Bausektor zugeordnet werden können, das Unternehmen erst als potentiellen Partner an, wenn im Rahmen einer Ausschreibung, die ein Dritter vornimmt, ein direkter Kontakt zum Unternehmen hergestellt wird. Für Fachleute sowie für Laien ist die Empfehlung von Dritten häufig ausschlaggebend für eine konkrete Kontaktaufnahme mit einer operativen Einheit eines Konzerns.

---

[47] Nicht bei allen Kategorien werden die geschilderten Untersuchungs- und Interpretationsmöglichkeiten ausnahmslos angewendet, da es z.B. in der Kategorie „Aufmerksamkeit“ nicht sinnvoll wäre, von Begeisterungs- oder Leistungsanforderungen zu sprechen, da keine direkte Leistung des Konzerns abgefragt wurde.

Die NL - und GS - Leiter machen unterschiedliche Angaben, was darüber hinaus Kunden auf das Unternehmen aufmerksam macht. Aufgrund der eindeutigen und übereinstimmenden Antworten der beiden Kundengruppen kann festgestellt werden, daß Kunden auf der Suche nach einem GU oder GÜ weder auf die „Gelben Seiten" noch das Branchenbuch zurückgreifen. Werbung auf Baustellen oder Sponsoring wird zumindest von den Kunden subjektiv nicht als Punkt wahrgenommen, der sie beeinflußt hat, ein Unternehmen als potentiellen Vertragspartner in Betracht zu ziehen. Ein Versuch, über Postwurfsendungen Architekten und potentielle Bauherren anzusprechen, hat nur ein geringes Echo hervorgerufen. Die persönliche Akquisition ist in der derzeit angewendeten Form (d.h. die Akquisitionsbemühungen beginnen erst, wenn eine konkrete Projektidee wahrgenommen wurde) kein Mittel, neue Kunden auf sich aufmerksam zu machen. Dies bedeutet, daß Kunden sich schon mit der Frage auseinandergesetzt haben, wer potentiell die Ausführung übernehmen könnte, bevor ihre Projektidee an die Öffentlichkeit gelangt.

Keinen Beleg gibt es für die Vermutung, daß potentielle Kunden über gemeinsame Tätigkeiten mit Mitarbeitern des Bauunternehmens in Gremien, wie z.B. Aufsichtsräten, auf das Unternehmen aufmerksam werden.

Abbildung 20: Aufmerksamkeit[48]

Gruppe 2	**Gruppe A**	**Gruppe B**	**Gruppe 1**
allgemeiner Bekanntheitsgrad	allgemeiner Bekanntheitsgrad	allgemeiner Bekanntheitsgrad	gelbe Seiten
über Dritte	über Dritte	über Dritte	über Dritte
Medien	Medien	Medien	Medien
Tätigkeiten in Gremien	Ausschreibung	Ausschreibung	Branchenbuch
Sponsoring			Werbung auf Baustellen
			persönliche Akquisition

6.2 Image

Teile des Images eines Baukonzerns werden durch Eigenschaften geprägt, die allgemein Großkonzernen zugeschrieben werden. Dazu gehö-

[48] Erläuterung (vgl. Kap. 4.3 „Datenauswertung"):
Gruppe A: sehr zufriedene Kunden — Gruppe 1: Leiter erfolgreicher NL oder GS
Gruppe B: weniger zufriedene Kunden — Gruppe 2: Leiter weniger erfolgreicher NL oder GS

ren mangelnde Flexibilität, aber auch hohe Erwartungen an die allgemeine Leistungsfähigkeit, mit der die Kunden Kompetenz, ein hohes Qualitätsniveau und die Fähigkeit zur Problemlösung verbinden. Die Bauindustrie leidet insgesamt unter meist negativen Presseberichten und dem hohen Fremdleistungsanteil, der es den Kunden erschwert, die Leistung des Konzerns zuzuordnen und zu bewerten.

Speziell mit dem untersuchten Unternehmen verbinden die Kunden Werte wie Bonität, Zuverlässigkeit, Zukunftsorientierung und Innovationskraft. Dies sind Werte, die in engem Zusammenhang mit dem Renommee des Mutterkonzerns zu betrachten sind. Wegen der großen Übereinstimmung o.a. Werte mit diesem Renommee kann man den Rückschluß ziehen, daß das Unternehmen kein eigenständiges Image hat. Arroganz, wie von den NL - und GS - Leitern vermutet, wird von Kunden nicht wahrgenommen.

Abbildung 21: Image[49]

Gruppe 2	**Gruppe A**	**Gruppe B**	**Gruppe 1**
	positiv		
Bonität	Kulanz	Bonität	Bonität
höhere Erwartungshaltung	Leistungsfähigkeit	Leistungsfähigkeit	Leistungsfähigkeit
Zuverlässigkeit	Zuverlässigkeit	Zuverlässigkeit	
Kundenorientierung	Zukunftsorientierung	Innovationskraft	
	negativ		
keine Kundenorientierung	teuer	keine Kundenorientierung	teuer
Arroganz	mangelnde Flexibilität	mangelnde Flexibilität	Arroganz
schlechter Ruf bei NU	schlechter Ruf bei NU	kein Image	
	negative Presse		
	großer Fremdleistungsanteil		

[49] Werden einzelne Indikatoren (Bsp. „Kundenorientierung" in Gruppe 2) innerhalb einer Gruppe sowohl als positives als auch als negatives Merkmal angesehen, so bedeutet dies, daß innerhalb der Gruppe unterschiedliche Auffassungen zu diesem Punkt bestehen. Diese Anmerkung gilt auch für alle nachfolgenden Kategorien.

Kulanz ist im Unternehmen nicht selbstverständlich. Da die Kunden diese nicht explizit fordern, ist Kulanz zu den Begeisterungsanforderungen zu zählen.

Das Image des Unternehmens bei Nachunternehmern ist vereinzelt schlecht, da Kunden berichten, daß ihnen geraten wurde, nicht mit dem Konzern zusammenzuarbeiten. Andere negative Punkte, die nur von einzelnen Gruppen genannt werden, lassen vermuten, daß die Bewertungen in engem zeitlichen Zusammenhang mit konkreten Erfahrungen erfolgten. Nur einige der unzufriedenen Kunden sehen das Unternehmen als eine Firma mit mangelnder Kundenorientierung an.

Die NL - und GS - Leiter der Gruppe 2 haben den Eindruck, daß an den untersuchten Konzern höhere Anforderungen seitens der Kunden gestellt werden als an andere Unternehmen.

6.3 Ziele der Kundenbetreuung

In der Kategorie „Ziele der Kundenbetreuung" muß man zwischen Ober- und Unterzielen unterscheiden. Als Oberziel wird die langfristige Kundenbindung angesehen. Bei einem erneuten Bauvorhaben des Kunden wird eine direkte Beauftragung unter Ausschluß des Wettbewerbs angestrebt. Alle anderen Ziele sind Unterziele und dienen der Erreichung des Oberziels (s. Abb. 22, S. 86).

Wichtigstes Unterziel ist die Kundenzufriedenheit, für die eine konstruktive und partnerschaftliche Zusammenarbeit sowie Zuverlässigkeit als Grundvoraussetzungen angesehen werden. Unter konstruktiver Zusammenarbeit wird insbesondere die Betreuung durch einen kompetenten Partner, der Optimierungsvorschläge unterbreitet, verstanden. Eine partnerschaftliche Zusammenarbeit zeichnet sich nach übereinstimmender Meinung durch eine frühzeitige Ideen-, Problem- und Bedürfniserfassung, Verläßlichkeit, ständige gegenseitige Information und einen flexiblen Umgang miteinander aus. Zuverlässigkeit wird durch Termintreue, Qualitäts- und Kosteneinhaltung erreicht.

Bis auf wenige Ausnahmen stimmen die von den Kunden wahrgenommenen Ziele der Kundenbetreuung mit den angestrebten Zielen überein. Das Bemühen um eine engagierte Angebotsbearbeitung, gut vorbereitete Abnahmen, eine Abgrenzung gegenüber Mittelständlern und den Erfolg des Kunden wurde nicht wahrgenommen. Aus der Unzufriedenheit vereinzelter Kunden heraus lassen sich Äußerungen erklären, die dem Unternehmen bei der Kundenbetreuung einzig und allein das Streben nach der eigenen Gewinnmaximierung unterstellen.

Auffällig ist, daß beide Kundengruppen das Gefühl haben, daß das Unternehmen sich als Dienstleister etablieren will, dieses aber vom Management nicht als Ziel der Kundenbetreuung angegeben wird. Dies kann durch den Beginn einer Neuausrichtung des Konzerns hin zu einem Dienstleistungsunternehmen erklärt werden, denn viele Werbemittel zu diesem Thema werden an Kunden verteilt. In den operativen Einheiten hat sich die neue Zielsetzung jedoch noch nicht genügend durchgesetzt.

Abbildung 22: Ziele der Kundenbetreuung

Gruppe 2	Gruppe A	Gruppe B	Gruppe 1
positiv			
Kundenbindung	Kundenbindung	Kundenbindung	Kundenbindung
Kundenzufriedenheit	Kundenzufriedenheit	Kundenzufriedenheit	Kundenzufriedenheit
konstruktive Zusammenarbeit	konstruktive Zusammenarbeit	konstruktive Zusammenarbeit	konstruktive Zusammenarbeit
partnerschaftliche Zusammenarbeit	partnerschaftliche Zusammenarbeit	partnerschaftliche Zusammenarbeit	partnerschaftliche Zusammenarbeit
engagierte Angebotsbearbeitung	als Dienstleister auftreten	als Dienstleister auftreten	Erfolg des Kunden
Zuverlässigkeit	Zuverlässigkeit		Zuverlässigkeit
gut vorbereitete Abnahmen			Abgrenzung ggü. Mittelständlern
negativ			
		Gewinnmaximierung	

6.4 Leistungsangebot

Der Kenntnisstand der Kunden über das Leistungsangebot ist sehr unterschiedlich. Allen Kunden ist bekannt, daß das Unternehmen Bauleistungen erbringt und teilweise als GÜ tätig wird. Es besteht die Auffassung, daß der Konzern meistens Großprojekte abwickelt und Aufträge mit einem Auftragsvolumen unter 5 Mio. DM kein Interesse finden.

Ein Teil der Kunden ist sich über Leistungen, die über die reine Bauleistung hinaus zum Angebot gehören könnten, unsicher und spekuliert lediglich. Vermutet wird, angeregt durch Pressemeldungen über Großprojekte, daß das Leistungsbild sehr viel umfassender als nur das Angebot der reinen Bauleistung sei.

Die wenigsten Kunden können mit dem Begriff „Systemführerschaft" etwas verbinden. Die Einzelbestandteile (Planen, Finanzieren, Bauen, Betreiben) sind teilweise bekannt, werden aber nicht mit der Systemführerschaft in Verbindung gebracht.

Leistungen der Tochtergesellschaften werden nicht als solche erkannt oder dem Mutterkonzern zugerechnet.

Abbildung 23: Leistungsangebot

Gruppe 2	**Gruppe A**	**Gruppe B**	**Gruppe 1**
	positiv		
	Bauleistung	Bauleistung	
	Generalübernehmer	Generalübernehmer	
	Tiefbau	Projektentwicklung	
	Umbau		
	Immobiliengeschäfte		
	Finanzierung		
	Software	Software	
	Systemführerschaft	Systemführerschaft	

6.5 Konkurrenzbetrachtung

Die meisten Kunden und Führungskräfte sehen in der Betreuung der Kunden, der Personalbesetzung auf den Baustellen, die sich durch die höhere Anzahl an Führungskräften und deren bessere Qualifikation gegenüber Wettbewerbern auszeichnet ebenso Vorteile gegenüber Konkurrenten wie in der allgemeinen Zuverlässigkeit, insbesondere im Hinblick auf die Termin- und Qualitätseinhaltung. Der Aspekt Personalbesetzung wird allerdings gleichzeitig von Teilen der Befragten als Nachteil empfunden. Dies weist auf große Unterschiede innerhalb des Unternehmens hin.

Vereinzelt wird die Leistungsfähigkeit als Vorteil angesehen. Diese Betrachtung muß allerdings beschränkt werden auf den Vergleich mit Mittelständlern, da andere Baukonzerne ein vergleichbares Leistungsangebot besitzen. Ebenfalls nur als Vorteil gegenüber Mittelständlern wird die geringere Konkursgefahr angesehen.

Die Vermutung der Führungskräfte, daß das Renommee des Unternehmens als seriöse, finanzstarke Firma den Kunden Vorteile schafft, z.B. bei der Aufnahme von Krediten oder der Vermietung ihrer Immobilien, wird von Kunden nicht bestätigt.

Andere mögliche Vorteile besitzen lediglich untergeordnete Bedeutung, da sie nur von einzelnen Gruppen angeführt werden und keine Bestätigung erfahren (s. Abb. 24, S. 89). Der Punkt „saubere Baustellen" ist als Begeisterungsanforderung einzustufen.

Nachteilig im Vergleich zu Mittelständlern ist die mangelnde Flexibilität in Konzernen. Ausdrücklich werden die geringen Entscheidungsbefugnisse der Ansprechpartner der Kunden bemängelt.

Nachteile, die die Kundengruppen übereinstimmend wahrnehmen, liegen in Koordinationsschwächen zwischen Planung und Ausführung, zu hohen Angebotspreisen und zu vielen Nachträgen begründet. Diese Nachteile werden allerdings vom Führungspersonal nicht erkannt oder anders gesehen.

Nur von einzelnen Gruppen angeführte Nachteile besitzen keine Allgemeingültigkeit, zeigen jedoch das Spektrum auf, in denen die operativen Einheiten vereinzelt Schwächen haben (s. Abb. 24, S. 89).

Lediglich intern wahrgenommen wird bzgl. des Konkurrenzvergleichs die Diskrepanz zwischen dem Anspruch, der in der Werbung vertreten wird, und der Realität.

Teilweise wird sowohl von Kunden als auch von Führungskräften der Umgang mit Nachunternehmern und die Tatsache bemängelt, daß kein kontinuierlicher Subunternehmerstamm aufgebaut wird.

Plausibel ist, daß insgesamt die zufriedenen Kunden und erfolgreichen NL- und GS - Leiter mehr Vorteile gegenüber Konkurrenten wahrnehmen als die unzufriedeneren Kunden und die weniger erfolgreichen NL- und GS - Leiter und dieses bei den Nachteilen gegenüber Wettbewerbern genau umgekehrt ist (s. Abb. 24, S. 89).

Abbildung 24: Vor- und Nachteile gegenüber Konkurrenten

Gruppe 2	Gruppe A	Gruppe B	Gruppe 1
Vorteile			
Betreuung	Betreuung	Betreuung	Betreuung
Personalbesetzung	Personalbesetzung	Personalbesetzung	Personalbesetzung
Zuverlässigkeit	Zuverlässigkeit	Zuverlässigkeit	Zuverlässigkeit
Renommee	saubere Baustellen	günstiger Einkauf	Renommee
	Überregionalität	Leistungsfähigkeit	Leistungsfähigkeit
	keine Rechtsstreitigkeiten	größere Preisnachlässe	Bonität
	Öffentlichkeitsarbeit		Exklusivität
			Progressivität
			Strukturierung
Nachteile			
mangelnde Flexibilität	mangelnde Flexibilität	übermächtige Rechtsabteilung	mangelnde Flexibilität
insgesamt negatives Image	Personalbesetzung	Personalbesetzung	Personalbesetzung
fehlende Anspruchserfüllung	zu teuer	zu teuer	fehlende Anspruchserfüllung
keine partnersch. Zusammenarbeit	zu viele Nachträge	zu viele Nachträge	Key-Account-Management
Mitleid für Mittelständler	Koordinationsschwächen	Koordinationsschwächen	Mängelbeseitigung
Unzuverlässigkeit	Kontaktpflege	geringe Entscheidungsbefugnisse	geringe Entscheidungsbefugnisse
Verhalten gegenüber den NU		Verhalten gegenüber den NU	NU-Auswahl
Verhalten gegenüber Mitarbeitern		Regionalprinzip	
schlechte Qualität		Mängel bei der Protokollierung	
keine Realisation von kleinen Proj.		mangelnde Zuverlässigkeit	

6.6 Globalzufriedenheit

Abgesehen von Indikatoren, die den nachfolgend aufgeführten Kategorien zugeordnet werden können, wirken sich Kulanz und Engagement positiv auf die Zufriedenheit der Kunden aus.

Ein deutlicher Indikator für Kundenzufriedenheit ist die Dauer der Mängelbeseitigung, da eine rasche Beseitigung zu Zufriedenheit und eine schleppende zu Unzufriedenheit führt.

Als generelle Schwächen des Unternehmens werden die Koordination der Leistungen und das Personalmangement angesehen. Die Kritik der Kunden richtet sich auf Verzögerungen im Bauablauf aufgrund von verspäteten Planbereitstellungen, die fehlende Berücksichtigung von Nachbarschaftsbelangen und Organistationsmängeln in der Arbeitsvorbereitung. Das Personal erweckt den Eindruck unter großer Anspannung zu stehen, worunter die Motivation leidet. Bemängelt werden Personalwechsel auf der Baustelle und die Tatsache, daß zum Teil Personalmangel herrscht. Diese Punkte werden ebenso wie der folgende nicht vom Management wahrgenommen.

Nachteilig auf die Zufriedenheit der Kunden wirkt sich das Gefühl aus, daß bewußt von seiten des Unternehmens versucht wird, den von ihnen festgelegten Ausführungsmindeststandard abzusenken. Der in den Vertragsunterlagen der Bauindustrie häufig verwendete Zusatz „oder gleichwertig" zu einem Fabrikatswunsch der Kunden, führt bei Anwendung in fast allen Fällen zu Unzufriedenheit, da den Kunden die von ihnen gewünschte Ausführung vorenthalten wird.

Den NL - und GS - Leitern ist bewußt, daß das Nachunternehmermanagement Schwächen aufweist. Die Probleme ergeben sich ihrer Ansicht nach häufig daraus, daß der Einkauf zentral gesteuert und die Besonderheiten vor Ort deshalb keine ausreichende Berücksichtigung finden. Nachunternehmer haben großen Anteil an dem Zufriedenheitsurteil der Kunden gegenüber einem GU, da diese den GU, ihren Vertragspartner, als verantwortlich für die Leistung der Nachunternehmer ansehen. Folglich setzt sich das Zufriedenheitsurteil zu einem bedeutenden Teil aus der Bewertung der Nachunternehmerleistungen zusammen. Negativ wird in diesem Zusammenhang aufgenommen, wenn Kunden den Eindruck haben, daß Nachunternehmer nicht fair behandelt werden.

Von den einzelnen Gruppen werden weitere Indikatoren angeführt, die die Globalzufriedenheit beeinflußt, jedoch keine Bestätigung durch eine andere Gruppe erfahren haben (s. Abb. 25, S. 91). Eine partnerschaftliche Zusammenarbeit hat unzweifelhaft positive Auswirkungen auf die Zufriedenheit der Kunden. Um so schwerer wiegt es, daß sich teilweise Kunden über eine zu geringe Einbeziehung in Entscheidungen beklagen.

Insgesamt zu viele Mängel, eine schlechte Ausführungsplanung, mangelhafte Schlußarbeiten und verspätete Schlußrechnungen führen zu Unzufriedenheit. Vereinzelt haben Kunden den Eindruck, daß sich nicht genug um einen Auftrag bemüht und auf vorhersehbare gesetzliche Änderungen, z.B. bei Änderungen der Brandschutzverordnung in Folge des Flughafenbrandes in Düsseldorf, nur sehr unflexibel reagiert wird.

Abbildung 25: Globalzufriedenheit

Gruppe 2	Gruppe A	Gruppe B	Gruppe 1
positiv			
partnerschaftliche Zusammenarbeit	Kulanz	Kulanz	
	Engagement	Engagement	
		rasche Mängelbeseitigung	
negativ			
Zuverlässigkeit	geringe Einbeziehung der Kunden	mangelnde Flexibilität	geringe Kundenorientierung
Nachunternehmermanagement	mangelhafte Ausführungsplanung	Nachunternehmermanagement	Nachunternehmermanagement
	interne Kommunikationsprobleme	zu viele Mängel	mangelhaftes After-Sales-Man.
	Koordinationsschwächen	Koordinationsschwächen	höhere Erwartungshaltung
	Mängelbeseitigung	Mängelbeseitigung	Mängelbeseitigung
	Personalmanagement	Personalmanagement	oberflächliche Kalkulationen
	Absenkung des Mindeststandards	Absenkung des Mindeststandards	
	Verhalten gegenüber den NU	geringe Akquisitionsbemühungen	
	Bemusterungen	geringe Entscheidungsbefugnisse	
		keine Gleichberechtigung	
		fehlendes Kostenbewußtsein	
		mangelhafte Schlußarbeiten	
		verspätete Schlußrechnung	

Kritik üben Kunden zudem an fehlendem Kostenbewußtsein, mangelnder Gleichberechtigung, sowohl zwischen Bauleiterinnen und Bauleitern als auch im Umgang mit Kundinnen und Kunden, schlechten Bemusterungen und geringen Entscheidungsbefugnissen der NL - und GS - Leiter.

Viele dieser Punkte, die zur Unzufriedenheit beitragen, werden vom Management nicht erkannt (s. Abb. 25, S. 91). Nachlässigkeiten werden von den Führungskräften in einer geringen Kundenorientierung, einem kaum vorhandenen After-Sales-Management und oberflächlichen Kalkulationen gesehen.

Insgesamt sind die erfolgreichen NL - und GS - Leiter der Ansicht, daß an ihre Einheiten höhere Ansprüche seitens der Kunden als an Konkurrenten gestellt werden.

Da Kunden im Rahmen der Befragung geäußert haben, daß sie es als sehr angenehm empfinden würden, zu Informationsveranstaltungen eingeladen und einmal pro Monat unaufgefordert einen Kosten- und Terminplan vorgelegt zu bekommen, sind diese Wünsche als Begeisterungsanforderungen einzustufen.

6.7 Preis-/Leistungsverhältnis

Die Zufriedenheit der Kunden mit dem Preis-/Leistungsverhältnis wird stark davon beeinflußt, ob die Vergabe nach einem Wettbewerb erfolgte und wie detailliert und umfassend die Baubeschreibung ist. Durch den Wettbewerb versichern sich die Kunden, den ihrer Ansicht nach günstigsten Wettbewerber zu beauftragen. Ob die Zufriedenheit zum Zeitpunkt der Vergabe anhält, hängt stark von der Baubeschreibung ab. Ist diese so umfassend, daß keine zusätzlichen Leistungen erforderlich sind, um die ursprünglichen Erwartungen des Kunden zu erfüllen, so ist von einer andauernden Zufriedenheit mit dem Preis-/Leistungsverhältnis über die gesamte Bauzeit hinweg zu rechnen. Werden jedoch Nachträge gestellt für Leistungen, die der Kunde durch das Vertragswerk als abgedeckt angesehen hat, so führt dies zu Unzufriedenheit. Dazu trägt verstärkend bei, daß Kunden die Schuld für das mangelhafte Vertragswerk dem Unternehmen zuweisen, das sie ihrer Meinung nach auf die Mängel hätte hinweisen müssen.

Geringe Qualitätsansprüche wirken sich folglich wegen der geringeren Anzahl der zu erwartenden Nachträge positiv auf die Bewertung des Preis-/Leistungsverhältnisses aus.

Von den betreuenden Mitarbeitern wird seitens der Kunden erwartet, daß sie ein gewisses Feingefühl für ihre Belange und Ansichten entwikkeln und beim Stellen von Nachträgen die strategischen Unternehmensziele, wie z.B. die Kundenzufriedenheit, beachten. Positiv wirkt es sich daher aus, wenn Kunden in die Entscheidungsfindung einbezogen werden.

Die Führungskräfte haben dies bisher nicht erkannt, sind jedoch der Ansicht, daß ein seriöses Image, teilweise kostenfreie Leistungen und eine hohe Bonität des Kunden die Zufriedenheit mit dem Preis-/Leistungsverhältnis positiv beeinflussen.

Neben den schon erwähnten Nachträgen wirken sich Niedrigstpreise und eine hohe Anzahl von Mängeln negativ auf die Zufriedenheit der Kunden aus. Niedrigstpreise führen nach Ansicht der Kunden zu verstärkten Bemühungen des beauftragten Unternehmens, durch Nachträge den vereinbarten Preis aufzubessern. Es läßt sich allerdings nicht erkennen, daß diese Erkenntnis dazu führt, nicht den billigsten, sondern günstigsten Bieter zu beauftragen.

Abbildung 26: Preis-/Leistungsverhältnis

Gruppe 2	Gruppe A	Gruppe B	Gruppe 1
positiv			
hohe Bonität des Kunden	Betreuung	Betreuung	seriöses Image
eindeutige Baubeschreibung	eindeutige Baubeschreibung	eindeutige Baubeschreibung	unentgeltlicher Aufwand
	Vergabe über Wettbewerb		Vergabe über Wettbewerb
	Einbeziehung der Kunden		
	geringe Qualitätsansprüche		
negativ			
Nachträge	Niedrigstpreise	Nachträge	Nachträge
mangelnde Zuverlässigkeit	hohe Anzahl an Mängeln		
geringe Bonität des Kunden			

Die NL - und GS - Leiter der Gruppe 2 sehen zusätzlich eine mangelnde Zuverlässigkeit und geringe Bonität der Kunden als Gründe für Unzufriedenheit an. Branchenabhängig wird einzelnen Komponenten der Zuverlässigkeit eine unterschiedliche Bedeutung beigemessen, so ist z.B. im Einzelhandel die Termineinhaltung wichtiger als die Qualität und in der Hotelbranche ist es beispielsweise umgekehrt.

6.8 Freundlichkeit

Die Kunden betrachten es als Freundlichkeit, wenn sie feststellen, daß ihre Anliegen und Probleme ernst genommen werden und nicht nur vordergründiges Bemühen um eine Problemlösung vorhanden ist.

Kostenfreie Leistungen und die Projektteambildung sind nach Meinung der Führungskräfte Mittel, die Zufriedenheit der Kunden mit der Freundlichkeit zu erreichen.[50] Sie sind der Ansicht, daß das betriebsinterne Klima durch die Projektteambildung verbessert wird und dieses Auswirkungen auf die Freundlichkeit gegenüber Kunden hat.

Die Kunden üben Kritik am rechthaberischen Auftreten ihrer Ansprechpartner und der fehlenden Sensibilität ihnen gegenüber. Vereinzelt wird Kunden, deren Vertragspartnern und Mitarbeitern mit zu viel Selbstbewußtsein oder Arroganz gegenübergetreten.

Schon zu Beginn der Zusammenarbeit stellen Kunden fest, daß über ein *try and error*-Verfahren versucht wird, die Schwelle auszuloten, ab welcher die Umgangsformen zu Unzufriedenheit führen.

Negativ wirken sich auch der respektlose Umgang mit Angestellten der Kunden und unangemeldete Aktionen, z.B. Fotodukumentationen zur Beweisaufnahme, auf Baustellen aus.

Übertriebene Freundlichkeit erzeugt bei Kunden leicht Mißtrauen, da sie eine Beeinflussung befürchten. Teilweise wird dem Unternehmen dies sogar als Strategie unterstellt, um eigene Ziele durchzusetzen. Es wird vermutet, daß Mitarbeiter auf besonders geschickte Beeinflussungen hin geschult werden.

Die NL - und GS - Leiter der weniger erfolgreichen Einheiten sehen Gründe für Unfreundlichkeit in von vornherein schlechten Konditionen für die Bauleiter. Ist ein Vertrag zu so schlechten Bedingungen abgeschlossen worden, daß es für den Bauleiter unmöglich ist, ein positives Ergebnis

---

[50] Projektteams bestehen aus Mitarbeitern, die über mehrere Projekte hinweg in der gleichen Besetzung zusammenarbeiten.

zu erzielen, so wirkt sich dies auf sein Auftreten gegenüber dem Kunden aus.

Einige der Befragten stellen fest, daß gerade jüngere Mitarbeiter Schwächen im freundlichen Umgang mit Kunden aufweisen.

Abbildung 27: Freundlichkeit

Gruppe 2	Gruppe A	Gruppe B	Gruppe 1
positiv			
Projektteambildung	Bemühen um Problemlösung	Bemühen um Problemlösung	kostenfreie Leistungen
negativ			
Arroganz		rechthaberisches Auftreten	keine Dienstleistungsmentalität
schlechte Konditionen		fehlende Sensibilität	fehlende Sensibilität
geringe Erfahrung der Mitarbeiter		Abgrenzung der Umgangsformen	
		respektlose Behandlung	
		unangemeldete Aktionen	
		Beeinflussung	

6.9 Kompetenz

Kompetenz zeigt sich in der Fähigkeit, Probleme umgehend lösen zu können. Die Kunden sehen nach übereinstimmender Meinung ein ruhiges und sachliches Auftreten gepaart mit Engagement als Indikatoren für Kompetenz an.

Für die Annahme der Führungskräfte, eigene gewerbliche Angestellte würden von den Kunden als ein Zeichen für Kompetenz angesehen, gibt es keinerlei Anhaltspunkte. Die sehr zufriedenen Kunden hingegen achten bei ihrer Beurteilung auf Sondervorschläge und die Zusammensetzung der Projektteams. Hinsichtlich der Alters- und Ausbildungsstruktur gemischten Teams wird insgesamt das größte Fachwissen zugetraut.

Die NL - und GS - Leiter der Gruppe 1 halten es für wichtig, den Kunden nur einen Ansprechpartner zu nennen, um Kompetenz zu demonstrieren. Es wirkt sich besonders negativ auf die Zufriedenheit aus, wenn sich Bauleiter, bedingt durch die ständig wachsende Komplexität der Bauaufgaben, häufig Rat bei Dritten holen müssen. Deshalb sollten Spezialisten für einzelne Aufgabenbereiche ausgebildet werden, z.B. für den Bau von Kinos, Lagerhallen oder Stadien.

Die weniger erfolgreichen NL - und GS - Leiter betonen die Wichtigkeit einer überdurchschnittlichen Qualifikation der Mitarbeiter und der Gleichrangigkeit von Kunde und Ansprechpartner.

Negativ wirken sich Lücken im Bauallgemeinwissen und eine zu geringe Personalbesetzung auf die Zufriedenheit aus. Wenig Personal und Zeitmangel verhindern, daß sich ausreichend mit allen Aufgaben befaßt werden kann. Einzelnen Aussagen der Kunden zufolge werden zuweilen Aufgaben an Mitarbeiter übertragen, die nicht in der Lage sind, diese zur Zufriedenheit der Kunden zu erfüllen. Eine nicht vollzogene Gleichberechtigung der Geschlechter und damit der Verzicht auf vorhandenes Wissen verhindert ebenso eine bessere Beurteilung der Kompetenz, wie unzureichende Kontrollen der Angaben von Nachunternehmern.

Personalwechsel führen zwangsläufig zu einem Absinken der Kundenzufriedenheit im Hinblick auf die Kompetenz, da eine Einarbeitungszeit notwendig ist. Geringe Entscheidungsbefugnisse können bei Kunden genauso den Eindruck von Inkompetenz erwecken, wie die verweigerte Weitergabe von Fachwissen an Dritte, z.B. Architekten. Zudem werden Koordinationsmängel fehlender Kompetenz zugerechnet.

Besonders negativ werden Diskrepanzen zwischen Anspruch und Realität wahrgenommen, d.h. die durch Werbebroschüren und im Rahmen der Akquisition von den Führungskräften geweckten Erwartungen können in der Realität vereinzelt nicht umgesetzt werden. Dieses Verhalten wirkt folglich nicht kompetent, sondern arrogant.

Keine direkte Bestätigung findet die Vermutung der Führungskräfte, daß Kunden Kompetenz in engem Zusammenhang mit einzelnen Teilbereichen des Leistungsbildes sehen. Inkompetenz wird beispielsweise nicht im Zusammenhang mit einer schlechten Bemusterung, einer schleppenden Mängelbeseitigung oder einem unzureichenden Gewährleistungsmanagement bemängelt, sondern auf die Gesamtleistung übertragen. Folglich bleibt festzuhalten, daß Schwächen in Teilbereichen von Kunden auf die Gesamtleistung projiziert werden.

Als Wunsch äußern die Kunden, in Zukunft weniger mit Problemen und Gründen für deren Nicht-Bewältigung als vielmehr mit Lösungen konfrontiert zu werden.

Abbildung 28: Kompetenz

Gruppe 2	Gruppe A	Gruppe B	Gruppe 1
positiv			
überdurchschnittliche Qualifikation	umgehende Problemlösung	umgehende Problemlösung	umgehende Problemlösung
eigene gewerbliche Angestellte	ruhiges und sachliches Auftreten	ruhiges und sachliches Auftreten	eigene gewerbliche Angestellte
gleichrangige Ansprechpartner	Engagement	Engagement	ein Ansprechpartner
	Sondervorschläge		Einsatz von Spezialisten
	Projektteambildung		
negativ			
Mängelbeseitigung	Lücken im Bauallgemeinwissen	Lücken im Bauallgemeinwissen	Lücken im Bauallgemeinwissen
Gewährleistungsmanagement	zu geringe Personalbesetzung	zu geringe Personalbesetzung	Bemusterungen
	Zeitmangel	unüberlegte Aufgabenübertragung	
	keine Gleichberechtigung	Personalwechsel	
	unzureichende Aussagenkontrolle	geringe Entscheidungsbefugnisse	
		kein Kompetenztransfer	
		Koordinationsmängel	
		fehlende Anspruchserfüllung	

6.10 Zuverlässigkeit

Ein Indikator für Zuverlässigkeit, der übereinstimmend von den Kunden genannt wird, ist Engagement. Zusätzlich werden von Gruppe A gemeinsame Vorüberlegungen und Absprachen als unerläßlich für die Zufriedenheit erachtet. Sollten Zusagen nicht eingehalten werden können, so ist es nach Ansicht der Gruppe 2 zufriedenheitssteigernd, Fehler frühzeitig zuzugeben.

Alle Gruppen sehen in einer unzureichenden Personalbesetzung Gründe für Unzuverlässigkeit. Häufig ist es den Mitarbeitern aufgrund der Überlastung nicht möglich ausreichend genau zu planen, wodurch es immer wieder zu vorschnellen und nicht einhaltbaren Aussagen kommt.

Der Termindruck, der auf vielen Baustellen herrscht, führt zu einem Zielkonflikt zwischen der Termin- und Qualitätseinhaltung. Die Probleme, die durch die Zusammenarbeit einer Vielzahl von Nachunternehmern entstehen können, gefährden ebenso die Zuverlässigkeit.

Neben Personalwechseln, die zwangsläufig oftmals die Nicht-Beachtung von früheren mündlichen Absprachen zur Folge haben, wirken sich vor allen Dingen eine Vielzahl von „Kleinigkeiten" im persönlichen Umgang untereinander belastend auf die Zufriedenheit im Hinblick auf Zuverlässigkeit aus. So führt z.B. häufiges Revidieren von Aussagen, die ungenaue Protokollierung von Baubesprechungen oder mangelnde Sachlichkeit bei der Schilderung von Konflikten zu dem Eindruck, unzuverlässig zu sein. Beklagt wird von den Kunden zudem die teilweise zu einseitige Interessenwahrung seitens des Unternehmens.

Abbildung 29: Zuverlässigkeit

Gruppe 2	**Gruppe A**	**Gruppe B**	**Gruppe 1**
positiv			
Fehler frühzeitig zugeben	Engagement	Engagement	
	Vorüberlegungen		
	Absprachen		
negativ			
Personalbesetzung	Personalbesetzung	Personalbesetzung	Personalbesetzung
Vertragsinterpretation	Mängel aufgrund von Termindruck	Personalwechsel	mangelnde Vorbereitung
	Koordinationsprobleme	Revidieren von Aussagen	Informationszurückhaltung
		Nachfragen notwendig	
		ungenaue Protokollierung	
		einseitige Interessenwahrung	
		mangelnde Sachlichkeit	

Die Führungskräfte sehen neben einer unterschiedlichen Vertragsinterpretation von Kunde und Auftragnehmer die mangelhafte Vorbereitung des Baustellenpersonals auf Baubesprechungen und die Informationszurückhaltung gegenüber Kunden als wesentliche Punkte an, die die Zufriedenheit negativ beeinflussen.

6.11 Korrespondenz

Der Umfang der Korrespondenz ist ein wichtiger Indikator für die Zufriedenheit. „Soviel wie nötig und so wenig wie möglich" lautet ein bekannter Leitsatz, der in diesem Zusammenhang von besonderer Bedeutung ist.

Die Verständlichkeit der Unterlagen ist nach übereinstimmender Kundenmeinung ausschlaggebend für die Zufriedenheit. Nur schwer oder ausschließlich für Fachleute verständliche Schriftstücke führen zu Unzufriedenheit.

Fehler können vermieden werden, wenn die Unterlagen von einer zweiten Person kontrolliert und unterschrieben werden. Nach Meinung der Gruppe 2 ist es vorteilhaft, wenn ein dem Kunden gleichrangiger Mitarbeiter des Unternehmens den Schriftverkehr führt. Diese Annahme findet jedoch durch die Kunden keine Bestätigung.

Weitere von Kunden genannte Indikatoren für Zufriedenheit sind ständig und unaufgefordert geführte, vollständige und stets an sie weitergeleitete Protokolle aller Besprechungen, sowie dem Inhalt und der Form nach angemessene Schriftstücke.

Kritisiert wird von Kunden, daß gerade die Protokollierung und Führung des Bautagebuchs offensichtlich unter dem Zeitmangel der Bauleiter leidet. Sehr negativ wird aufgenommen, wenn gar keine Protokolle geschrieben werden oder die eigene Interessenwahrung im Vordergrund steht.

Die erfolgreichen NL - und GS - Leiter nehmen inhaltliche Schwächen wahr, die u.a. auf einer mangelnden Schulung der schriftlichen Korrespondenzfähigkeit beruhen. Ein weiteres Problem sind zu schnelle und dadurch emotional beeinflußte Antworten an Kunden.

Abbildung 30: Korrespondenz

Gruppe 2	Gruppe A	Gruppe B	Gruppe 1
positiv			
gleichrangiger Unterzeichner	Umfang	Umfang	Umfang
Kontrolle	Protokollierung	Kontrolle	
	Verständlichkeit	Verständlichkeit	
	Inhalt		
	Form		
negativ			
	Zeitmangel	Zeitmangel	Inhalt
	Umfang	Umfang	Umfang
		eigene Interessenwahrung	emotionale Befangenheit
		fehlende Verständlichkeit	fehlende Verständlichkeit
		fehlende Protokollierung	

6.12 Fachliche Betreuung

Die Kunden sind übereinstimmend der Meinung, daß Sondervorschläge, Engagement und die Wahrung ihrer Interessen, insbesondere hinsichtlich der entstehenden Kosten, des Fertigstellungstermins und der geforderten Qualität, sich positiv auf ihre Zufriedenheit auswirken.

Eine konstruktive Zusammenarbeit zwischen dem ausführenden Unternehmen und Dritten, z.B. Architekten, und eine klare Interessenartikulierung seitens des Unternehmens, sind Grundvoraussetzung für eine positive Beurteilung der fachlichen Betreuung. Wichtig ist zudem der Respekt vor den Vorschlägen und Ansichten der Kunden, Flexibilität in der Behandlung der Wünsche und eine gemeinsame Lösungsfindung.

Nach Ansicht der Gruppe 1 ist der Vorteil der fachlichen Betreuung eines GU im Gegensatz zu der eines Architekten oder Ingenieurs in der gesamtheitlichen Betrachtungsweise zu sehen.

Negativ auf die Zufriedenheit wirken sich schlechte Bemusterungen, eine mangelhafte oder nicht vorhandene Nachbetreuung und schlechte Fachingenieurleistungen aus. Besondere Verärgerung rufen Versuche der Kommunikationsunterbindung hervor, z.B. daß Sekretärinnen nicht zu den gewünschten Gesprächspartnern weiterverbinden.

Kritisiert wird, daß vereinzelt die Entscheidungsvorbereitung Lücken aufweist, keine Schadensbegrenzungshilfe geleistet wird und zum Teil mangelndes Engagement und fehlende Sensibilität zu beobachten sind.

Abbildung 31: Fachliche Betreuung

Gruppe 2	**Gruppe A**	**Gruppe B**	**Gruppe 1**
	positiv		
vorhandenes Spezialwissen	Sonder-vorschläge	Sonder-vorschläge	vorhandenes Spezialwissen
	konstruktive Zusammenarbeit	klare Interessen-artikulierung	ganzheitliche Betrachtungsweise
	Interessenwahrung des Kunden	Interessenwahrung des Kunden	Interessenwahrung des Kunden
	Engagement	Engagement	
	Respekt	Flexibilität	
	Gruppenarbeit		
	negativ		
	Bemusterungen	konstruktive Zusammenarbeit	kein Key-Account-Management
	mangelhafte Nachbetreuung	eigene Interessenwahrung	Beteiligungsbaustellen
	Fachingenieurleistungen	Unterbindung der Kommunikation	Abhängigkeit von NU
		keine Schadensbegrenzungshilfe	Erfahrungsmangel junger Bauleiter
		mangelhafte Entscheidungsvorber.	
		mangelndes Engagement	
		mangelnde Sensibilität	

Führungskräfte hingegen sehen in anderen Punkten Gründe für Unzufriedenheit. Sie sind z.B. der Ansicht, daß Beteiligungsbaustellen die fachliche Betreuung erschweren und geben zu bedenken, daß eine große Abhängigkeit von Nachunternehmern besteht.

Ihrer Meinung nach ist eine negative Beurteilung der fachlichen Betreuung zudem häufig auf die mangelnde Erfahrung junger Bauleiter oder das fehlende Key-Account-Management[51] des untersuchten Unternehmens zurückzuführen.

6.13 Erreichbarkeit

Für die Zufriedenheit der Kunden ist von grundlegender Bedeutung, daß sie auf ihre schriftlichen oder telefonischen Anfragen eine sofortige Rückmeldung erhalten. Folglich haben kurze innerbetriebliche Postumlaufzeiten eine zufriedenheitssteigernde Wirkung.

Die Kunden sollten ständig über aktualisierte Telefonlisten verfügen, die Notruf- und Privatnummern enthalten. Die Notrufliste sollte zudem über eine Bandansage außerhalb der Geschäftszeiten abhörbar sein. Unzufriedenheit entsteht, wenn Mitarbeiter aus Datenschutzgründen die Weitergabe ihrer Privatnummer an die Kunden verweigern.

Werden die Telefone bei Verlassen des Arbeitsplatzes auf einen anderen Apparat umgestellt und sind die Telefonzentralen stets besetzt und über den Aufenthaltsort der jeweiligen Mitarbeiter informiert, so wird dies von den Kunden sehr positiv aufgenommen.

Verschiedene Einsatzorte eines Bauleiters wirken sich häufig negativ auf seine Erreichbarkeit aus. Auf den Baustellen selber ist es immer wieder problematisch, den gewünschten Ansprechpartner zu erreichen, da laut der Vermutung der Kunden Handys nicht immer benutzt werden und das Verhalten des Personals hinsichtlich Freundlichkeit und Hilfsbereitschaft verbesserungswürdig ist. Die Probleme auf Baustellen verstärken sich mit der immer dünner werdenden Personaldecke.

Personalwechsel führen meist zu Unzufriedenheit, da die Kunden nicht darüber informiert werden, wo sie in Zukunft ihren alten Ansprechpartner erreichen können.

---

[51] Übersetzung: Großkundenmanagement

Besonders kritisiert wird eine mangelhafte Koordination der Urlaubs- und Seminarplanung innerhalb der Projektteams. Größte Unzufriedenheit entsteht, wenn sich Mitarbeiter offensichtlich verleugnen lassen.

Nach der Abnahme sind die Mitglieder des Projektteams nur noch schwer zu erreichen. Die Mitarbeiter sind häufig in Urlaub und neue Telefonlisten werden nicht mehr verteilt.

Abbildung 32: Erreichbarkeit

Gruppe 2	Gruppe A	Gruppe B	Gruppe 1
positiv			
sofortige Rückmeldungen	sofortige Rückmeldungen	sofortige Rückmeldungen	
aktualisierte Telefonlisten	aktualisierte Telefonlisten		aktualisierte Telefonlisten
Telefonumstellung			Telefonumstellung
kurze Postumlaufzeiten	besetzte und informierte Zentralen		besetzte und informierte Zentralen
negativ			
Personalbesetzung	Probleme auf Baustellen	mehrere Einsatzorte d. Bauleiters	lange Postumlaufzeiten
Datenschutz	Personalwechsel	mangelnde Koordination	
Probleme nach der Abnahme	Probleme nach der Abnahme	Unterbindung der Kommunikation	

6.14 Telefonverhalten

Die Zufriedenheit der Kunden mit dem Telefonverhalten ist davon abhängig, ob die Mitarbeiter ihr Problem annehmen. Dies wird nicht nur vom gewünschten Ansprechpartner erwartet, sondern auch von demjenigen Mitarbeiter, der das Gespräch angenommen hat. Ist eine Weiterleitung nicht möglich, so wird erwartet, daß das Problem oder Anliegen notiert und sobald der geeignete Ansprechpartner zurück ist, die Notiz an ihn weitergeleitet wird und daraufhin ein Rückruf erfolgt. Muß der Kunde von sich aus wieder anrufen, so ist er bereits unzufrieden.

Zufriedenheit entsteht, wenn Hilfsbereitschaft offeriert wird und Probleme am Telefon gelöst werden können, ohne daß zeitaufwendige Treffen notwendig sind.

Für entscheidend halten Führungskräfte, daß auch am Telefon schon ein erster positiver Eindruck vermittelt wird.

Unzufriedenheit wird durch mangelnde Servicebereitschaft und die Vermittlung des Eindrucks, daß der Angerufene das Telefonat als Störung empfindet, ausgelöst.

Abbildung 33: Telefonverhalten

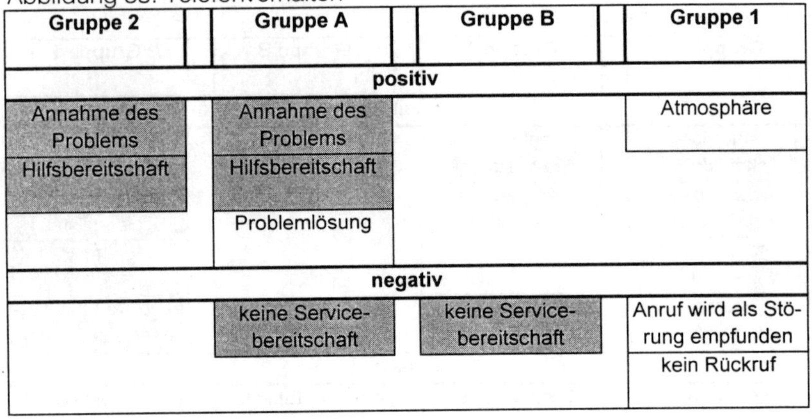

6.15 Nachtragsmanagement

Nachträge führen immer dann zu Unzufriedenheit, wenn sie aus Kundensicht keine Berechtigung haben, d.h. der Höhe oder dem Grund nach nicht angemessen sind. Negative Auswirkungen werden nur dann vermieden, wenn Kunden Nachträge auch tatsächlich als zusätzliche Leistung einstufen und sie das Gefühl haben, für zusätzliche Kosten auch mehr Leistung zu bekommen.

Die Praxis zeigt, daß funktionale Ausschreibungen oft von den Vertragspartnern unterschiedlich interpretiert werden. Kunden sind im Gegensatz zum GU häufig der Meinung, daß sehr viel mehr Leistungen durch den Vertrag abgedeckt werden, als der GU bereit ist zu leisten. Deshalb sind Nachträge in den meisten Fällen der Grund für enttäuschte Erwartungen („Nicht-Bestätigung").

Da Unternehmen nur bis zu einem gewissen Grad Kulanz zeigen können, ist die Vermeidung von Nachträgen einer der wichtigsten Indikatoren für Kundenzufriedenheit. Eine detaillierte Planung ist hierfür hilfreich, eine übereinstimmende Vertragsinterpretation notwendig. Aufgrund der Kundenaussagen hinsichtlich ihrer Erfahrungen im Baugewerbe kann darauf geschlossen werden, daß die Vermeidung von Nachträgen zu den Begeisterungsanforderungen zählt.

Sehr positiv empfinden Kunden, wenn sie vom Unternehmen vor der Beauftragung von zusätzlichen Leistungen Zeit zur Entscheidungsfindung bekommen und Nachtragsangebote schnell zugestellt werden.

Ist eine Fremdbeauftragung oder Eigenleistung notwendig, um die zusätzliche Leistung zu erbringen, so kann die Kundenzufriedenheit durch eine Preisaufschlüsselung und einen Preisspiegel mehrerer zur Angebotsabgabe aufgeforderter Firmen gesteigert werden. Die Kunden haben dann den Eindruck, eine dem Marktpreis entsprechende Leistung zu erhalten. Zusätzlich sollte dem Kunden das Recht eingeräumt werden, Vergleichsangebote einzuholen. Ist eines dieser Angebote günstiger als das des beaufragten Unternehmens, sollten die Kunden nur dieses bezahlen müssen.

Um Unzufriedenheit der Kunden zu vermeiden, die meist schon bei der Erwähnung des Wortes Nachtrag entsteht, wurde im Bereich der erfolgreichen NL und GS ein veränderter Sprachgebrauch durchgesetzt. Anstatt von Nachträgen wird von der Bewertung von Zusatzleistungen gesprochen.

Die Unzufriedenheit der Kunden erklärt sich aus der Auffassung, daß ihrer Ansicht nach Nachträge zur Preisaufbesserung mißbraucht werden. Ihre Erfahrung ist, daß schon kurz nach der Beauftragung die gezielte Nachtragssuche beginnt und beträchtliche Forderungen gestellt werden. Die Preise sind häufig überhöht und leiden unter einer mangelnden Nachvollziehbarkeit. Kritisiert wird eine fehlende Kundenorientierung bei der Vertragsinterpretation und die schnelle Androhung der Einbeziehung von Juristen.

Zu größter Unzufriedenheit führt es, wenn Nachträge entgegen den Bestimmungen der VOB vor der Ausführung nicht angemeldet und verspätet begründet werden. Gruppe 1 hat zudem wahrgenommen, daß sich ebenso verspätete Preisnennungen negativ auswirken und stellt fest, daß die Schnittstellenproblematik dem Wettbewerb Grenzen setzt. Zusätzliche Leistungen von geringem Umfang werden zur Vermeidung von Schwierigkeiten bei der Einarbeitung und Zusammenarbeit sowie der Koordination nahezu ausschließlich an die schon beauftragten Nachunternehmer vergeben.

Das Mittel der taktischen Nachtragsstellung hat wenig Aussicht die Kundenzufriedenheit insgesamt und nachhaltig zu steigern. Hierbei werden bewußt überzogene Nachträge gestellt, um Kunden ein Erfolgserlebnis zu gewähren, wenn sie die Kosten kürzen. Es ist jedoch wahrscheinlich, daß in der Gesamteinschätzung das Nachtragsmanagement durch die überhöhten Forderungen negativ beurteilt wird. Die weniger erfolgreichen NL - und GS - Leiter haben den Eindruck, daß die Bauleiter häufig kurzfristige Erfolge in den Vordergrund stellen und langfristige Auswirkungen nicht beachten.

Einige Kunden geben an, daß Konkurrenten aufgrund des aktiven Nachtragsmanagements des untersuchten Unternehmens Kunden vor einer Zusammenarbeit warnen.

Abbildung 34: Nachtragsmanagement

Gruppe 2	**Gruppe A**	**Gruppe B**	**Gruppe 1**
	positiv		
berechtigte Nachträge	Berechtigung aus Kundensicht	Berechtigung aus Kundensicht	berechtigte Nachträge
	Vermeidung	Vermeidung	Vermeidung
	Kulanz		veränderter Sprachgebrauch
	Preisspiegel		Preis-aufschlüsselung
	schnelle Zustellung		
	negativ		
Mittel zur Preis-aufbesserung	Mittel zur Preis-aufbesserung	hohe Anzahl	Mittel zur Preis-aufbesserung
taktische Nach-tragsstellung	überhöhte Preise	überhöhte Preise	überhöhte Preise
kurzfristiges Erfolgsdenken	mangelnde Nach-vollziehbarkeit	mangelnde Nach-vollziehbarkeit	verspätete Preis-nennung
gezielte Nach-tragssuche		gezielte Nach-tragssuche	gezielte Nach-tragssuche
		mangelnde Kun-denorientierung	Schnittstellen-problematik
		Einbeziehung von Juristen	
		selten Minder-kostenanrechnung	
		keine Anmeldung vor Ausführung	
		verspätete Begründungen	
		negatives Image	

6.16 Problemfrüherkennung

Die Führungskräfte sind sich weitgehend darüber einig, was zur Problemfrüherkennung beiträgt und was eher hinderlich ist. Wichtig um die Entstehung von Problemen erkennen und frühzeitig Maßnahmen zur Verhinderung oder Beseitigung ergreifen zu können, sind ihrer Ansicht nach die Teilnahme an Besprechungen, die Kontrolle der Korrespondenz, regelmäßige Baustellenbesuche, um sich ein Bild vor Ort machen zu können, und ein gutes Verhältnis zu den Mitarbeitern. Nur wenn die Mitarbeiter ihre Vorgesetzten über Problembereiche wahrheitsgemäß informieren, kann gewährleistet werden, daß im Bedarfsfall frühzeitig eingegriffen werden kann. Trotz ihrer großen Bedeutung weist die interne Kommunikation Schwächen auf. Diese ist auch deshalb so wichtig, weil die Bauleiter nicht die zur neutralen Problembeurteilung notwendige Distanz zum Baugeschehen haben können.

Ziel der Führungskräfte gegenüber Kunden ist, frühzeitig das Vertrauen zu gewinnen und als ständiger Ansprechpartner gesehen zu werden.

Regelmäßiger Kontakt zwischen ihnen und den Führungskräften, Engagement und das Bemühen um Informationen sind für Kunden die Voraussetzung einer Problemfrüherkennung durch ihre Vertragspartner.

Abbildung 35: Problemfrüherkennung

Gruppe 2	Gruppe A	Gruppe B	Gruppe 1
positiv			
Ansprechpartner sein	regelmäßige Information	regelmäßiger Kontakt	frühzeitige Vertrauensgewinnung
Teilnahme an Besprechungen	Teilnahme an Besprechungen	Engagement	Teilnahme an Besprechungen
gutes Verhältnis zu Mitarbeitern			gutes Verhältnis zu Mitarbeitern
Kontrolle der Korrespondenz			Kontrolle der Korrespondenz
Baustellenbesuche			Baustellenbesuche
negativ			
geringe interne Kommunikation	geringes Interesse	geringe interne Kommunikation	geringe interne Kommunikation
		mangelndes Engagement	
		mangelnder Respekt	

Negativ wirkt sich geringes Interesse und vor allem mangelnder Respekt vor den Anliegen der Kunden aus. Kunden haben vereinzelt das Gefühl, nicht ernst genommen zu werden.

6.17 Beschwerden

Überwiegend von Beschwerden betroffene Bereiche sind die Qualität der Ausführung, die Kosten und die Termineinhaltung. Für Qualitätsmängel werden häufig die Nachunternehmer verantwortlich gemacht und deshalb betreffen Beschwerden auch die Nachunternehmerauswahl.

Weitere betroffene Bereiche sind die Mängelbeseitigung, die vor allen Dingen als zu langwierig angesehen wird, und die Nachtragsstellung (s. Kap. 6.15 „Nachtragsmanagement").

Kritisiert wird zudem die zahlenmäßig zur Koordination und Überwachung nicht ausreichende Personalbesetzung, die teilweise mangelnde Kompetenz der Bauleitung und das nicht zu erkennende Engagement.

Abbildung 36: Beschwerden

Gruppe 2	Gruppe A	Gruppe B	Gruppe 1
Qualität	Qualität	Qualität	Qualität
	Kosten	Kosten	Kosten
Termineinhaltung	Termineinhaltung	Termineinhaltung	Termineinhaltung
Nachunternehmerauswahl	Nachunternehmerauswahl	Nachunternehmerauswahl	Arbeitsvorbereitung
Personalbesetzung	Personalbesetzung	Personalbesetzung	
	Mängelbeseitigung	Mängelbeseitigung	Mängelbeseitigung
	mangelhafte Planung	mangelndes Engagement	mangelndes Engagement
	unkorrekte Bautagebuchführung	Nachtragsstellung	Nachtragsstellung
	verspätete Schlußrechnung	Leistungsumfang	
	fehlende Nachbetreuung		

Vereinzelt beschweren sich Kunden über Planungsfehler, eine unkorrekte Führung des Bautagebuchs, verspätete Schlußrechnungen und die fehlende Nachbetreuung.

Von befragten Kunden wurden keine Beschwerden über die Arbeitsvorbereitung angegeben, wie von Gruppe 1 vermutet.

Deutlich als Begeisterungsanforderung gekennzeichnet wurde von den Kunden die Erwartung geäußert, daß in Zukunft vor den Abnahmen in Abwesenheit der Bauherrn vom Unternehmen eine interne Vorabnahme zur Aufdeckung von Mängeln durchgeführt wird, die dann folglich bis zur Abnahme des Kunden beseitigt werden könnten.

6.18 Reaktion auf Beschwerden

Eine optimale Reaktion auf eine Beschwerde besteht in einer umgehenden Problemlösung. Sehr positiv wird von Kunden aufgenommen, wenn sie an einer gemeinschaftlichen Lösungssuche beteiligt werden.

Die Mindestvoraussetzung für Zufriedenheit mit der Reaktion auf eine Beschwerde ist das erkennbare Bemühen zur Problembeseitigung. Auf seiten der Führungskräfte ist festgestellt worden, daß eine fehlende Kontrolle, ob der Beschwerdegrund tatsächlich beseitigt wurde, häufig zu nachhaltiger Unzufriedenheit führt.

Äußert unzufrieden sind Kunden, wenn überhaupt keine oder eine zu späte Reaktion auf ihre Beschwerden erfolgt. Negativ wird zudem aufgenommen, wenn der Eindruck entsteht, daß die Gründe für Beschwerden gesammelt, aber nicht beseitigt werden.

Vereinzelt beklagen Kunden, daß sie nicht wissen, an wen sie sich im Fall einer Beschwerde wenden sollen und daß Konflikte mit Dritten, z.B. Projektsteuerern, über die Verantwortlichkeit und Art der Problembeseitigung ausgetragen werden, anstatt gemeinsam über eine Lösung nachzudenken. Ist ein Personalwechsel aufgrund von Beschwerden notwendig, so müssen die schon in Kapitel 6.9 „Kompetenz“ aufgeführten Nachteile in Kauf genommen werden.

Negativ auf die Zufriedenheit der Kunden wirkt sich weiterhin aus, daß die Ansprüche der Kunden an die Reaktion auf ihre Beschwerden, bedingt durch das häufig voneinander abweichende Vertragsverständnis von Kunde und GU (vgl. Kap. 6.15 „Nachtragsmanagement“), nicht erfüllt werden.

Die NL - und GS - Leiter der Gruppe 1 weisen besonders darauf hin, wie wichtig Zuverlässigkeit bei der Problembeseitigung für die Kundenzufriedenheit ist. Die Praxis zeigt, daß es in diesem Punkt häufig zu Versäumnissen kommt.

Abbildung 37: Reaktion auf Beschwerden

Gruppe 2	Gruppe A	Gruppe B	Gruppe 1
positiv			
umgehende Problembeseitigung	umgehende Problembeseitigung	umgehende Problembeseitigung	
gemeinschaftliche Lösungssuche	gemeinschaftliche Lösungssuche	Engagement	
Kontrolle			
negativ			
Übervorteilung des Kunden	fehlende Reaktion	fehlende Reaktion	fehlende Reaktion
	zu langsame Reaktion	zu langsame Reaktion	mangelnde Kontrolle
	Verwaltung anstatt Beseitigung	Personalwechsel	Verwaltung anstatt Beseitigung
	divergierende Anspruchshaltung	fehlende Ansprechpartner	mangelnde Zuverlässigkeit
		Konflikte mit Dritten	

6.19 Angebotspreisbeurteilung

Die Beurteilung der Angebotspreise hängt eindeutig von deren Nachvollziehbarkeit ab. Auf Anfrage werden daher die Preise aufgeschlüsselt, auch wenn die Führungskräfte der Ansicht sind, daß dies mit Nachteilen für sie verbunden ist. Vollkommen aufgeschlüsselte Preise können sie dann in einen Erklärungsnotstand bringen, wenn Kunden Teilleistungen anderswo billiger angeboten bekommen.

Zufriedenheitsfördernd wirkt es sich aus, wenn dem Kunden unaufgefordert detaillierte Preisaufstellungen für zusätzliche Leistungen übergeben oder von vornherein Einheitspreislisten vereinbart werden.

Die NL - und GS - Leiter der Gruppe 1 sind aufgrund ihrer Erfahrungen davon überzeugt, daß sich lediglich dann Zufriedenheit mit den Angebotspreisen erreichen läßt, wenn die Kunden über einen Verlust des GU bei ihrem Bauvorhaben informiert sind. Äußerungen von Kunden, die auf einen erkannten Zusammenhang zwischen Preis und Leistung schließen lassen, widerlegen diese Einschätzung.

Unzufriedenheit wird neben mangelnder Nachvollziehbarkeit auch dadurch hervorgerufen, daß Zuschläge für besonders kurzfristige Änderungen erhoben werden und aufgrund der individuellen Leistungserstellung Vergleichsmöglichkeiten fehlen. Nach Einschätzung der Führungskräfte verliert sich im Bauablauf die scheinbare Transparenz, die durch den Wettbewerb in einem Ausschreibungsverfahren geschaffen wurde (vgl. Kap. 3.1.2 „Investitionsentscheidungsprozeß"). Die Folge ist eine ständig spürbare Unsicherheit der Kunden über die Höhe des vereinbarten Preises. Unterstützt wird diese Unsicherheit durch den schlechten Ruf der Bauindustrie hinsichtlich Seriosität.

Abbildung 38: Angebotspreisbeurteilung

Gruppe 2	**Gruppe A**	**Gruppe B**	**Gruppe 1**
positiv			
Aufschlüsselung auf Anforderung	Aufschlüsselung auf Anforderung	Aufschlüsselung auf Anforderung	Aufschlüsselung auf Anforderung
Einheitspreislisten	Nachvollziehbarkeit	unaufgeforderte Preisaufstellungen	Verlust des GU
negativ			
mangelnde Nachvollziehbarkeit		mangelnde Nachvollziehbarkeit	mangelnde Nachvollziehbarkeit
			Zuschlag für kurzfr. Änderungen
			fehlende Vgls.-möglichkeiten

6.20 Vergabekriterien

Über Kriterien, die eine Vergabe beeinflussen, herrscht weitestgehend Übereinstimmung. Entscheidend ist der Preis, jedoch auch andere Kriterien, wie die Bonität des Unternehmens, Zuverlässigkeit und Leistungsfähigkeit sind bedeutsam. Eigene Erfahrungen der Kunden aus einer Zusammenarbeit oder die Erfahrungen Dritter üben starken Einfluß aus. Ebenso das Image des potentiell zu beauftragenden Unternehmens, wobei die Kunden besonderen Wert auf ein allgemein anerkannt hohes Qualitätsniveau legen.

Sympathie oder Antipathie, wie von den Führungskräften vermutet, scheint laut der Aussagen der Kunden nicht von entscheidender Bedeutung zu sein.

Wichtig ist hingegen die Möglichkeit, Gegengeschäfte tätigen zu können und bei einer erneuten Zusammenarbeit die Betreuung durch das schon bekannte Projektteam. Ebenso kann das offensichtliche Bemühen um einen Auftrag ausschlaggebend wirken.

Nur von den Kunden wird die Bedeutung des Vertrags und insbesondere der Vertragsstrafen übereinstimmend hervorgehoben. Vereinzelt in die Überlegungen einbezogen werden Sondervorschläge, das Nachunternehmergeschäft, Referenzobjekte, die örtliche Nähe der betreuenden operativen Einheit zum Objekt und das Bestehen eines Notdienstes.

Abbildung 39: Vergabekriterien

Gruppe 2	Gruppe A	Gruppe B	Gruppe 1
Preis	Preis	Preis	Preis
Bonität	Bonität	Bonität	Bonität
Zuverlässigkeit	Zuverlässigkeit	Zuverlässigkeit	Zuverlässigkeit
Erfahrungen	Erfahrungen	Erfahrungen	Erfahrungen
Leistungsfähigkeit	Leistungsfähigkeit	Leistungsfähigkeit	integrierte Betreuung
Image	Image	Image	
Sympathie	Sondervorschläge	Zahlungsbedingungen	Sympathie
Fertigstellungstermin	Gegengeschäfte	Fertigstellungstermin	Gegengeschäfte
Durchdringung des Projekts	Vertragswesen	Vertragswesen	
	örtliche Nähe	Projektteam	Projektteam
	Nachunternehmergeschäft	Akquisitionsbemühungen	Akquisitionsbemühungen
	Referenzobjekte	Notdienst	

Die Führungskräfte sind darüber hinaus der Ansicht, daß eine integrierte Betreuung, d.h. eine Berücksichtigung der Kunden der Auftraggeber und die vollkommene Durchdringung eines Projekts, vor allen Dingen das Erkennen von potentiellen Problemfeldern, entscheidenden Einfluß auf eine Vergabe ausüben können.

6.21 Präsentationen

Präsentationen im eigentlichen Sinne finden nur selten statt. Die Führungskräfte sehen dringenden Handlungsbedarf, um das Unternehmen professioneller vorzustellen.

Videos, Bücher und Broschüren, die an Kunden übergeben werden, finden selten Interesse. Lediglich farbige Termin- und Baustelleneinrichtungspläne, sowie Darstellungen der Organisationsstruktur inklusive der namentlichen Nennung der Verantwortlichen beeindrucken. Zum einen wird dadurch eines der wichtigsten Vergabekriterien, der Fertigstellungstermin, visuell ansprechend präsentiert und zum anderen die Ansprechpartner im Fall von Problemen vorgestellt.

Unterschiedliche Auffassungen gibt es in allen Gruppen darüber, ob der verantwortliche Bauleiter persönlich vorgestellt werden sollte. Die überwiegende Anzahl der Kunden hält dies nicht für erforderlich. Die Führungskräfte sehen den Vorteil, daß der Bauleiter auf diese Weise den „Geist des Vertrages" vermittelt bekommt.

Allgemeine Angaben über die operativen Einheiten finden wenig Interesse, da sich die Kunden vor der ersten Kontaktaufnahme über ihre potentiellen Geschäftspartner informiert haben und ein allgemein hoher Bekanntheitsgrad des untersuchten Unternehmens vorhanden ist.

Die NL - und GS - Leiter sind geteilter Meinung über die Wirkung von Referenzobjekten. Da diese von den Kunden bezüglich Fragen nach ihren Anforderungen an erste Präsentationen nicht genannt wurden, scheinen sie nur eine untergeordnete Rolle zu spielen. Beeindruckt sind die Kunden hingegen von Großprojekten und davon, daß eine operative Einheit des Unternehmens die Marktführerschaft erlangt hat.

Sehr positiv werden zudem Alternativvorschläge aufgenommen, die zu Kosteneinsparungen der Kunden führen.

Verbesserungspotential bei Präsentationen sehen die Führungskräfte darin, schneller bei Änderungswünschen die Mehr- und Minderkosten angeben, den beauftragten Planern die Kundenwünsche besser vermitteln und Bemusterungen bei Bedarf schon vor der Auftragsvergabe anbieten zu können.

6.22 Informationsbedürfnis beim ersten Kontakt

Das Informationsbedürfnis der Kunden beim ersten Zusammentreffen mit Mitarbeitern des Unternehmens orientiert sich sehr stark an ihren eigenen Vergabekriterien (vgl. Kap. 6.20 „Vergabekriterien"). Kunden erwarten Informationen über den finanziellen Zustand des Unternehmens, sichern sich selbst aber zusätzlich häufig durch Bankauskünfte ab. Kennzahlen, z.B. über das Verhältnis von Umsatz und Mitarbeitern oder den Anteil von gewerblich Beschäftigten, werden erfragt.

Sicherheit, daß das Unternehmen in der Lage ist, ihre Anforderungen umzusetzen, wollen die Kunden durch Auskünfte zur Leistungsfähigkeit und insbesondere zum Leistungsumfang erlangen.

Abbildung 40: Informationsbedürfnis

Gruppe 2	Gruppe A	Gruppe B	Gruppe 1
Bonität	Bonität	Bonität	Bonität
Kennzahlen	Kennzahlen	Kennzahlen	Kennzahlen
Organisationsstruktur	Organisationsstruktur	Problembewußtsein	Organisationsstruktur
	Leistungsfähigkeit	Leistungsfähigkeit	Leistungsfähigkeit
Persönlichkeit des Ansprechpartners	Rechtsform	Persönlichkeit des Ansprechpartners	Finanzierungsleistungen
	Referenzobjekte	Referenzobjekte	Referenzobjekte
	Verantwortlichkeiten	Qualitätsmanagement	
	Firmenphilosophie		
	Nachunternehmermanagement		

Die Organisationsstruktur und die Nennung von Referenzobjekten werden ebenso erfragt, wie vereinzelt die Rechtsform, die Firmenphilosophie und die Verantwortlichkeiten im Unternehmen. Von Bedeutung für

Kunden ist die Nachunternehmerauswahl nur dann, wenn sie Interesse an der Beauftragung spezieller Firmen haben.

Vereinzelt werden außerdem Auskünfte zur Qualitätssicherung und im Bedarfsfall zu Möglichkeiten der Unterstützung bei der Finanzierung gewünscht. Wenn auch nur explizit von der Gruppe B genannt, so ist es für die Kunden äußerst wichtig, ob die Führungskräfte Problembewußtsein zeigen.

6.23 Kontakthäufigkeit

Vor der Auftragsvergabe treten Kunden mit den Führungskräften in der Regel bis zu sechs Mal in Kontakt. Teilweise kommt es zu gar keinem Kontakt, da die Kunden, insbesondere öffentliche Auftraggeber, ihre Objektivität wahren wollen, in extremen Fällen wird über mehrere Jahre mit bei bis zu 50 Treffen akquiriert.

Von der Art der Baustelle und den Erwartungen der Kunden ist die Kontakthäufigkeit während der Bauzeit abhängig. Insbesondere bei Bauvorhaben, bei denen dem Unternehmen das Verhältnis zum Bauherrn wichtig ist oder auch wenn dieses als sehr problematisch eingestuft wird, werden wöchentliche Treffen anberaumt. Die Regel sind vierteljährliche Kontakte, Ausnahmefälle sind ausschließliche Treffen zu offiziellen Anlässen. Selbst bei Zufriedenheit der Kunden empfinden dies die meisten als zu selten. Verärgert reagieren Kunden, wenn Führungskräfte ihrer Ansicht nach die Baustelle bewußt nur dann besuchen, wenn sie selbst nicht vor Ort sind.

Eine konsequente Nachbetreuung gibt es nicht. Vereinzelt findet zwei bis drei Monate nach der Abnahme nochmals ein Gespräch statt. Die Führungskräfte sind geteilter Meinung darüber, ob die Kunden eine Nachbetreuung wünschen oder nicht. Der größte Teil der Kunden ist daran interessiert, insbesondere dann, wenn eine erneute Zusammenarbeit angestrebt wird. In diesen Fällen sollte vierteljährlicher Kontakt gehalten werden.

Angeregt wird von seiten der NL - und GS - Leiter ca. 14 Tage vor Ablauf der Gewährleistungsfrist nochmals den Kontakt zum Kunden zu suchen.

6.24 Erneute Zusammenarbeit

Grundvoraussetzung für eine erneute Zusammenarbeit ist nach Ansicht der Führungskräfte die problemlose Abwicklung des letzten gemeinsamen Bauvorhabens. Die Kunden nennen diesen Punkt nicht und aus ihren Äußerungen läßt sich schließen, daß sie auch aufgrund mangelnder Alternativen keine solche Grundbedingung an eine erneute Zusammenarbeit stellen.

Wichtige Punkte, die Kunden hinsichtlich einer erneuten Zusammenarbeit positiv beeinflussen, sind eine partnerschaftliche Zusammenarbeit und Zuverlässigkeit. Ist die Zusammenarbeit bei einem schon abgewikkelten Projekt zufriedenstellend für die Kunden gewesen, so ist es häufig für sie äußerst wichtig, wieder mit dem gleichen Projektteam zusammenzuarbeiten. Vereinzelt werden im Hinblick auf eine erneute Zusammenarbeit auch ein gutes Preis-/Leistungsverhältnis, die Möglichkeit von Gegengeschäften und Kompromißbereitschaft seitens des Unternehmens hervorgehoben.

Die Chancen auf eine erneute Zusammenarbeit werden durch schlechte Erfahrungen in der Vergangenheit gemindert. Beispielsweise wird vereinzelt bemängelt, daß selten ortsansässige Nachunternehmer beauftragt werden. Zu Unzufriedenheit führt ebenso, wenn Kunden von Nachunternehmern gebeten werden, ihren Vertragspartner darauf anzusprechen, die Schlußrechnung zu begleichen. Dies sehen die Kunden nicht als ihre Aufgabe an.

Kunden scheuen zudem vor einer erneuten Zusammenarbeit zurück, wenn sie die Erfahrung gemacht haben, daß ihre Ratschläge nicht berücksichtigt werden, daß das Unternehmen versucht, den gewünschten Mindeststandard abzusenken oder allgemein die Befürchtung besteht, die gleichen Konflikte wie bei der letzten Zusammenarbeit könnten wieder auftreten.

Abbildung 41: Erneute Zusammenarbeit

Gruppe 2	Gruppe A	Gruppe B	Gruppe 1
positiv			
problemlose Projektabwicklung	partnerschaftliche Zusammenarbeit	partnerschaftliche Zusammenarbeit	problemlose Projektabwicklung
	Zuverlässigkeit		Zuverlässigkeit
	gutes Preis-/Leistungsverhältnis		Gegengeschäfte
			Kompromißbereitschaft
negativ			
	Nachunternehmerauswahl	erneute Konflikte	
	Verwaltungsapparat	mangelndes Interesse	
		Absenkung des Mindeststandards	
		Vermittlungstätigkeit	
		keine Kundenorientierung	

6.25 Weiterempfehlung

Wenn Kunden das Unternehmen weiterempfehlen, so sind die Gründe hierfür Zuverlässigkeit, sowie eine partnerschaftliche und konstruktive Zusammenarbeit. Vorschläge zur Kostensenkung werden ebenso positiv bewertet wie flexibles Handeln, die Unterstützung der Architekten, die Lösung von Nachbarschaftsproblemen und die Unterstützung bei offiziellen Anlässen.

Weitere Gründe für eine Empfehlung sieht man ebenso in der finanziellen Sicherheit, die das Unternehmen bietet sowie in der Leistungsfähigkeit. Vereinzelt wird zusätzlich eine schnelle Mängelbeseitigung, Engagement in der Zusammenarbeit, eine problemlose Projektabwicklung und das seriöse Image des Unternehmens genannt.

Von einer Weiterempfehlung sehen Kunden ab, wenn bei ihrem Projekt offensichtliche Baumängel aufgetreten sind, die Mängelbeseitigung problematisch war oder aufgrund mangelnder Detaillierung nur schwer nachvollziehbare Rechnungen gestellt wurden. Negativ wirkt sich zudem aus, wenn die Sorgen, Nöte und auch Anregungen der Kunden nicht ernst genommen werden oder die Kunden gar als Problemverursacher vom Unternehmen angesehen werden.

Zumindest negativ würden bei einer eventuellen Weiterempfehlung Nachlässigkeiten bei Abnahmen angemerkt, z.B. die fehlende Reinigung von Jalousiekästen und eine hinsichtlich der erbrachten Qualität schlechte Nachunternehmerauswahl.

Insgesamt bleibt festzustellen, daß bei einer Weiterempfehlung positive Eigenschaften vom Großteil der Kunden nur mit der sie betreuenden operativen Einheit oder dem Projektteam in Verbindung gebracht werden, nicht jedoch mit anderen Einheiten oder dem gesamten Konzern.

Abbildung 42: Weiterempfehlung

Gruppe 2	**Gruppe A**	**Gruppe B**	**Gruppe 1**
positiv			
Zuverlässigkeit	Zuverlässigkeit	Zuverlässigkeit	Zuverlässigkeit
partnerschaftliche Zusammenarbeit	partnerschaftliche Zusammenarbeit	partnerschaftliche Zusammenarbeit	problemlose Projektabwicklung
Sicherheit	Sicherheit	Sicherheit	Image
Leistungsfähigkeit	Leistungsfähigkeit	Leistungsfähigkeit	
konstruktive Zusammenarbeit	konstruktive Zusammenarbeit		
Mängel-beseitigung	Engagement		
negativ			
	offensichtliche Baumängel	mangelndes Interesse	
	Mängel-beseitigung	Kunde als Problemverursacher	
	unverständliche Abrechnungen	mangelnde Sorgfalt b. d. Abnahme	
		Nachunternehmer-auswahl	

7. Übergreifende Bedürfnisanalyse

In Anlehnung an das Kano-Modell (vgl. Kap. 4.1.2 „Modelle der Kundenzufriedenheit") können unter Berücksichtigung aller qualitativ erhobenen Daten Anforderungen ermittelt werden, deren Erfüllung oder Nicht-Erfüllung die Kundenzufriedenheit in unterschiedlichem Maße beeinflußt (s. Abb. 43, S. 120).

Die Zuordnung der Bedürfnisse zu den Basis-, Leistungs- oder Begeisterungsanforderungen wird durch den Kontext bestimmt, in dem die Äußerungen gefallen sind (vgl. im Materialband insbesondere das Kapitel 6.5 „Bearbeitung und Extraktion der Fundstellen" *der Allgemeinen Kundenbefragung*, in dem die Aussagen der Befragten wörtlich wiedergegeben werden). Bei der Auswertung werden latente Sinnstrukturen, Anmerkungen sowie das bewußte Ein- und Ausblenden bestimmter Themenbereiche berücksichtigt. Hinterhuber, Handlbauer und Matzler (1997, S. 32) weisen in diesem Zusammenhang darauf hin, daß es nicht ausreicht, lediglich die Wichtigkeit einzelner Bedürfnisse zu erfragen, um zuverlässige Ergebnisse zu erhalten, denn die Wichtigkeit der Befriedigung einzelner Bedürfnisse wird von den Kunden häufig erst realistisch eingeschätzt, wenn das Bedürfnis nicht mehr befriedigt wird.

Im Hinblick auf die Erhaltung und Steigerung der Kundenzufriedenheit kann das strategische Potential eines Unternehmens durch die Einteilung der Bedürfnisse nach Basis-, Leistungs- und Begeisterungsanforderungen verdeutlicht werden. Die Erfüllung von Basisanforderungen ermöglicht dem Unternehmen zwar eine grundlegende Unzufriedenheit und damit den sicheren Verlust des Kunden und ausschließlich negative Äußerungen über das Unternehmen zu vermeiden, bei einer erneuten Zusammenarbeit wirkt sich die Erfüllung dieser Anforderungen aber auch nicht positiv auf den Entscheidungsprozeß des Kunden aus. Die Erfüllung von Begeisterungsanforderungen hingegen sichert Wettbewerbsvorteile.

Einem marktorientierten Unternehmen bietet die Zuordnung der Bedürfnisse zu den drei Anforderungsarten die Möglichkeit, die Auswirkungen von Veränderungen in einzelnen Teilbereichen auf die Kundenzufriedenheit einschätzen sowie Kernkompetenzen und im Fall von unternehmensinternen Kernkompetenzen komparative Konkurrenzvorteile erkennen zu können.[52]

[52] Hinterhuber, Handlbauer und Matzler (1997, S. 37) verstehen unter Kernkompetenzen alle „Fertigkeiten, Fähigkeiten und Technologien, die als Grundlage der Schaffung von Kundenzufriedenheit das strategische Potential des Unternehmens darstellen".

Abbildung 43: Anforderungen an SFB-Unternehmen

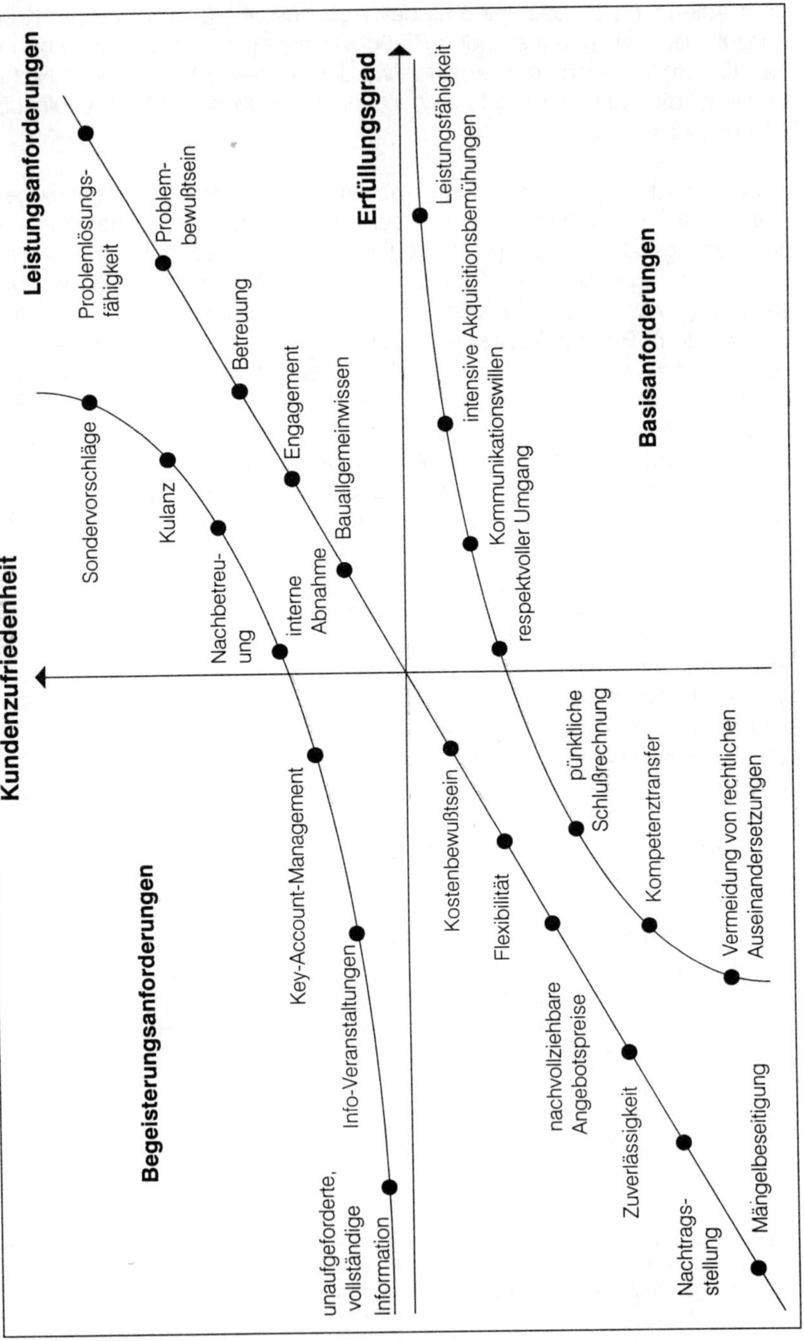

Zusammenfassung

Eine detaillierte Analyse der qualitativ erhobenen Daten ermöglichte, Indikatoren der Kategorien zu bestimmen. Den Kategorien zugehörig, in denen eine sinnvolle Unterscheidung möglich war, wurden sowohl die Kundenzufriedenheit positiv wie negativ beeinflussende Indikatoren dargestellt.

Die Vorteile der qualitativen Inhaltsanalyse nutzend (vgl. Kap. 4.4 „Methodendiskussion"), wurden unter Einbeziehung aller qualitativ erhobenen Kundendaten Basis-, Leistungs- und Begeisterungsanforderungen, die an das untersuchte Unternehmen gestellt werden, ermittelt.

Die Analyse der quantitativen und qualitativen Daten bildet somit eine Datengrundlage, aus der sich ein Marketingkonzept entwickeln läßt.

Teil III

Marketingkonzept

8. Entwicklung eines Marketingkonzepts

Die Analyse der quantitativ und qualitativ erhoben Daten zeichnet ein genaues Bild der Bedürfnisstruktur der Kunden. Diese soll die Grundlage zur Entwicklung eines Marketingkonzepts bilden. Ein Marketingkonzept ist ein umfassender gedanklichen Entwurf, „der sich an einer Leitidee beziehungsweise bestimmten Richtgrößen (Zielen) orientiert und grundlegende Handlungsrahmen (Strategien) wie auch die notwendigen operativen Handlungen (Instrumenteneinsatz) in einem schlüssigen Plan (Policy Paper) zusammenfaßt" (Becker, 1993, S. 2).

Zunächst werden daher unter Berücksichtigung des Ansatzes dieser Arbeit Ziele definiert und eine Strategie zur Zielerreichung festgelegt (vgl. Collins/Porras, 1994, S. 111 f.). Den Schwerpunkt dieses Kapitels bildet der Instrumenteneinsatz.

Aufgrund der großen Bedeutung für die Kundenzufriedenheit (vgl. Kap. 5.1 „Mittelwertanalyse der *Allgemeinen Kundenbefragung*") wird detailliert auf das Beschwerdemanagement und das Thema „Bemusterungen" eingegangen. Weiterhin wird die Einführung eines kundenzufriedenheitsabhängigen Anreizsystems vorgeschlagen. Abschließend wird ein System entwickelt, das die Messung und Kontrolle des Grades der Kundenzufriedenheit im Marktsegment des schlüsselfertigen Hochbaus auf einfache und zuverlässige Weise ermöglicht.

8.1 Marketingkonzeption

In der nachfolgenden Marketingkonzeption werden aus der Vielzahl der möglichen Unternehmensziele (vgl. Becker, 1993, S. 13) nur diejenigen einbezogen, die in direktem Zusammenhang mit der Kundenbetreuung stehen. Finanzielle Ziele (Liquidität oder Kreditwürdigkeit) werden beispielsweise nur indirekt durch die Kundenbetreuung beeinflußt. Die Konzeption beschränkt sich auf die Kundenbetreuung oder -orientierung, da die Kundenbetreuung nahezu die einzige Möglichkeit bietet, sich nachhaltig und erfolgreich gegenüber Wettbewerbern auf einem Markt abzugrenzen, auf dem dies über den Preis oder die Qualität kaum möglich ist (vgl. Plinke, 1992, S. 97; Günter/Platzek, 1992, S. 110; Müller/Riesenbeck, 1991, 67 ff.).

Das größte Erfolgspotential hinsichtlich einer Maximierung des Oberziels Gewinn kann folglich einer Strategie[53] zugewiesen werden, die in einer Verbesserung der Kundenbetreuung besteht. Die Umsetzung der Strategie sollte sich an dem Leitgedanken orientieren, eine Leistung anzustreben, die dem Vertragsverständnis der Kunden entspricht und darüber hinaus möglichst die Erwartungen der Kunden in Teilbereichen übertrifft (vgl. Geffroy, 1997, S. 69). Die Umsetzung der Strategie in Handlungsanweisungen erfolgt innerhalb des operativen Planungsprozesses durch die Festlegung des Marketing-Mix.

Abbildung 44: Marketingkonzeption

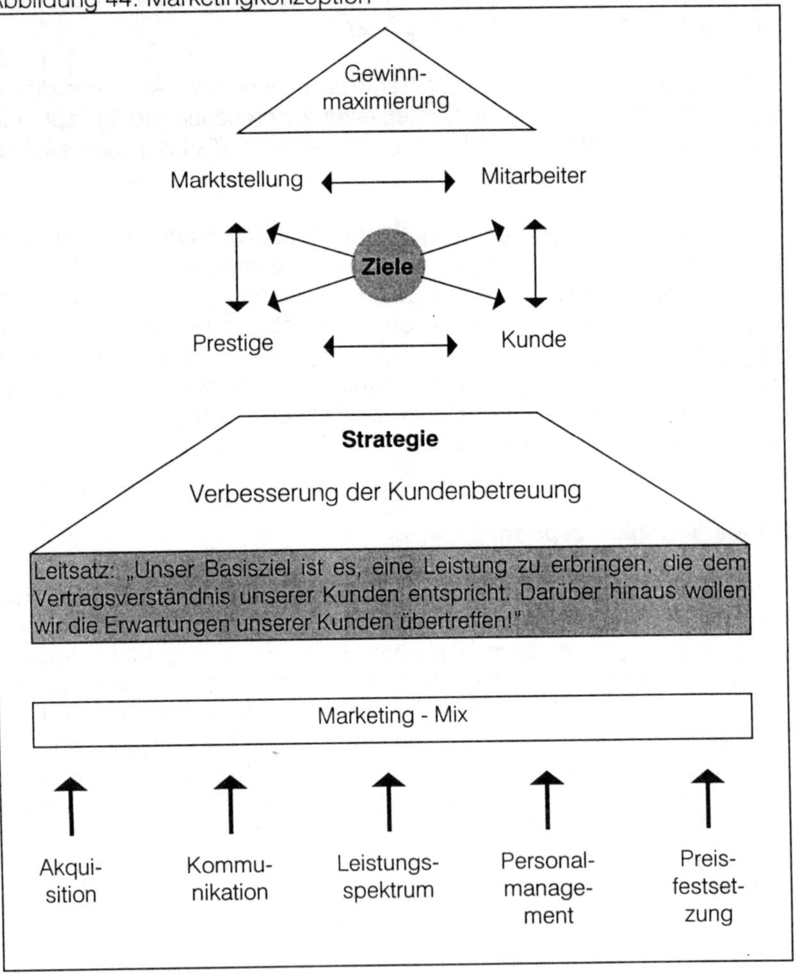

[53] Unter einer Strategie ist „ein bedingter, langfristiger, globaler Verhaltensplan zur Erreichung der Unternehmens- und Marketingziele" zu verstehen (Meffert, 1980, S. 89).

Die Verbesserung der Kundenbetreuung würde indirekt Unterziele beeinflussen. So könnte die Kundenzufriedenheit gesteigert und folglich die Loyalität der Kunden und die Anzahl der Gründe für eine positive Weiterempfehlung erhöht werden. Das Image des Unternehmens würde langfristig positiv beeinflußt und die Arbeitszufriedenheit der Mitarbeiter gesteigert, da sie mit zufriedeneren Kunden zusammenarbeiteten und folglich ein angenehmeres Arbeitsklima herrschte. Zudem bekämen die Mitarbeiter eine positivere Einstellung zu ihrer Tätigkeit, wenn sie das Gefühl hätten, Menschen bei der Problembewältigung zu unterstützen, anstatt ausschließlich den eigenen Vorteil auf Kosten ihrer Vertragspartner zu suchen. Weiterhin könnten durch eine Verbesserung der Kundenbetreuung der Marktanteil und der Umsatz erhöht werden.

8.2 Instrumenteneinsatz

Marketinginstrumente bieten die Möglichkeit, auf Märkte gestaltend einzuwirken, um die angestrebten Ziele zu erreichen (vgl. Meffert, 1998, S. 883). Nachfolgend werden Verbesserungspotentiale der in Kapitel 2.2.1 „Aufgaben des Marketingmanagements" aufgeführten fünf Bereiche des Marketing-Mix der Bauindustrie aufgezeigt:

8.2.1 Kommunikation

Die Ausgangssituation ist wie o.a. durch einen Markt gekennzeichnet, auf dem Güter und Dienstleistungen weitgehend austauschbar sind und eine Differenzierung über den Preis oder die Qualität nahezu unmöglich ist. Das geeignete Mittel, eine unverwechselbare Position am Markt einzunehmen, wird laut der Strategie in einer Verbesserung der Kundenbetreuung gesehen. Bei allen Kommunikationsmaßnahmen sollte folglich die Kundenorientierung in den Vordergrund gestellt werden. Ein Baukonzern muß daher folgende Kompetenzen durch den Einsatz verschiedener Kommunikationsinstrumente primär verdeutlichen:

- Problemlösungsfähigkeit
- Zuverlässigkeit
- partnerschaftliche Zusammenarbeit

Die Kommunikation sollte sowohl regional als auch überregional, sowie persönlich als auch unpersönlich und zudem integriert erfolgen (vgl. Szallies, 1992, S. 79; Pepels, 1992a, S. 54; Geisbüsch, 1977, S. 26). Langfristig erfolgreich kann Kommunikation nur dann sein, wenn der vermittelte Anspruch mit der Realität übereinstimmt.

Überregional sollte mittels klassischer Massenmedien und Sponsoringmaßnahmen der Öffentlichkeit ein glaubwürdiges Image vermittelt werden. Die Übernahme von gesellschaftlicher und sozialer Verantwortung könnte neben eindeutigen Stellungnahmen gegen Schwarzarbeit, Lohndumping und Absprachen dazu beitragen, das negative Image des gesamten Industriezweigs zu überwinden. Da den Kunden nahezu ausschließlich die Bauleistung bekannt ist, sollten Dienstleistungen in der Werbung deutlicher berücksichtigt werden als bisher und der Nutzen der zusätzlich angebotenen Leistungen verdeutlicht werden. Weiterhin muß eine klar definierte und für die Kunden transparente Leistungsabgrenzung vorgenommen werden, um den Leistungsumfang zu verdeutlichen.

Die Ergebnisse der Studie belegen, daß aufgrund der Werbung mit Großprojekten viele Kunden fälschlicherweise der Ansicht sind, ihr „kleines" Projekt finde kein Interesse bei einem Konzern. Außerdem äußern vornehmlich Kunden, deren Projekte relativ kleine Auftragssummen umfassen, bei der Betreuung vernachlässigt worden zu sein. Deshalb ist zu empfehlen, die gesamte Bandbreite des Leistungsspektrums in der Werbung darzustellen, d.h. bewußt auch kleinere Projekte in Anzeigen zu berücksichtigen. Wegen der häufig allein durch ihre Größe und Architektur beeindruckenden Bauten sind Medien zu bevorzugen, die die visuelle Wahrnehmung berücksichtigen. Überregionale Werbung ist auch deshalb so wichtig, weil festzustellen ist, daß positive Eigenschaften nahezu ausschließlich auf die den Kunden betreuenden operativen Einheiten und nicht auf den ganzen Konzern projiziert werden.

Informationsveranstalltungen stellen ein weiteres überregionales Kommunikationsmittel dar. Sie könnten dazu genutzt werden Vorurteile, z.B. bezüglich der Anzahl von gerichtlichen Auseinandersetzungen in der Bauindustrie, abzubauen. Interessierten potentiellen Kunden sollte die Möglichkeit geboten werden, einem Kunden-Club beizutreten, um sowohl an Events (z.B. Großbaustellenbesichtigungen) als auch an Informations- und Kommunikationsveranstaltungen teilnehmen zu können (vgl. Butscher, 1996). Die Club-Mitgliedschaft sollte zudem das Anrecht auf Baustellenführungen innerhalb des Konzernbereichs beinhalten.

Einsparungen sollten hinsichtlich Broschüren, Videofilmen, etc. vorgenommen werden, da sich durch die Studie herausgestellt hat, daß sie selten angeschaut werden. Es ist zu empfehlen, diese nur noch nach Bedarf zu überreichen.

Ein Mittel, den direkten, persönlichen Kontakt zum Kunden länger als bisher zu pflegen, wäre die Gewährleistungszeit zu erhöhen (vgl. Slywotzky/Shapiro, 1994, S. 93). Die persönliche Kommunikation auf regionaler Ebene sollte die Vorteile des eigenen Unternehmens gegenüber der Konkurrenz berücksichtigen, allerdings nur zurückhaltend Stärken ansprechen, die den Kunden ohnehin bekannt sind, um nicht überheblich oder übertrieben selbstbewußt zu wirken (vgl. Pepels, 1992b, S. 113).

Wichtig ist auf eine ausreichende Personalbesetzung hinzuweisen, um zu verdeutlichen, daß o.a. Kompetenzen umgesetzt werden können (vgl. Stippel, 1994). Die Kommunikation sollte integriert erfolgen, d.h. der Vorteil einer Zusammenarbeit für die Kunden der Kunden sollte herausgestellt und eine Abstimmung mit bevorzugten Nachunternehmern der Kunden durchgeführt werden (vgl. Hofmeier/Leutbecher, 1996).

Es wäre zu empfehlen, im Rahmen eines Kundeninformationssystems (KIS) systematisch erhobene Kundendaten und Daten über potentielle Kunden aufzuarbeiten (vgl. Linke, 1980, S. 17 f.). Dabei sollten geographische, soziodemographische, psychograhische und verhaltensorientierte Kriterien berücksichtigt werden (vgl. Meffert, 1998, S. 178 ff.). Der Vorteil läge darin, bei einer erneuten Zusammenarbeit jederzeit auf vorhandene Daten zurückgreifen zu können und somit die Informationskosten erheblich zu senken, Informationasymmetrien zwischen den Mitarbeitern zu verringern, die interne Kommunikation zu fördern und zu erleichtern und derzeitige Bedürfnisstrukturen analysieren und zukünftige prognostizieren zu können. Weiterhin sollten die Ergebnisse von stichprobenweise durchzuführenden Werbewirksamkeitskontrollen im KIS zur Verfügung gestellt werden.

Bemusterungen

Die Ergebnisse der *Schriftlichen NL - und GS - Leiter Befragung* weisen eindeutig auf die besondere Bedeutung von Bemusterungen für die Zufriedenheit der Kunden hin.

Bemusterungen werden durchgeführt, um die in Pauschalverträgen verwendeten undifferenzierten Leistungsbeschreibungen näher zu bestimmen oder die beschriebenen Materialien darzustellen. Schon in den Kapiteln 6.6 „Globalzufriedenheit" und 6.24 „Erneute Zusammenarbeit" wurde die deutliche Kritik der Kunden an der häufig unterschiedlichen Vertragsinterpretation der Geschäftspartner aufgezeigt und als ein zentrales Problem bei Streitigkeiten zwischen den Vertragsparteien erkannt.

Die Ansprüche der Kunden an die Präsentation alternativ zu verwendender Materialien haben sich geändert. Viele Kunden sind nicht mehr damit zufriedenzustellen, beispielsweise Fliesen anhand verschiedener Einzelstücke im Baucontainer auszusuchen. Sie fordern eine Darstellung, durch die sie einen Gesamteindruck vermittelt bekommen.

Um die sich verändernden Ansprüche der Kunden detailliert zu untersuchen, wurde eine eigene Studie durchgeführt.[54] Als Ergebnis der Studie werden im folgenden zwei alternative Lösungswege dargestellt. Der eine zeigt Verbesserungsmöglichkeiten derzeitiger (herkömmlicher) Bemusterungen auf Baustellen auf, wohingegen der zweite zentrale Bemusterungen in einem eigens zu diesem Zweck konzipierten Gebäude, einem Kundeninformationszentrum (KIZ) präferiert.

Tri-Distributions-Modell

Die Auswertung der Daten hat gezeigt, daß nicht davon auszugehen ist, daß bei allen Kunden durch einen größeren Aufwand auch gleichzeitig die Zufriedenheit steigt.[55] Diese Erkenntnis hat um so mehr Aussagekraft, wenn man einzelne Bereiche (Fenster, Fassade, Textilien usw.) betrachtet. An deren Bemusterung stellen Kunden sehr unterschiedliche Erwartungen. Generalisierend kann man zwischen drei Hauptgruppen unterscheiden:

1.) Zur ersten Gruppe sind Experten mit einer langjährigen Berufserfahrung (z.B. Projektentwickler oder Vertreter der staatlichen Bauämter) zu rechnen, die zum größten Teil Bauvorhaben betreuen, für die eine differenzierte Ausschreibung erstellt wurde. Es handelt sich hierbei häufig um Projekte aus dem Industriebau. Die Kunden kennen die ausgeschriebenen Materialien, sind nicht oder wenig an Alternativen interessiert und sich ihrer Entscheidung sicher. Zuallererst erwarten sie eine reibungslose und vor allen Dingen schnelle Bemusterung. Ihnen genügen für ihre Auswahl Kataloge oder Datenblätter. Sie empfinden alternative Griff- oder insbesondere Großmuster zu den von ihnen vorgeschlagenen Materialien als unnötigen zeitlichen und finanziellen Aufwand, der sie in ihrer Entscheidungsfindung nicht unterstützt. Diese Gruppe erwartet von einer Bemusterung höchstens technische Auskünfte (Bsp.: bauphysikalische Eigenschaften) und die Darstellung der im Vertrag festgehaltenen Materialien. Ungefähr 20% der Kunden gehören zu dieser Gruppe.[56]

2.) Die Mitglieder der zweiten und vom Anteil her größten Gruppe (~66%) betreuen Bauvorhaben, die größtenteils funktional ausgeschrieben wurden. Sie sind sehr an Sonder- oder Alternativvorschlägen interessiert. Handelt es sich nicht um Architekten oder Ingenieure, so haben die Kunden nur eine geringe Vorstellung von den Materialien und erwarten in

[54] Die Ergebnisse der Studie sind im Materialband nachzulesen.

[55] Vgl. insbesondere im Materialband zu Bemusterungen Abschnitt 6.3.13 „Einschätzung, welche Materialien bemustert werden sollen“ und Abschnitt 6.3.15 „Großmuster“.

[56] Anmerkung: Typische Vertreter dieser Gruppe sind die Befragten II, IX, XV und XXI (vgl. Materialband).

erster Linie von einer Bemusterung, einen Gesamteindruck vermittelt zu bekommen. Sie haben größtenteils Schwierigkeiten, sich die flächenhafte Darstellung auf Plänen räumlich vorzustellen. Für diese Kunden ist es charakterisierend, daß sie noch keine endgültige Entscheidung vor der Bemusterung getroffen haben. Sie bewegen sich häufig in einem Spannungsfeld zwischen Architekten und GU, das noch durch Projektsteuerer und Nutzer erweitert werden kann. Diese Kunden können in ihrer Entscheidungsfindung durch anspruchsvolle Bemusterungen entscheidend unterstützt werden und empfinden diese sehr positiv.[57]

3.) Die dritte Gruppe zeichnet sich durch äußerst hohe Ansprüche an Bemusterungen aus. Im Gegensatz zur letztgenannten Gruppe wird erwartet, daß alle Materialien durch Großmuster bemustert und komplette Musterräume mit Vorräumen errichtet werden. Es handelt sich hierbei um Großkunden, die teilweise wiederholt beauftragen und deren Projekte durch besonders hohe Bausummen auffallen. Ihre Ansprüche sind nur

durch sehr aufwendige Bemusterungen zu erfüllen. Dieser Gruppe sind ca. 14% der Kunden zuzurechnen.[58]

Das Tri-Distributions-Modell (s. Abb. 45, S. 130) verdeutlicht diesen Zusammenhang. Bei ca. 20% der Kunden kann durch einen geringen Aufwand eine hohe Kundenzufriedenheit erreicht werden. Für 66% der Kunden gilt dies bei einem mittleren Aufwand und für ca. 14% ist ein sehr hoher Aufwand erforderlich. Die Grafik zeigt eine Wellen- anstatt einer Kastenform, da sich herausgestellt hat, daß es sehr schwer ist, den genauen Punkt (Aufwand) zu treffen, mit dem die höchste Kundenzufriedenheit erreicht werden kann. Die Ergebnisse der Befragung sprechen dafür, daß Unzufriedenheit abhängig von individuellen Faktoren sowohl durch zuviel als auch zu wenig Aufwand bei der Bemusterung hervorgerufen werden kann.

Die Wellentäler verdeutlichen, daß es keinen kontinuierlichen Übergang zwischen den Erwartungen und Ansprüchen der Kunden gibt, wodurch sich verschiedenen Gruppen herauskristallisieren.

[57] Anmerkung: Typische Vertreter dieser Gruppe sind die Befragten XII, XVI und XX (vgl. Materialband).

[58] Anmerkung: Typische Vertreter dieser Gruppe sind die Befragten XIII, XIV und XVII (vgl. Materialband).

Abbildung 45: Tri-Distributions-Modell

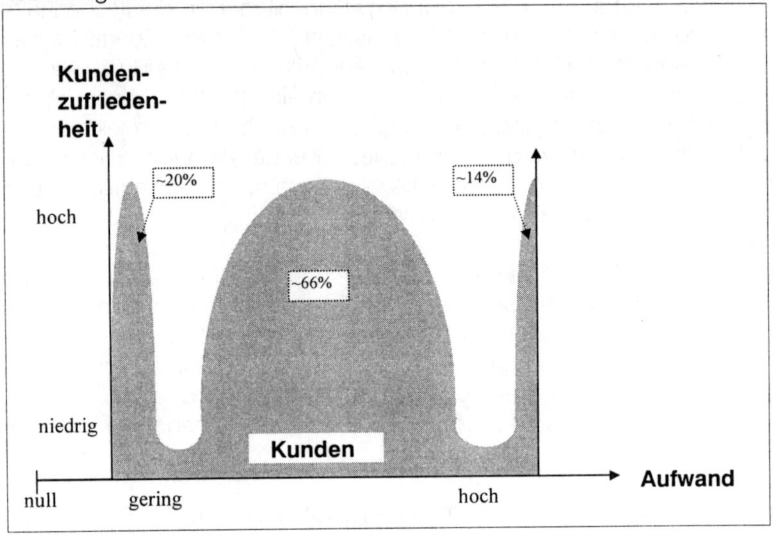

Klassifizierung

Anhand des Tri-Distributionsmodells kann veranschaulicht werden, daß eine Baufirma mit einem einheitlichen Bemusterungsstandard nicht in der Lage ist, alle Kunden bestmöglich zufriedenzustellen. Für die drei unterschiedlichen Gruppen müssen individuelle Lösungen gefunden werden, damit die Kunden nicht unzufrieden sind, weil sie entweder den Aufwand für übertrieben halten und damit für zu zeit- und kostenintensiv oder für zu gering, um einen Gesamteindruck vermittelt zu bekommen und in ihrer Entscheidungsfindung unterstützt zu werden.

Deshalb sollte möglichst schon vor dem Vertragsabschluß durch gezielte Fragen herausgefunden werden, welcher Gruppe die Kunden zuzuordnen sind. Dies liegt sowohl im Interesse der Kunden als auch der ausführenden Firma, da Planungs- und Kostensicherheit entstehen würde. Durch eine genaue Kenntnis der Ansprüche des Kunden könnten diese exakter erfüllt, die Kundenzufriedenheit gesteigert und für beide Vertragsparteien der Weg zu einer partnerschaftlichen Zusammenarbeit geebnet werden, in der gemeinsam nach den besten Lösungen gesucht werden kann.

Die Erwartungen der Kunden könnten unterstützend durch einen kurzen Fragebogen ermittelt werden (s. Abb. 46, S. 131).

Abbildung 46: Klassifizierungshilfe

1) Für welche Materialien ist eine Bemusterung Ihrer Meinung nach
- unbedingt notwendig, (3)
- vorteilhaft oder (2)
- nicht notwendig? (1)

Fenster, Fassade	Punkte:
Dach	Punkte:
Wand- und Bodenbeläge	Punkte:
Anstriche	Punkte:
abgehängte Decken	Punkte:
Beschläge	Punkte:
Sanitärobjekte	Punkte:
sichtbare TGA	Punkte: ______
	Σ

2) Für welche dieser Materialien wäre Ihrer Meinung nach ein Großmuster
- unbedingt notwendig, (3)
- vorteilhaft oder (2)
- nicht notwendig? (1)

Fenster, Fassade	Punkte:
Dach	Punkte:
Wand- und Bodenbeläge	Punkte:
Anstriche	Punkte:
abgehängte Decken	Punkte:
Putze	Punkte:
Textilien (Böden, Tapeten)	Punkte:
Möbel	Punkte: ______
	Σ

Gruppe 1: $\exists \Sigma \leq$ **15 Punkte**

Gruppe 2: $\exists \Sigma \geq$ **15 Punkte** $\wedge \Sigma(1) <$ **24 Punkte** $\wedge \Sigma(2) \leq$ **19 Punkte**

Gruppe 3: $\Sigma(1) =$ **24 Punkte** $\wedge \Sigma(2) \geq$ **19 Punkte**

Die Ergebnisse dieses Fragebogens müssen durch die Eindrücke im Gespräch ergänzt und daraufhin der Umfang bestimmt werden, in dem bemustert wird.

Bemusterungsablauf

Je nach dem Bedürfnis des Kunden sollte eine Vorauswahl anhand von Katalogen, Videofilmen, Computeranimationen, Griffmustern, Farbtabellen oder Vergleichsobjekten zu einem sehr frühen Zeitpunkt vorgenommen werden. Dies kann schon in der Akquisitionsphase sein, sollte aber nicht später als zu Beginn des Rohbaus erfolgen.

Eine frühzeitige Vorauswahl wird von Kunden positiv beurteilt und bietet der Baufirma die Möglichkeit, sich länger am Markt nach einem geeigneten Anbieter umzuschauen.

Auf ein möglichst vollständiges Angebot der gängigen Produkte und die Berücksichtigung von Sonderwünschen sollte geachtet werden. Um dies gewährleisten zu können, ist eine Umkehrung der häufig anzutreffenden Praxis erforderlich. Es sollte nicht zuerst der Nachunternehmer, sondern das Produkt feststehen. Der Kunde muß die freie Wahl haben und darf nicht durch das Produktangebot eines Nachunternehmers eingeschränkt werden. Eine eingeschränkte Wahlmöglichkeit wird vom Kunden mit Manipulation gleichgesetzt und dadurch negativ erlebt.

Der Kunde müßte während der Vorauswahl beratend unterstützt werden, indem ihm zu jedem vorgeschlagenen Produkt Vor- und Nachteile genannt werden. Dazu ist eine kritische Auseinandersetzung mit den Vorschlägen der Architekten erforderlich. Die Vorauswahl könnte dem Kunden erleichtert werden, indem durch ein Scoring-Verfahren die Produkte vergleichbar gemacht werden. Ein EDV gestütztes System sollte Gesichtspunkte erfassen, die in Abbildung 47 (S. 133) wiedergegeben werden.

Bei Alternativvorschlägen ist insbesondere zu berücksichtigen, daß sie preis- und qualitätsgleich im Verhältnis zu den Vorgaben der Ausschreibung sind. Ansonsten setzt man sich dem Vorwurf aus, ausschließlich am eigenen Nutzen orientiert zu sein. Der Kunde wird daraufhin bewußt oder unbewußt eine Abwehrhaltung einnehmen und neuen Vorschlägen sehr kritisch gegenüberstehen.

Vertraglich sollte festgelegt werden, daß der Kunde sich auf zwei, maximal drei Materialien festlegen muß, die dann bemustert werden. Zum nochmaligen Überdenken seiner Entscheidung sollte der Kunde ca. eine Woche Zeit bekommen. Abbildungen und Beschreibungen der vorausgesuchten Materialien könnten für ihn zusammengestellt und ihm sofort mitgegeben werden. Sollte der Kunde mit den von ihm ausgesuchten zwei bis drei Produkten bei der Bemusterung nicht zufrieden sein, müssen auf Kosten des Kunden Alternativen besorgt werden.

Abbildung 47: Scoring - Tabelle

Nr.:

Material:
Hersteller:

Preis: **DM (Euro)**/(Einheit)

☐	☐	☐	☐	☐	☐
(1) sehr gut	(2) gut	(3) befriedigend	(4) ausreichend	(5) mangelhaft	(6) ungenügend

praktische Funktionalität:

☐	☐	☐	☐	☐	☐
(1)	(2)	(3)	(4)	(5)	(6)

Optik:

☐	☐	☐	☐	☐	☐
(1)	(2)	(3)	(4)	(5)	(6)

Bewirtschaftung: **DM (Euro)**/(Einheit)

☐	☐	☐	☐	☐	☐
(1)	(2)	(3)	(4)	(5)	(6)

Verarbeitbarkeit:

☐	☐	☐	☐	☐	☐
(1)	(2)	(3)	(4)	(5)	(6)

Lebensdauer:

☐	☐	☐	☐	☐	☐
(1)	(2)	(3)	(4)	(5)	(6)

Nachkaufbarkeit:

☐	☐	☐	☐	☐	☐
(1)	(2)	(3)	(4)	(5)	(6)

Eignung für intensive Nutzung:

☐	☐	☐	☐	☐	☐
(1)	(2)	(3)	(4)	(5)	(6)

Scoring - Wert: (Ø = Σ / 8)

Die Vorauswahl kann in einem Bürocontainer stattfinden, aufgrund des gehobenen Ambientes wäre jedoch die entsprechende Niederlassung oder Geschäftsstelle zu empfehlen.

Zum Abschluß der Vorauswahl sollten die Erwartungen der Kunden an die Größe der Muster erfragt werden, wenn dies noch nicht im Rahmen der Klassifizierung erfolgt ist.

Es muß selbstverständlich sein, daß die in der Vorauswahl ausgewählten Materialien zur Bemusterung zur Verfügung stehen. Sollte dies nicht der Fall sein, muß es dem Kunden frühzeitig angezeigt und eventuell die Bemusterung verschoben werden.

In Absprache mit dem Kunden sollte der optimale Zeitpunkt und Teilnehmerkreis festgelegt werden, wobei hier die Regel gilt, daß weniger mehr ist. Den Teilnehmern sollte vor der Bemusterung schriftlich mitgeteilt werden, wer anwesend sein wird, welche Themenbereiche und Produkte bemustert werden und wie ein ungefährer Zeitplan aussieht. Die Produkte könnten mittels eines Datenblattes beschrieben werden, das technische und preisliche Auskünfte enthält.

Die Bemusterung selbst müßte systematisch vorbereitet werden, insbesondere um eine fachlich einwandfreie Beratung zu ermöglichen. Schwierige Fragen sollten vom Bauleiter im Vorfeld geklärt werden, um den Bemusterungsablauf nicht zu verzögern. Es ist davon abzuraten, für alle Bereiche Spezialisten zur Bemusterung zu bestellen. Dies hat mehrere Nachteile: Zum einen vergrößern sie den Teilnehmerkreis und der Kunde hat nicht mehr das Gefühl einer partnerschaftlichen Zusammenarbeit, da er den Bezug zu seinem Gesprächspartner verliert. Andererseits geht der Bauleiter damit auch die Gefahr ein, einen Kompetenzverlust im Erscheinungsbild des Kunden zu erleiden. Spezialisten verlieren sich zudem häufig in technischen Detailschilderungen, die für den Entscheidungsträger nicht relevant sind, ihn eventuell sogar überfordern und für deren Erläuterung ihm die Zeit fehlt.

Für den geordneten Ablauf einer Bemusterung ist die Gliederung nach Themenbereichen absolut notwendig. Nie darf im Innenbereich nur ein Themenbereich bemustert werden, da für den Kunden die Wahrnehmung des architektonischen Grundkonzepts (Leitfaden) wichtig ist.

Wenn möglich, sollten dem Kunden Paketlösungen angeboten werden. Dies erleichtert ihm die Entscheidungsfindung, da nur zwei bis maximal drei verschiedene Gesamteindrücke anstatt vieler einzelner verarbeitet werden müssen. Außerdem ist der Kunde so in der Lage, über die Kosten den Überblick zu behalten.

Sollten dem Kunden Alternativvorschläge unterbreitet werden, müssen die eingesparten oder zusätzlich entstehenden Kosten auf das gesamte Gebäude sofort umgerechnet werden können. Der Einsatz entsprechender Software ist hierfür notwendig.

Als Ort der Bemusterung kommt ein Bürocontainer nicht mehr in Frage. Allenfalls eigene Bemusterungscontainer können die Kundenerwartungen erfüllen. Der Aufbau von Musterräumen ist zwingend erforderlich. Dabei ist auf einen insgesamt ansprechenden Rahmen zu achten, z.B. auf eine saubere Umgebung.

Soweit es technisch möglich ist, sollte ein Musterraum so flexibel aufgebaut werden, daß Änderungen in der Materialzusammenstellung schnell möglich sind.

Die Ergebnisse der Bemusterung sind zu dokumentieren und den Kunden in Kopie zuzustellen.

Nach der Bemusterung sind alle Produkte frei zugänglich für die Vertragsparteien aufzubewahren.

Abschließend ist zu bemerken, daß das Wichtigste bei einer Bemusterung ist, dem Kunden einen Gesamteindruck zu vermitteln. Dabei darf nicht vergessen werden, daß der Kunde häufig Laie ist. Eine erfolgreiche Bemusterung zeichnet sich dadurch aus, daß die Verantwortlichen in der Lage sind, sich in die Vorstellungskraft des Kunden und in seine Sichtweise von Problembereichen hineinzuversetzen. Dieser Gesichtspunkt wird in der heutigen Praxis leider oft vernachlässigt. Der Kunde wird nicht in die Vorbereitung einer Bemusterung miteinbezogen, nicht informiert und nicht nach seinen Ansprüchen befragt.

KIZ

Der Aufbau eines Kundeninformationszentrums böte die Möglichkeit, sich hinsichtlich des Standards bei Bemusterungen und damit in einem wichtigen Bereich der Kundenbetreuung gegenüber den Wettbewerbern eindeutig zu positionieren.

Um dieses zu unterstreichen sollte ein neues, futuristisches Gebäude erstellt werden. Schon der äußere Eindruck einer transparenten Glas/ Stahl Fassade sollte dem Kunden vermitteln, daß er eine in der Bauindustrie einzigartige Betreuung erfahren und (transparente) eindeutige Entscheidungsalternativen erhalten wird, die seine Ansprüche übertreffen.

Die Nutzung einer alten Lagerhalle ist nicht zu empfehlen, da das Ambiente nicht den Charakter vermitteln würde, an etwas vollkommen Neuem teilzuhaben.

Als Investor und Betreiber sollte eine überregionale Einheit, z.B. eine Hauptniederlassung auftreten. Ein Einzugsgebiet von ca. 200 km sollte abgedeckt werden. Als Standortfaktoren sind eine gute Verkehrsanbindung, insbesondere Fern- und Autobahnanschluß und die Nähe zu einer Großstadt und ihrem Unterhaltungsangebot zu beachten. Sollte das KIZ für Großprojekte auch außerhalb eines HN - Gebietes genutzt werden, muß bei einer Standortsuche zusätzlich die Nähe zu einem Flughafen beachtet werden.

Finanziert werden können die Bemusterungen im KIZ einerseits durch die Baustellen. Je nach Aufwand müssen sie die entsprechenden Kosten tragen. Andererseits sollten vorhandene Ausstellungsflächen an die Hersteller vermietet werden, wobei es sicherlich sinnvoll wäre, den Mietzins in Abhängigkeit von der tatsächlichen Verwendung zu staffeln. Hersteller, die häufig von Kunden ausgewählt werden, müßten eine höhere Miete zahlen als die anderen. Dies würde die Grundmiete relativ gering halten und damit die Schwelle für den Einstieg neuer Hersteller senken. Denn es liegt im Interesse des Kunden und des GU, den Wettbewerb unter den Herstellern zu forcieren.

Die Mietverträge sollten sehr kurze Laufzeiten haben, damit für eine ständige Aktualisierung gesorgt werden kann. Die Vergabe der Ausstellungsflächen ist nach der Häufigkeit der ausgewählten Produkte zu richten und nicht danach, mit wem der GU gerne zusammenarbeiten würde. Dies wäre ein wirksames Mittel gegen Korruption, Manipulation der Hersteller und für Kundenorientierung.

Die Bandbreite der Produkte auf dem Markt müßte ständig neu abgefragt und in einem Archiv sollten Bild- und Textmaterial systematisch geordnet werden (vgl. Scoringverfahren).

Die Klassifizierung der Kunden gibt Aufschluß darüber, welche Anforderungen der Kunde an eine Bemusterung stellt. Es müssen nicht immer komplette Musterräume aufgebaut werden. Oft reicht auch schon ein Viertel eines Raums, um einen Gesamteindruck entstehen zu lassen.

Ein Konferenzraum, in dem auch Computeranimationen oder Videofilme gezeigt werden können, sollte eine angenehme Atmosphäre für die Nachbesprechung der Bemusterung vermitteln.

Es ist zu empfehlen, eigenes qualifiziertes Personal für die ständige Betreuung der Produkte, Hersteller und internen Kunden (Baustellen) einzustellen. Dieses könnte auch die Bewertung der einzelnen Produkte vornehmen.

Die Vorauswahl und Bemusterungen sollte der Bauleiter allein durchführen.[59] Vor jeder Vorauswahl und Bemusterung müßte er sich jedoch bei den Mitarbeitern des KIZ über die Produkte informieren. Es sollte immer darauf geachtet werden, den Kreis der Ansprechpartner des Kunden so gering wie möglich zu halten und nicht der Gefahr einer Informationsüberflutung zu unterliegen.

Der Bauleiter müßte auch schon bei der Vorauswahl erfragen, ob der Kunde mit einer Bemusterung im KIZ einverstanden ist. Wie die Befragung gezeigt hat, bestehen einige Kunden auf Bemusterungen am Objekt, insbesondere bei Bemusterungen von Außenbauteilen.

Das KIZ könnte zudem als Akquisitionshilfe dienen und die Leistungsfähigkeit und das Leistungsspektrum eines modernen Baukonzerns repräsentieren. Architekten sollten ihre Kunden in dieses Zentrum führen dürfen, ungeachtet ob sie mit dem Bauunternehmen zusammenarbeiten oder nicht. Selbst Konkurrenzunternehmen sollte es für Bemusterungen gegen entsprechende Kostenübernahme zugänglich sein, da man so den gehobenen Standard des eigenen Unternehmens den noch nicht gewonnenen Kunden präsentieren könnte.

Weiterhin sollte das KIZ als Schulungszentrum dienen. Die Eigenschaften neuer Produkte könnten anhand von Vorträgen erläutert und die Verarbeitung oder Montage gezeigt werden.

Zusammenfassend kann man feststellen, daß ein KIZ als positiver Faktor bei der Vergabeentscheidung berücksichtigt würde. Allerdings ist bis auf Gruppe 3 niemand bereit, für Bemusterungen in einem KIZ mehr zu bezahlen. Daher darf auch weiterhin der Punkt Bemusterungen nicht in Kalkulationen auftauchen. Das KIZ ist als Standard bei der Kundenbetreuung zu sehen.

---

[59] Die Vorgehensweise ist bei Bemusterungen im KIZ die gleiche, wie im Kapitel „Bemusterungsablauf" erläutert.

8.2.2 Akquisition

Die Marktanalyse und erforderliche intensive Betreuung von potentiellen Kunden vor dem Vertragsabschluß ist häufig allein durch die NL - und GS - Leiter nicht mehr zu bewältigen. Deshalb sollten Akquisitionsteams gebildet werden, denen neben den NL - und GS - Leitern die Projektteamleiter, Analysten und externe Planer („Beziehungspromotoren" vgl. Gemünden/Walter, 1993) angehören sollten. Die Projektteamleiter hätten die Aufgabe, die Führungskräfte primär bezüglich der persönlichen Akquisition zu entlasten. Der Aufgabenbereich der Analysten wäre, den Markt bzgl. potentieller Bauvorhaben zu sondieren,[60] die Information aller Teammitglieder systematisch zu erfassen und die ins Auge gefaßten Projekte hinsichtlich ihres Potentials zu bewerten.[61] Dies sollte anhand der nachfolgend diskutierten Kriterien erfolgen:

(1) Die Intensität der Aquisitionsbemühungen ist zunächst danach zu richten, ob es sich um einen Neukunden oder einen Wiederholkunden handelt. Dabei ist zu beachten, daß die Gewinnung eines Neukunden mit wesentlich höheren Kosten verbunden ist als die eines Wiederholkunden (vgl. Reichheld, 1997, S. 57). Bei Neukunden empfiehlt es sich daher abzuschätzen, ob es sich um einen potentiellen Mehrfachkunden, der zu einem langfristigen Wachstum des Marktanteils beitragen kann, oder einen wichtigen Kunden hinsichtlich der Kommunikationswirkung handelt und mit welchen Akquisitons- oder sonstigen kundenspezifischen Kosten zu rechnen ist (vgl. Slywotzky/Shapiro, 1994, S. 89; Binder/Scheiter, 1992).

(2) Weiterhin ist zu prüfen, ob Personen (z.B. Architekten, Geschäftspartner) aus dem Umfeld des potentiellen Kunden dem Unternehmen bekannt sind.

(3) Die Konkurrenzsituation sollte dahingehend eingeschätzt werden, mit welcher Wahrscheinlichkeit sich angestrebte Renditeziele erreichen lassen.

(4) Ein Projekt ist nur dann in die engere Auswahl zu ziehen, wenn es einem Geschäftsfeld zuzurechnen ist, das die regionale Einheit beherrscht.

(5) Die Auslastung der regionalen Einheit muß es ermöglichen, ein für das potentielle Projekt kompetentes Projektteam einzusetzen.

(6) Da Sondervorschläge, die zu einer Kostenentlastung des Kunden führen, die Chance einen Auftrag zu erhalten überproportional erhö-

[60] Vgl. die Kunden-Portfolio-Analyse von Barzen und Böing (1992).

[61] Profilvergleiche (Barrmeyer, 1982) und Scoringmodelle (Kambartel, 1973) eignen sich zur Potentialbewertung. Weitere Konzepte zur Anfragenselektion stellen das Modell von Heger (1988, S. 154 ff.) und das Kennziffernverfahren von Backhaus (1980) dar.

hen, sollten die Akquisitionsbemühungen auch davon abhängen, ob Alternativvorschläge möglich sind.

(7) Die Vertragsbedingungen müssen frühzeitig beachtet werden. Einfluß auf die Überlegungen der Analysten sollte auch die Möglichkeit nehmen, alternative Vertragskonzepte einzusetzen, die eine Differenzierung gegenüber Wettbewerbern erlauben. Das „Garantierter-Maximum-Preis (GMP-)Modell" beispielsweise schafft Kostentransparenz und bietet einen Anreiz für beide Vertragsparteien, möglichst preisgünstige Lösungen zu finden (vgl. Bahr, 1997).

(8) Schließlich sollte die Möglichkeit in Betracht gezogen werden, ein Gegengeschäft abzuschließen.

Eine engere Kooperation und Abstimmung mit externen Planern wäre sinnvoll, da diese oft an den Vergabeentscheidungen beteiligt werden (vgl. Kutsch/Schiffers, 1979, S. 54). Die Mittler- und Informationsträgerfunktion der Planer wird bisher in nicht ausreichendem Maße berücksichtigt. Deshalb sind langfristige Partnerschaften anzustreben, von denen beide Parteien profitieren.

Die Vorstellung der regionalen Einheiten beim Kunden sollte im Rahmen einer kleinen, die technischen Möglichkeiten nutzenden und auf die subjektiven Bedürfnisse des Kunden flexibel abstimmbaren Präsentation erfolgen.

Der Leitgedanke jeder Präsentation muß sein, den Vorteil oder Nutzen herauszuarbeiten, den die Kunden aus einer Zusammenarbeit mit dem eigenen Unternehmen gegenüber Konkurrenten ziehen können. Die Präsentierenden sollten je nach dem Informationsbedürfnis der Kunden auf Grafiken und Bilder zurückgreifen können, die sich sowohl auf die regionale Einheit als auch auf den ganzen Konzern beziehen. Insbesondere Darstellungen von Kennzahlen, z.B. betriebswirtschaftliche Daten oder der Anteil der Nachunternehmerleistungen, der Organisationsstruktur, des Leistungsspektrums und Referenzobjekten, sowie Termin- und Bauablaufplänen sind vorzubereiten. Im Anschluß an die Präsentation wäre es zu empfehlen, die Daten dem Kunden auf einer CD zu überlassen, um ihm so, im Gegensatz zur heutigen Praxis, in der Broschüren, Pläne und Fotos verteilt werden, die Möglichkeit zu geben, selber entsprechend seinen Bedürfnissen die Informationen selektieren zu können. Auf diese Weise könnte eine Informationsüberlastung vermieden werden.

Abschließend ist darauf hinzuweisen, daß eine Aufklärung über potentielle Risiken des Bauablaufs die Kompetenz des Vertragspartners zeigen und Vertrauen schaffen kann (vgl. Langer, 1995, S. 9 ff.).

8.2.3 Leistungsspektrum

Neben dem Bereich Beschwerdemanagement, das aufgrund seiner besonderen Bedeutung für die Kundenzufriedenheit gesondert betrachtet wird, weist die Nachbetreuung der Kunden ein großes Verbesserungspotential auf. Massive Kritik üben Kunden an der Anzahl der Mängel und an deren Beseitigung (vgl. Kap. 6.6, 6.17 und 6.18). Die bisherige Praxis weist vier gravierende Schwachpunkte auf:

(1) Die Bauleiter werden angehalten, ein Objekt so früh wie rechtlich möglich zu übergeben, da daraufhin die Schlußrechnung gestellt werden kann und die Gefahrtragung wechselt (VOB/B §12 (6)). Nach §12 (3) der VOB/B kann eine Abnahme vom Kunden nur dann verweigert werden, wenn wesentliche Mängel zu beklagen sind. Dies führt in der Praxis dazu, daß auf Kosten der Kundenzufriedenheit Objekte mit einer Vielzahl vorhandener Mängel übergeben werden.

(2) Auf Baustellen ist gerade kurz vor Abnahmen eine erhöhte Hektik und Betriebsamkeit festzustellen. Häufig haben Bauleiter keine Zeit das Objekt eingehend auf Mängel zu überprüfen oder sind wegen ihrer Involviertheit nicht mehr in der Lage alle Mängel zu erkennen. Dieses Phänomen ist mit der sog. „Betriebsblindheit" zu vergleichen.

(3) Nach der Übergabe eines Objekts ist häufig die gesamte Bauleitungsmannschaft, die derzeit alleinig für die Beseitigung der Mängel verantwortlich ist, aufgrund von Urlaubszeiten nicht erreichbar, was die direkte Beseitigung der bei der Abnahme entdeckten Mängel verzögert.

(4) Die Bauleiter empfinden die Mängelbeseitigung als lästig, da sie sehr zeitaufwendig ist, zumal sie mittlerweile schon mit einer neuen Aufgabe betreut wurden, und die Mängelbeseitigung nicht extra vergütet wird.

Deshalb sollte eine eigenständige überregionale Einheit gebildet werden, die für die Mängelbeseitigung verantwortlich ist. Diese Einheit könnte dem Facility Management angegliedert werden, da Mitarbeiter dieses Bereichs aus Sicht des Betreibers am ehesten die Kundenbedürfnisse einschätzen können. Der Vorteil einer eigenständigen Mängelbeseitigungsabteilung wäre zum einen die Kompetenzbündelung (professionellere Abwicklung), zum anderen die eindeutige und immer erreichbare Anlaufstelle für Kunden, die Entlastung der Bauleiter, die zur Vermeidung neuer Mängel beitragen würde und letztlich auch eine entspanntere Atmosphäre, da die Kunden die zuständigen Mitarbeiter nicht für die Entstehung der Mängel verantwortlich machen können. Ein zusätzlicher Vorteil wäre zudem, daß durch eine systematische Erfassung der aufgetretenen Mängel und deren häufigkeitsanalytische Untersuchung Verbesserungsmöglichkeiten in Arbeitsprozessen erkannt werden können.

Die Aufgaben dieser Abteilung würden u.a. darin bestehen, eine interne Vorabnahme durchzuführen und kurz vor Ablauf der Gewährleistungsfrist eine nochmalige Mängelsuche einzuleiten. Weiterhin hat die Abteilung die Kommunikation mit dem Kunden zu führen, d.h. insbesondere konkrete Angaben zum Zeitpunkt der Mängelbeseitigung zu machen, mit dem Bauleiter gemeinsam Maßnahmen zur Mängelbeseitigung zu ergreifen und eine Endkontrolle durchzuführen.

Abgesehen von der Mängelbeseitigung sollte eine Nachbetreuung (After-Sales-Management) in der Form stattfinden, daß mit dem Kunden einige Monate nach der Abnahme ein Gespräch stattfindet, in dem die Bewertung der Zusammenarbeit vom Kunden erfragt wird und auch weiterhin regelmäßig Kontakt gehalten wird. Eine langfristige Bindung läßt sich beispielsweise durch die Verlängerung der Gewährleistungszeit oder langfristige Wartungsverträge erreichen.[62]

Außerdem sollte Key-Account-Management eingeführt werden, um die Geschäftsbeziehungen zu Großkunden langfristig zu festigen (vgl. Diller/Kusterer, 1988, Diller, 1993; Senn/Belz, 1994). Die überregionale Betreuung von Kunden ließe sich dadurch erreichen, daß Kundenbetreuer, die im Sinne eines Projektmanagers oder - controllers handeln, Vertragspartner des Kunden werden und ihrerseits die regionalen Einheiten beauftragen. Der Vorteil bestände darin, daß die Kunden nur einen ihnen gegenüber verantwortlichen direkten Ansprechpartner haben, der dafür Sorge trägt, daß die Kunden stets die gewohnte Leistung erhalten. Der Kundenbetreuer wäre aufgrund seiner Kenntnis über die Leistungsfähigkeit der einzelnen Konzerneinheiten in der Lage, z.B. durch die Bildung von innerbetrieblichen ARGEn, ein Leistungsbündel zusammenzustellen, das die Ansprüche der Kunden erfüllt. Kriterien zur Abgrenzung von Großkunden sollten sein, ob es sich um potentielle oder tatsächliche Mehrfachkunden handelt, deren jährliche Bauinvestitionen einen gewissen Betrag überschreiten und ob die Kunden überregional tätig sind.

Großkunden sollte auch die Durchführung von Projekten nicht verwehrt werden, die die Mindestauftragsgröße des Konzerns nicht erreichen. Diese Aufträge sollten unter Federführung des Kundenbetreuers an mittelständische Unternehmen vergeben werden.

Weiterhin ist auf saubere Baustellen (Problem der Baustellenorganisation) zu achten, da dies laut der Untersuchung eine Begeisterungsanforderung darstellt.

[62] Hinweis: Zum Thema Nachkaufmarketing vgl. Jeschke (1995), zum Thema Kundenbindung Höfner/Schuster (1992).

Beschwerdemanagement

Beschwerdemanagement ist die zielorientierte Reaktion eines Anbieters auf die von Kunden geäußerte Unzufriedenheit (vgl. Günter 1998, S. 286; Hansen/Jeschke/Schöber, 1995, S. 77). Dabei kann es sich um eine vom Kunden eigeninitiierte Artikulation von Unzufriedenheit oder um „unvoiced complaints“[63] handeln.

Hansen, Jeschke und Schöber (a.a.O., S. 78 f.) zeigen vier theoretische Ansätze auf, aus denen das Beschwerdemanagement hervorgegangen ist:

(1) Im Rahmen des verbraucherorientierten Ansatzes des Marketing wird die Verbraucherkritik als Indikator für Verbesserungsmöglichkeiten hinsichtlich der Kundenbetreuung angesehen. (2) „Die aktive Gestaltung der Nachkaufphase zur Aufrechterhaltung dauerhafter Geschäftsbeziehungen“ (a.a.O., S. 78 unter Verweis auf Plinke 1989, S. 308) hat im „exchange relationship“-Ansatz des Investitionsgütermarketing eine herausragende Bedeutung. (3) Der Ansatz des Nachkaufmarketing und des Kundenbindungsmarketing im Konsumgütersektor berücksichtigt die Bedeutungsverlagerung seit Anfang der 90er Jahre vom primären Ziel der Neukundengewinnung hin zur Kundenbindung aufgrund von rezessiven Marktsättigungserscheinungen. (4) In Verbindung mit der Entwicklung qualitätsstrategischer Konzepte hat das Beschwerdemanagement einen bedeutenden Stellenwert eingenommen (Ansatz des Qualitätsmanagements). Kundenbeschwerden liefern wichtige Informationen über Qualitätsmängel und das Beschwerdemanagement eignet sich als Instrument der Qualitätssicherung und -steuerung.

Mit der Implementierung eines Beschwerdemanagements werden verschiedene Ziele verfolgt:

1.) Die Kundenzufriedenheit soll wiederhergestellt werden, um den Kunden auch in Zukunft an das Unternehmen zu binden.
2.) Kundenzufriedenheit und die daraus folgende Kundenbindung können strategische Markteintrittsbarrieren darstellen.
3.) Die vom Kunden erhaltenen Informationen sollten Ansatzpunkte für Innovationen, Weiterentwicklungen und Marktchancen bieten, sowie eine Frühwarnfunktion übernehmen (vgl. Spengler, 1987, S. 218).
4.) Des weiteren wird die Beseitigung von Problemursachen und damit eine Reduzierung von Produktions- oder Servicefehlern angestrebt. Dies führt zur Vermeidung von zukünftiger Unzufriedenheit und zeigt somit strategische Erfolgspotentiale auf.

[63] Übersetzung des Verf.: „nicht artikulierte Beschwerden“.

5.) Ein weiterer Effekt der Fehlerreduktion ist die Verringerung von Kosten, die durch die Beschwerdebearbeitung verursacht werden.
6.) Opportunitätskosten entstehen beispielsweise durch Rückgewinnungsprogramme für verlorene Kunden und Akquisitionskosten für die Neukundengewinnung.
7.) Das Beschwerdemanagement kann zudem zur Verdeutlichung der kundenorientierten Unternehmensstrategie eingesetzt werden und liefert damit einen Beitrag zum Unternehmensimage. Auf diese Weise dient das Beschwerdemanagement dazu, die Einstellung von Kunden gegenüber dem Unternehmen positiv zu beeinflussen.
8.) Zusätzlich soll eine negative Mund-zu-Mund-Propaganda der Kunden verhindert werden (vgl. Hansen/Jeschke/Schöber, 1995, S. 81). In der TARP Studie konnte gezeigt werden, daß Kunden, die mit der Reaktion auf ihre Beschwerde nicht zufrieden waren, doppelt so vielen Personen ihre Unzufriedenheit mitteilten, als es Kunden taten, die mit der Reaktion auf ihre Beschwerde zufrieden waren (vgl. Goodman/Malech/Marra, 1987, S. 176). Dagegen unterstützt eine positive Mund-zu-Mund-Propaganda die Neukundengewinnung.

Vier Determinaten bestimmen im wesentlichen das Beschwerdeverhalten (vgl. Hansen/Jeschke/Schöber, 1987, S. 80). Zum einen stellen die Kunden Kosten-, Nutzen- und Risikoüberlegungen an. In der Bauwirtschaft relevante Beschwerdekosten sind in der Regel psychische Aufwendung und Zeitaufwand. Der Beschwerdeertrag liegt in der Beseitigung des Beschwerdegrundes oder einer Kaufpreisermäßigung. Da die Erträge ungewiß sind, befinden sich die Kunden in einem Informationsdilemma (vgl. Bruhn, 1987, S. 124). Zum anderen wird das Beschwerdeverhalten davon bestimmt, ob der Mangel eindeutig nachzuweisen, ob er für den Kunden relevant und ob dem Vertragspartner die Schuld eindeutig zuzuweisen ist (produkt- bzw. dienstleistungsspezifische Faktoren). Einfluß hat zudem die generelle Einstellung des Kunden zu Beschwerden und ob Erfahrungen in diesem Bereich vorliegen (personenspezifische Faktoren). Aber auch situative Faktoren, wie z.B. die Wettbewerbssituation und das Image des Unternehmens sind hinsichtlich der Beschwerdebearbeitung und -regulierung entscheidend.

Obwohl die Beschwerdeneigung mit dem Preis des Gutes zunimmt, ist zu erwarten, daß auch in der Bauindustrie eine Vielzahl von Beschwerden nicht artikuliert werden. Goodman, Malech und Marra (1987, S. 169) schließen aus ihren Untersuchungen, „daß auf jede Beschwerde, welche die Unternehmensleitung erreicht, wenigstens sechs schwerwiegende und 20 (...) weniger ernste Beschwerden potentiell am Markt existieren". Deshalb sollte besonderer Aufwand darauf verwendet werden, durch Kundenbefragungen „unvoiced complaints" zu ermitteln.

Weiterhin sind gebührenfreie Telefonnummern einzurichten, die den Kunden das Interesse an ihren Beschwerden signalisieren. Auch die Verkaufsstrategie sollte dahingehend geändert werden, daß die Führungskräfte den Kunden gegenüber die Möglichkeit von Schwierigkeiten während des Bauablaufs einräumen. Die Ergebnisse der TARP Studie zeigen, daß Kunden mit Produktmängeln rechnen und daher verstärkt an Problemlösungsstrategien interessiert sind und nicht an Versprechungen, die aller Wahrscheinlichkeit nicht eingehalten werden können (vgl. Goodman/Malech/Marra, 1987, S. 188). Die Qualität des Beschwerdemanagements kann folglich eine Differenzierung gegenüber Wettbewerbern ermöglichen und sollte daher zur Außendarstellung genutzt werden.

Weiterhin sind Beschwerden an die Marketingabteilung einer Hauptniederlassung (vgl. Kap. 3.2.1 „Organisationsform") zu richten, da Versuche in Dienstleistungsbetrieben gezeigt haben, daß die Produktivität und Servicebereitschaft der Mitarbeiter steigt, sobald Beschwerden direkt das Management erreichen (vgl. a.a.O., S. 190). Vorteilhaft an dieser Lösung wäre zudem, daß die Kunden nach dem im Akquisitionsgespräch zu erläuternden Ablauf des Beschwerdemanagements ihre Ansprechpartner im Fall einer Beschwerde genannt bekommen. Aufgrund der langen Zusammenarbeit während der Bauphase, in der Kunden ihr Verhältnis zur Bauleitung so wenig wie möglich belasten wollen, werden die Kunden eher zur Artikulierung ihrer Unzufriedenheit angeregt, wenn sie sich an eine „neutrale" Stelle wenden können, deren Mitarbeitern nicht direkt in das Problem involviert und geübt im Umgang mit Beschwerden sind.

Um die Beschwerdeneigung der Kunden zu fördern, ist es von Bedeutung, die Probleme nicht zu verharmlosen, den Beschwerdegrund schnell und nachhaltig zu beseitigen, den Aufwand für die Kunden so gering wie möglich zu halten und sich zu entschuldigen. Dadurch kann negative Mund-zu-Mund-Propaganda verhindert und die Gefahr verringert werden, sich Rechtsstreitigkeiten auszusetzen (vgl. Goodman/Malech/Marra, 1987, S. 196 f.).

Implementierungsbarrieren bilden sich zumeist aus der unangenehmen Aufgabe für die Mitarbeiter an sich und aus den befürchteten Kosten der Beschwerderegulierung. Um eine dauerhafte Akzeptanz zu erreichen, müssen zunächst die individual- und organisationspsychologischen Voraussetzungen geschaffen werden, indem die Vorteile des Beschwerdemanagements innerbetrieblich verdeutlicht werden. Zudem sollte der langfristige Wert eines Kunden herausgestellt werden (vgl. a.a.O., S. 179 f.). Aufgrund von Mundwerbung oder gar einer erneuten Zusammenarbeit übersteigt der Wert eines Kunden die Bausumme seines Objekts um ein Vielfaches.

Zusammenfassend hat das Beschwerdemanagement folgende Aufgabenbereiche abzudecken:

- Akquisitionsunterstützung
  (Problemlösungsfähigkeit demonstrieren)
- Beschwerdeermittlung
  (artikulierte und nicht artikulierte Beschwerden erfassen)
- Beschwerdeaufbereitung
  (sortieren, dokumentieren, klassifizieren)
- Beschwerdebearbeitung
  (Ursachenermittlung und -behebung)
- Reaktionsfunktion
  (Kundeninformation, Ermittlung der Zufriedenheit mit Beschwerdereaktion)
- Informationsfunktion
  (Frühwarnfunktion, Aufdeckung von Qualitäts- und Servicemängeln)
- Analysefunktion
  (statistische Analysen)
- Kontrolle
  (Effizienzkontrollen, Quantifizierung der Auswirkung der Maßnahmen auf das Betriebsergebnis)

Die Tragweite eines gut funktionierenden Beschwerdemanagements zeigt sich letztendlich daran, daß sich aufgrund von Untersuchungen vermuten läßt, daß Kundenabwanderungen zu einem Großteil darauf zurückzuführen sind, daß Unternehmen nicht in der Lage gewesen sind, Beschwerden zur Zufriedenheit ihrer Kunden zu bearbeiten (vgl. a.a.O., S. 193).

8.2.4 Personalmanagement

In Bezug auf die Strategie der Verbesserung der Kundenbetreuung sollte den Mitarbeitern als wichtigstes Ziel begründet vermittelt werden, die Kunden zufrieden zu stellen (vgl. Whiteley, 1992, S. 121 ff.). Die ausschließliche Ausrichtung der Unternehmensphilosophie am Oberziel Gewinnmaximierung kann fatale Folgen für die Kundenorientierung der Mitarbeiter und somit für das Gesamtunternehmen haben.

Die Kommunikation des Ziels sollte nicht nur überregional erfolgen. Besonders in Kleingruppengesprächen ist den Mitarbeitern anhand eines Anforderungsprofils zu vermitteln, was von ihnen ganz konkret erwartet wird. Dienlich für die Bauindustrie könnten vor allen Dingen Benchmarks aus dem Dienstleistungssektor sein, die anhand von Beispielen verdeutlicht werden könnten. Die Anforderungen an das Telefonverhalten der Mitarbeiter könnten beispielsweise am Verhalten der Mitarbeiter der Telefonauskunft demonstriert werden, oder die Anforderungen an die Verläßlichkeit am Verhalten privater Zustelldienste. Aber auch die Beförderung von Mitarbeitern, die offensichtlich das Anforderungsprofil erfüllen, kann das vom Unternehmen angestrebte Verhalten seiner Mitarbeiter verdeutlichen.

In Form einer Zielerreichungskontrolle (vgl. Kap. 9. „Zufriedenheitsmessung und Kontrolle") können die Ergebnisse der Bemühungen der Mitarbeiter an Transparenz gewinnen und für einen zusätzlichen Motivationsschub sorgen. Außerdem könnten die Resultate einen Beitrag zur Grundlage eines teilweise kundenzufriedenheitsorientierten Anreizsystems liefern (vgl. Kap. 10. „Anreizsystem").

Fortbildungsmaßnahmen sollten nicht nur unter dem Gesichtspunkt durchgeführt werden, die Mitarbeiter hinsichtlich Kundenorientierung zu schulen, sondern insbesondere auch denjenigen, die nicht im direkten Kundenkontakt stehen, z.B. den Mitarbeitern von technischen oder Verwaltungsabteilungen zu verdeutlichen, daß die langfristige Existenz der Firma in hohem Maße von der Kundenzufriedenheit abhängt. Das Problembewußtsein der Kursteilnehmer (und der Führungskräfte) kann dadurch sensibilisiert werden, daß diese zunächst Kunden bzgl. ihrer Zufriedenheit befragen müssen. In den Fortbildungskursen selber sollten Planspiele durchgeführt werden, die mögliche Situationen widerspiegeln, in denen Servicebereitschaft und Problembewußtsein zum Erfolg führen.

Des weiteren sind im Rahmen des betrieblichen Vorschlagwesens die Mitarbeiter verstärkt dazu anzuregen, Vorschläge zur Verbesserung der Kundenbetreuung einzureichen. Ein Anreiz dazu kann geschaffen werden, indem jedem Mitarbeiter beispielsweise halbjährlich eine Liste zugestellt wird, auf der erkennbar ist, wie viele Verbesserungsvorschläge er im betrachteten Zeitraum eingebracht hat und wie viele davon umgesetzt wurden.

Schließlich darf aber eine der wichtigsten Voraussetzungen für Kundenorientierung nicht außer acht gelassen werden. Alle hier aufgeführten Maßnahmen werden keinen Erfolg erzielen, wenn die Mitarbeiter aufgrund von Stellenabbau permanent überfordert sind. Kunden kritisieren, daß der Wille bei den Personen zum Service und zur zuverlässigen Ausübung ihrer Tätigkeiten häufig vorhanden ist, sie aber aus Zeitmangel den Anforderungen der Kunden nicht nachkommen können.

Neueinstellungen sollten verstärkt von Empfehlungen, vom Unternehmen bewerteten Praktika oder sonstigen Erfahrungen in der Zusammenarbeit, wie z.B. Ferienjobs, abhängig gemacht werden. Denn die wertvollsten Mitarbeiter sind einerseits nicht die, die nur Wissen haben, sondern die, die in der Lage sind, dieses auch zu kommunizieren und andererseits diejenigen, die als sympathisch sowohl von Kollegen als auch von Kunden wahrgenommen werden. Diese Eigenschaften oder Fähigkeiten lassen sich nicht anhand von Noten und nur unzureichend innerhalb eines Einstellungsgesprächs feststellen. Deshalb ist eine langfristige Personalakquirierungsstrategie zu empfehlen, deren Grundlage die frühzeitige Kontaktaufnahme zu potentiellen Mitarbeitern ist. Ein entscheidender Vorteil dieser Strategie wäre bewerten zu können, ob die Grundeinstellung eines Bewerbers zum Unternehmen paßt. Ein Anforderungsprofil an zukünftige Mitarbeiter läßt sich anhand der Eigenschaften erfolgreicher Mitarbeiter erstellen.

8.2.5 Preisfestsetzung

Im Bereich der Preisfestsetzung sollte das Ziel verfolgt werden, dort Vertrauen durch Transparenz zu schaffen, wo Kunden sie wünschen. Die Auswertung der Daten hat ergeben, daß unterschiedliche Ansprüche seitens der Kunden an die Detaillierung der Preisaufstellungen gestellt werden. Einen ersten Anhaltspunkt für die Erwartungen der Kunden bieten die Ausschreibungsunterlagen, dennoch sollte in diesem Punkt nachgefragt werden.

Transparente Kostenaufstellungen bieten zum einen die Möglichkeit, das Negativ-Image der Bauindustrie zu überwinden, und zum anderen die Chance, sich positiv von Konkurrenten zu unterscheiden.

Deshalb sollte gerade bei freihändig vergebenen Aufträgen auf die Nachvollziehbarkeit der Angebotspreise geachtet werden, da Kunden aufgrund des fehlenden Wettbewerbs nicht die Möglichkeit haben, mehrere Angebote zu vergleichen. Vorteilhaft für das Unternehmen wäre, jederzeit unter dem Hinweis auf Mehrkosten und einem erhöhten Zeitaufwand eine detaillierte Aufschlüsselung anbieten zu können. Der GU-Zuschlag ist offen auszuweisen und wenn möglich, sollten insbesondere bei Nachträgen Alternativangebote den Angebotspreisen hinzugefügt werden (vgl. Kap. 6.15 „Nachtragsmanagement").

Kostenbewußtsein sollte stets, vor allem auch im allgemeinen Auftreten den Kunden gegenüber demonstriert werden. So weit wie möglich müssen Kunden in Entscheidungsprozesse einbezogen werden. Ihnen sollte der Zusammenhang zwischen Preis und Qualität und der Einfluß dieses

Verhältnisses auf die langfristige Rentabilität ihres Objekts verdeutlicht werden. Dazu eignen sich besonders Betriebskostenaufstellungen und die Aussagen ehemaliger Bauherren.

Preiszugeständnisse in der Vertragsverhandlungsphase sind unter Berücksichtigung folgender Aspekte in Betracht zu ziehen:

1.) Sind Kosteneinsparungen, die beispielsweise durch Sondervorschläge erreicht werden können, möglich?
2.) Wie hoch ist der Aufwand, der mit den vertraglich festgelegten Abrechnungsbedingungen verbunden ist?[64]
3.) Inwieweit können eventuelle Risiken der Bauabwicklung eingeschätzt werden?[65]
4.) Wann ist der vom Kunden angestrebte Fertigstellungstermin?
5.) Wie sind die Zahlungsbedingungen?
6.) Wie hoch ist die Kalkulationsqualität einzuschätzen?
7.) Wie hoch ist der Anteil an Nachunternehmerleistungen?[66]
8.) Wann ist das angestrebte Zahlungsziel?
9.) Gibt es eine Zahlungsabsicherung?
10.) Gibt es die Möglichkeit zur Ausführungsoptimierung?

---

[64] Erläuterung: Pauschale vs. detaillierte Abrechnung.

[65] Risiken können beispielsweise Altlasten, Gründungsprobleme, eine sehr kurze Bauzeit, aber auch eine geringe Bonität des Kunden darstellen.

[66] Ein hoher NU-Anteil ermöglicht höhere Preisnachlässe als ein hoher Eigen-Anteil, da der Wettbewerb auf dem Markt der Nachunternehmer genutzt werden kann.

9. Zufriedenheitsmessung und Kontrolle

Die Kundenzufriedenheit sollte regelmäßig gemessen werden, um frühestmöglich Unzufriedenheit erkennen und den Erfolg der eingeleiteten Maßnahmen kontrollieren zu können.

Aufgrund des überschaubaren Kundenkreises ist zu empfehlen, die Vertreter des Kunden, die das Objekt betreuen, z.B. den Leiter der Bau- oder Immobilienabteilung, die Bauleitung des Bauherrn, seinen Architekten, seine Fachplaner, seine Projektsteuerer und andere Beteiligte drei Monate nach der Auftragserteilung das erste Mal schriftlich oder telefonisch zu befragen. Es sollten die Indikatoren der Kategorien bei der Befragung berücksichtigt werden, die durch diese Untersuchung als besonders herausragend identifiziert wurden und die in Abhängigkeit von der Bauaufgabe und dem Baufortschritt ein Vierteljahr nach der Vertragsunterzeichnung Relevanz besitzen.

Weitere schriftliche oder telefonische Befragungen sollten auch unter Einbeziehung der Letztentscheider halbjährlich durchgeführt werden. Besonders Key-Accounts sind während der Bauzeit persönlich zu befragen, da dies besonderes Interesse an der Zufriedenheit des Kunden und den Willen zur Verbesserung der Kundenbetreuung demonstriert. Zudem bietet das persönliche Gespräch die Möglichkeit, die Ursachen für Unzufriedenheit näher zu hinterfragen. Persönliche Befragungen sollten immer von Baufachleuten durchgeführt werden, die in Interviewführung geschult worden und nicht mit der Bauausführung betreut sind, um dem Kunden kritische Anmerkungen zu erleichtern. Wegen der häufig spezifischen Probleme, die auf technische Ursachen zurückzuführen sind, sollten keine externen Institute mit der Befragung beauftragt werden, deren Interviewer keine, zumindest theoretischen, Kenntnisse in der Bauausführung besitzen. Denn die ursprünglichen Gründe für Unzufriedenheit lassen sich häufig erst in einer problemzentrierten Diskussion ermitteln.

Drei Monate nach der Abnahme sollte unabhängig vom Abschlußgespräch der NL - und GS - Leiter eine mündliche, schriftliche oder telefonische Abschlußbefragung stattfinden.[67]

Abbildung 48 faßt die Ergebnisse der *Kunden-* und *NL - und GS - Leiter Befragung* zusammen.

[67] Zu den Vor- und Nachteilen der einzelnen Befragungsformen vgl. Meffert, 1998, S. 150.

Abbildung 48: Indikatoren und Kategorien

Kategorie	Indikatoren
1) Beschwerden	① Qualität ∪, Termineinhaltung ∪ ② Kosten ∪, Nachunternehmerauswahl ∪, Personalbesetzung ∪, Mängelbeseitigung ∪ ③ mangelndes Engagement ∪, Nachtragsstellung ∪
2) Reaktion auf Beschwerden	② umgehende Problembeseitigung ∩, fehlende Reaktion ∪, zu langsame Reaktion ∪ ③ gemeinschaftliche Lösungssuche ∩, Verwaltung anstatt Beseitigung ∪
3) Nachtragsmanagement	① Berechtigung aus Kundensicht ∩ ② Vermeidung ∩, überhöhte Preise ∪, mangelnde Nachvollziehbarkeit ∪ ③ gezielte Nachtragssuche ∪
4) Problemfrüherkennung	③ Teilnahme der Führungskräfte an Besprechungen ∩, fehlende interne Kommunikation ∪
5) Zuverlässigkeit	① Engagement ∩ ② Personalbesetzung ∪
6) Fachliche Betreuung	② Sondervorschläge ∩, Interessenwahrung des Kunden ∩, Engagement ∩
7) Freundlichkeit	② Bemühen um Problemlösung ∩ ③ fehlende Sensibilität ∪
8) Kompetenz	② umgehende Problemlösung ∩, ruhiges und sachliches Auftreten ∩, Engagement ∩, Lücken im Bauallgemeinwissen ∪, Personalbesetzung ∪
9) Telefonverhalten	② fehlende Servicebereitschaft ∪ ③ Annahme des Problems ∩, Hilfsbereitschaft ∩
10) Angebotspreis-beurteilung	① Aufschlüsselung auf Anforderung ∩ ③ mangelnde Nachvollziehbarkeit ∪
11) Preis-/Leistungs-verhältnis	② Betreuung ∩, eindeutige Baubeschreibung∩ ③ Vergabe über Wettbewerb ∩, Nachträge ∪
12) Erreichbarkeit	② sofortige Rückmeldungen ∩ ③ aktualisierte Telefonlisten ∩, besetzte und informierte Zentralen ∩, Probleme nach der Abnahme ∪
13) Korrespondenz	② Umfang ∩∪, Verständlichkeit ∩, Zeitmangel ∪ ③ Kontrolle ∩, fehlende Verständlichkeit ∪

Legende: ①: Nennung durch alle vier Gruppen
②: Nennung durch beide Kundengruppen
③: Nennung durch eine Kundengruppe und mindestens eine Gruppe der Führungskräfte

∩: Zufriedenheitssteigernde Wirkung
∪: Zufriedenheitsmindernde Wirkung

Der Fragebogen zur Ermittlung der Kundenzufriedenheit sollte alle in Abbildung 48 aufgeführten Indikatoren und Kategorien berücksichtigen. Je nach Einsatzmöglichkeit, die sich aus einer sinnvollen Frage und Antwortmöglichkeit ergibt, sollten „Ja-Nein" Fragen und Fragen, die sowohl die Wichtigkeit jeder Kategorie und jedes Indikators für die Kunden erfassen, als auch Fragen, die die Zufriedenheit der Kunden mit jedem Indikator direkt ermitteln, verwendet werden. Weiterhin ist die generelle Zufriedenheit und die Zufriedenheit mit jeder Kategorie zu erfragen (vgl. Scharnbacher/Kiefer, 1996, S. 70). Die Fragen zur Kategorie Beschwerden sollten zudem eine offene Frage beinhalten.

10. Anreizsystem

Auf Grundlage der Ergebnisse der regelmäßigen Kundenbefragungen könnte ein Anreizsystem geschaffen werden, das nicht nur den wirtschaftlichen Abschluß eines Bauvorhabens berücksichtigt, sondern auch die Zufriedenheit der Kunden (vgl. Günter, 1998, S. 288). Das Anreizsystem muß so gestaltet werden, daß weder Kundenzufriedenheit zu Lasten eines wirtschaftlich positiven Abschlusses einer Baustelle noch ein wirtschaftlich positiver Abschluß des Bauvorhabens zu Lasten der Kundenzufriedenheit, zu einer Belohnung in Form einer gesonderten Vergütung, Anerkennung oder einer Beförderung führt (vgl. Whiteley, 1992, S. 138).

Es ist zu empfehlen, gemeinsame Anreize für Projektteams zu schaffen, da die Zuordnung der Kundenzufriedenheit zu einzelnen Personen problematisch ist und gruppendynamische Effekte ausgenützt werden sollten. Um den Ursache - Wirkungszusammenhang zu verdeutlichen, sind zu Beginn der Einführung der teilweise kundenzufriedenheitsorientierten Vergütung jeweils die am positivsten von den Kunden bewerteten Projektteams der erfolgreichen und weniger erfolgreichen NL und GS vierteljährlich zu belohnen.

Um die Transparenz der Auswertung und die Vergleichbarkeit für die Projektteams untereinander zu fördern, sollten nur die dreizehn in Abbildung 48 aufgeführten Kategorien und die Globalzufriedenheit bewertet werden. Das Bewertungsschema sollte sich für die Kategorien zwei bis dreizehn und die Globalzufriedenheit an einer Schulnotenskala orientieren:

- Urteil: vollkommen zufrieden ≅ Note 1 ≅ **5 Punkte**,
- Urteil: sehr zufrieden ≅ Note 2 ≅ **4 Punkte**,
- Urteil: zufrieden ≅ Note 3 ≅ **3 Punkte**,
- Urteil: weniger zufrieden ≅ Note 4 ≅ **2 Punkte**
- Urteil: unzufrieden ≅ Note 5 ≅ **1 Punkt**

Die Bewertung der Anzahl der Beschwerden ist analog vorzunehmen, d.h. Note 1 entspricht keiner und Note 5 sehr vielen Beschwerden.

Aus den Zufriedenheitsanalysen der Kunden lassen sich aus den Antworten bzgl. der Wichtigkeit der einzelnen Kategorien durch Mittelwertbildung Gewichtungsfaktoren (unwichtig ≅ Gewichtungsfaktor 1; sehr wichtig ≅ Gewichtungsfaktor 5) ermitteln, mit denen die durch Punkte bewerteten Zufriedenheitsurteile der Kunden zu multiplizieren sind. Die Globalzufriedenheit sollte mit dem Faktor 19 (ca. ¼ der Gesamtpunktzahl) gewichtet werden.

Dieses System bietet den Vorteil, daß es für die Projektteammitglieder leicht nachvollziehbar ist und durch die Gewichtungsfaktoren wird den Mitarbeitern verdeutlicht, welche Bereiche besonderen Einfluß auf die Kundenzufriedenheit ausüben. Weiterhin zeigt das System den Mitarbeitern auf, in welchen Bereichen, auch im Vergleich zu anderen Projektteams, Verbesserungsmöglichkeiten bestehen.

Im Rahmen eines internen „Wettbewerbs" könnten zur Einführung des Systems materielle oder immaterielle Preise ausgelobt werden, um die Motivation zu steigern (vgl. Bruhn, 1990, S. 255). Auf diese Weise könnte man praktisch „spielerisch" die Mitarbeiter für die Kundenorientierung sensibilisieren. Mittelfristig sollte ein an vorgegebenen Punktzahlen orientiertes Prämiensystem eingeführt, und langfristig die Berücksichtigung eines kundenzufriedenheitsabhängigen Bestandteils einer leistungsabhängigen Vergütung angestrebt werden.

Zusammenfassung

Ein beispielhaftes Marketingkonzept für einen Baukonzern wurde entwickelt. Wegen der nahezu unmöglichen Differenzierung auf dem Bau-Markt gegenüber Wettbewerbern über den Preis oder die Qualität wurde dargestellt, daß die Strategie das größte Erfolgspotential hinsichtlich einer Gewinnsteigerung aufweist, die eine Verbesserung der Kundenbetreuung präferiert.

Unter Beachtung dieser Strategie wurden Vorschläge für den Einsatz der Instrumente des Marketing-Mix unterbreitet.[68] Detaillierte Betrachtungen wurden zu den Themenbereichen „Beschwerdemanagement" und „Bemusterungen" angestellt, da diese Bereiche großen Einfluß auf die Kundenzufriedenheit ausüben und zugleich ein großes Verbesserungspotential aufweisen. Ein System zur Messung der Kundenzufriedenheit und zur Kontrolle der Zielerreichung wurde vorgestellt und Möglichkeiten zur Implementierung eines Anreizsystems aufgezeigt.

---

[68] Zur Durchsetzung strategischer Optionen vgl. Tietz, 1988, S. 137 ff..

11. Diskussion

Das Ziel dieser Arbeit war die Überprüfung der Hypothese, daß ein modernes, auf die Spezifika des Bau-Marktes abgestimmtes Marketing-Konzept den Unternehmenserfolg in Baukonzernen steigert. Weiterhin wurde die Verbesserung des entscheidungsrelevanten Informationsstandes für Führungskräfte in Bauunternehmen angestrebt.

Die Gültigkeit der Hypothese konnte bestätigt werden, da zum einen durch umfassende Kundenzufriedenheitsanalysen und die Befragung von NL - und GS - Leitern sowie weiteren Experten ein großes Verbesserungspotential hinsichtlich der dauerhaften Befriedigung von Kundenbedürfnissen aufgezeigt werden konnte und zum anderen ein umfassender gedanklicher Entwurf zur Verbesserung der Kundenbetreuung in Baukonzernen, bezogen auf den schlüsselfertigen Hochbau, entwickelt wurde.

Der qualitative Forschungsansatz ermöglichte eine detaillierte Abbildung problemrelevanter Themen und gewährte Einblick in die verschiedenen Problemdimensionen der Kunden. Durch den quantitativen Forschungsteil konnten weitere Hinweise auf die Bedeutung von Problemen bzgl. der Globalzufriedenheit gewonnen werden. Insbesondere für weitere Kundenzufriedenheitsuntersuchungen und die Implementierung von kundenzufriedenheitsbezogenen Anreizsystemen ist die Erkenntnis von Bedeutung, daß die Erwartungen der Kunden in Abhängigkeit vom wirtschaftlichen Erfolg einer operativen Einheit innerhalb eines Konzerns differieren.

Zu den Grenzen der Untersuchung zählt, daß lediglich Kunden und Mitarbeiter eines geographisch begrenzten Bereichs eines Baukonzerns bei den Befragungen berücksichtigt wurden. Dies könnte zur Folge haben, daß Besonderheiten des Datensatzes Einfluß auf die Untersuchungsergebnisse nehmen. Von einer gewissen Generalisierbarkeit ist jedoch auszugehen, da die Mitarbeiter des untersuchten Unternehmens häufig im Rahmen von ARGEn mit Wettbewerbern eng zusammengearbeitet haben und diese Erfahrungen in den Befragungen ebenso berücksichtigt wurden, wie die der Kunden mit Konkurrenzunternehmen.

Aufgrund des statischen Designs wurde zudem eine zu vermutende zeitliche Veränderung der Kundenzufriedenheit nicht berücksichtigt. Außerdem wurden nicht alle Kunden im gleichen zeitlichen Abstand zum Ende ihrer Baumaßnahme befragt. Weiterführende Studien sollten daher Befragungen zu festgelegten Zeitpunkten, z.B. kurz nach dem Vertragsabschluß, dem Rohbau, der Abnahme, drei Monate nach der Abnahme und zum Ende der Gewährleistungszeit in Betracht ziehen.

Weiterhin könnte aufbauend auf den Ergebnissen dieser Arbeit im Rahmen einer statistischen Langzeitstudie der Zusammenhang zwischen einer verstärkten Kundenorientierung und Unternehmenserfolgsgrößen nachgewiesen werden.

Wie in Kapitel 4.2 „Datengewinnung" ausführlich diskutiert besteht eine zusätzliche Grenze der Untersuchung darin, daß nicht alle Mitglieder des Buying-Centers eines Unternehmens befragt wurden. Der Untersuchungsaufbau läßt jedoch eine vollständige Erfassung der kundenzufriedenheitsrelevanten Einflußfaktoren vermuten. Dennoch wäre es sinnvoll, anhand weiterführender quantitativer Untersuchungen zu analysieren, in welcher Weise sich die Wahrnehmungen, Ansprüche, Beurteilungen, sowie der Einfluß der einzelnen Mitglieder eines Buying-Centers bzgl. der Vergabeentscheidung und der gesamten Durchführung von Bauaufgaben auswirken.

Auf die Bedeutung der Nachunternehmerauswahl für die Kundenzufriedenheit und das Image einer Firma wurde in der Arbeit hingewiesen. Es sollte daher eingehend untersucht werden, welchen Einfluß Nachunternehmerleistungen auf die Kundenzufriedenheit ausüben und welche Maßnahmen Effizienz und Effektivität bei der Nachunternehmerauswahl gewährleisten.

Schließlich ist ein weiteres Gebiet für zukünftige Forschungen auch darin zu sehen, inwieweit die Ergebnisse dieser Studie auch auf mittelständische Unternehmen in der Bauindustrie zu übertragen sind.

Die Auswahl der hier angeführten Aspekte erhebt keinen Anspruch auf eine vollständige Abdeckung jeglicher möglicher Ansatzpunkte für weiterführende Forschungen. Es handelt sich lediglich um Problemfelder, deren Bearbeitung im Hinblick auf weitere Erkenntnisse in bezug auf die Kundenzufriedenheit in der Bauindustrie von großer Bedeutung sind.

Vor dem Hintergrund konjunktureller und struktureller Probleme wurde mit dieser Arbeit das Ziel verfolgt, die wissenschaftliche Auseinandersetzung mit dem Konstrukt Kundenzufriedenheit auf einen Teilbereich der Bauindustrie auszuweiten.

Literaturverzeichnis

Anderson, Eugene W.; Sullivan, Mary W. (1993): The Antecedents and Consequences of Customer Satisfaction for Firms; in: Marketing Science, 12, 2, S. 125 - 142, 1993.

Anderson, J.C.; Narus, J.A. (1995): Capturing the value of Supplementary Services; in: Harvard Business Review, S. 75, January/February 1995.

Andreasen, Alan R. (1977): A Taxonomy of Consumer Satisfaction/Dissatisfaction Measures; in: Hunt, K. (Hrsg.): Conceptualization and Measurement of Consumer Satisfaction and Dissatisfaction, Cambridge, S. 11 - 35, 1977.

Babakus, Emin; Boller, Gregory W. (1992): An Empirical Assessment of the SERVQUAL Scale; in: Journal of Business Research, 24, 3, S. 235 - 268, 1992.

Backhaus, Klaus (1980): Auftragsplanung im industriellen Anlagengeschäft; Stuttgart, Poeschel, 1980.

Backhaus, Klaus; Erichson, Bernd; Plinke, Wulff; Weiber, Rolf (1996): Multivariate Analysemethoden: Eine anwendungsorientierte Einführung; 8. Auflage, Berlin, Heidelberg, New York, Barcelona, Budapest, Hong Kong, London,Mailand, Paris, Santa Clara, Singapur, Tokio, Springer - Verlag Berlin, 1996.

Backhaus, Klaus (1997): Industriegütermarketing; 5. Auflage, München, Vahlen, 1997.

Bahr, Matthias (1997): Alternative Vertragsmodelle für Bauleistungen, dargestellt am Beispiel des GMP-Vertrages beim Projekt MFC Schkeuditz; Berlin, Diplomarbeit, 1997.

Bailom, Franz; Hinterhuber, Hans; Matzler, Kurt; Sauerwein, Elmar (1996): Das Kano-Modell der Kundenzufriedenheit; in: Marketing ZFP, H. 2, 2. Q., S. 117 - 126, 1996.

Bamberg, Günter; Coenenberg, Adolf Gerhard (1994): Betriebswirtschaftliche Entscheidungslehre;
8. Auflage, München, Vahlen, 1994.

Barrmeyer, Martin C. (1982): Die Angebotsplanung bei Submission;
Münster, Lit, 1982.

Barzen, Dietmar; Böing, Elke (1992): Kunden-Portfolio im Praktiker-Test;
in: Absatzwirtschaft, 35. Jg., H. 3, S. 102 - 107, 1992.

Becker, J. (1993): Marketing-Konzeption: Grundlagen des strategischen Marketing-Managements;
5. Auflage, München, Vahlen, 1993.

Berekhoven, L.; Eckert, W.; Ellenrieder, P. (1993): Marktforschung -Methodische Grundlagen und praktische Anwendung-;
6. Auflage, Wiesbaden, Gabler, 1993.

Berger et al. (1993): Kano´s Methods for Understanding Customer defined Quality;
in: Hinshitsu: The Journal of the Japanese Society for Quality Control, S. 3 - 35, 1993.

Berndt, Ralph (1995): Marketing 3 - Marketing Management-;
2. Auflage, Heidelberg, New York, Tokyo, Springer - Verlag Berlin, 1995.

Binder, Christof; Scheiter, Sieghart (1992): Kennen Sie Ihre rentablen Kunden?
in: Harvard Business Manager, S. 17 - 22, 2/1992.

Blum, Manfred (1985): Anders denken - handeln. Die „Überlebens - Seite“ der Allgemeinen;
in: Bauzeitung gibt Anregungen. Umdenken zwingend notwendig. Tl.2. Allgemeine Bauzeitung (Hannover), 55, Nr. 8, S. 6 - 7, 1985.

Böhler, H. (1992): Marktforschung;
2. Auflage, Stuttgart u.a., Kohlhammer, 1992.

Bortz, Jürgen; Döring, Nicola (1995): Forschungsmethoden und Evaluation;
2. Auflage, Berlin, Heidelberg, New York, Barcelona, Budapest, Hong Kong, London, Mailand, Paris, Tokyo, Springer - Verlag Berlin, 1995.

Botschen, Günther; Botschen, Martina; Thelen, Eva; Pieters, Rik (1996): Identifikation von Kundenerwartungen an die Dienstleistungsqualität - Evaluierung attributorientierter Methoden;
in: Meyer, Anton (Hrsg.) : Grundsatzfragen und Herausforderungen des Dienstleistungsmarketing;
Wiesbaden, Gabler, 1996.

Bruhn, Manfred (1987): Der Informationswert von Beschwerden für Marketingentscheidungen;
in: Hansen, Ursula; Schoenheit, Ingo (Hrsg.): Verbraucherzufriedenheit und Beschwerdeverhalten;
Frankfurt/Main, New York, CampusVerlag, 1987.

Bruhn, Manfred (1990): Marketing: Grundlagen für Studium und Praxis;
Wiesbaden, Gabler, 1990.

Burmann, Christoph (1991): Konsumentenzufriedenheit als Determinante der Marken- und Händlerloyalität -Das Beispiel der Automobilbranche-;
in: Marketing ZFP, 13. Jg., Heft 4, S. 249 - 258, 1991.

Butscher, Stephan A. (1996): Kunden-Bindung durch Kunden-Clubs;
in: Marketing Journal, H. 1, S. 46 - 49, 1996.

Buzzell, R.D.; Bradley, T.G. (1989): Das PIMS Program;
Wiesbaden, 1989.

Cadotte, E.; Woodruff, R., Jenkins, R. (1987): Expectations and Norms in Models of Consumer Satisfaction;
in: Journal of Marketing Research, 24 (August), S. 305 - 414, 1987.

Churchill, Gilbert A.; Suprenant, Carol (1982): An Investigation into the Determinants of Customer Satisfaction;
in: Journal of Marketing Research, 19 (November), S. 491 - 504, 1982.

Clemm, Nils (1989): Bauvertragsrecht;
2. Auflage, Berlin, TU Berlin Universitätsbibliothek, Abt. Publikationen, 1989.

Coenenberg, Adolf G.; Weise, Eberhard; Eckrich, Klaus (Hrsg.)(1991): Ökologie-Management als strategischer Wettbewerbsfaktor;
Stuttgart, Schäfer, 1991.

Collins, James C.; Porras, Jerry I. (1994): Built to last; Successful habits of visionary companies;
New York, Harper Buisiness, 1994.

Corsten, H. (1990): Betriebswirtschaftslehre der Dienstleistungsunternehmumgen. Einführung;
2. Auflage, München, Wien, Oldenburg, 1990.

d´Alquen, Klaus (1998): Kundenzufriedenheitsanalyse;
2. Auflage, RKW, 1998.

Däubler, Jürgen; Kohlbacher, Jörg (1997): Mach´s gleich richtig -Das Messen der Kundenzufriedenheit sollte mehr als eine Alibifunktion sein-;
in: QZ (Qualität und Zuverlässigkeit) Qualitätsmanagement in Industrie und Dienstleistung, Carl Hanser Verlag München, 42. Jahrgang 10/97.

Desphandé, R. (1983): „Paradigms Lost": On Theory and Method in Research in Marketing;
in: Journal of Marketing, 47 (Fall), S. 101 - 111, 1983.

Diederichs, C.J.; Marhold, K.; Pollak, K.-P.; Schließmann, C.P. (1989): Neue Handlungsspielräume schaffen. Bau - Marketing - Management und Projektentwicklung;
in: Bauwirtschaft - Ausgabe - B, Jg. 43, Nr. 9, S. 758, 761 - 763, 1989.

Diller, Hermann (1993): Key Account Management: Alter Wein in neuen Schläuchen?;
in: Thexis, 10. Jg., Heft 3, S. 6 - 16, 1993.

Diller, Hermann; Kusterer, Marion (1988): Beziehungsmanagement - Theoretische Grundlagen und explorarive Befunde-;
in: Marketing-ZFP, 10, S. 211 - 220, 1988.

Erevelles, Sunil; Leavitt, Clark (1992): A Comparison of Current Models of Consumer Satisfaction;
in: Journal of Consumer Satisfaction, Dissatisfaction and Complaining Behavior, 5, S. 104 - 114, 1992.

Fisk, Raymond P.; Young, Clifford E. (1985): Disconfirmation of Equity Expectations: Effects on Consumer Satisfaction with Services;
in: Hirschmann, E.; Holbrook, H. (Hrsg.), Advances in Consumer Research, Ann Arbor, S. 340 - 345, 1985.

Fließ, Sabine (1996): Interaktionsmuster bei der Integration externer Faktoren;
in: Meyer, A. (Hrsg.) : Grundsatzfragen und Herausforderungen des Dienstleistungsmarketing;
Wiesbaden, Gabler, 1996.

Flick, Uwe (1995): Qualitative Forschung; Theorie, Methoden, Anwendung in Psychologie und Sozialwissenschaften;
Reinbeck bei Hamburg, Rowohlt, 1995.

Folkes, V. (1984): Consumer Reactions to Product Failure: An Attributional Approach;
in: Journal of Consumer Research, 10 (March), S. 398 - 409, 1984.

Folkes, V. (1988): Recent Attribution Research in Consumer Behaviour: A Review and New Directions;
in: Journal of Consumer Research, 14 (March), S. 548 - 565, 1988.

Fornell, Claes (1992): A National Customer Satisfaction Barometer: The Swedish Experience;
in: Journal of Marketing, 56 (January), S. 6 - 21, 1992.

Geffroy, Edgar K. (1997): Abschied vom Verkaufen;
3. Auflage, Frankfurt/Main, New York, Campus Verlag, 1997.

Geisbüsch, H. (1977): Marketing - auch für Bauleistungen;
in: Baugewerbe 57, 1977, Nr. 6, S. 22 - 24, 26.

Gemünden, Hans G.; Walter, Achim (1993): Der Beziehungspromotor -Schlüsselrolle für inter-organisationale Innovationsprozesse-;
in: Backhaus, K.; Diller, H. (Hrsg.): Arbeitsgruppe „Beziehungsmanagement" der wissenschaftlichen Kommission für Marketing im Verband der Hochschullehrer für Betriebswirtschaftslehre, Dokumentation des 1. Workshops, S. 123 - 165, 1993.

Goldratt, Eliyahu M.; Cox, Jeff (1995): Das Ziel; Höchstleistung in der Fertigung;
2. Ausgabe, Mc Graw - Hill Book Company Europe, 1995.

Goodman, John A.; Malech, Arlene R.; Marra, Theodore R. (1987): Beschwerdepolitik unter Kosten/Nutzen-Gesichtspunkten -Lernmöglichkeiten aus den USA-;
in: Hansen, Ursula; Schoenheit, Ingo (Hrsg.): Verbraucherzufriedenheit und Beschwerdeverhalten;
Frankfurt/Main, New York, CampusVerlag, 1987.

Günter, Bernd (1998): Beschwerdemanagement;
in: Simon, Hermann; Homburg, Christian (Hrsg.): Kundenzufriedenheit -Konzepte-Methoden-Erfahrungen-;
3. Auflage, Wiesbaden, Gabler, S. 283 - 300,1998.

Günter, Bernd; Platzek, Thomas (1992): Management von Kundenzufriedenheit;
in: Marktforschung und Management, 36. Jg., 3. Q., S. 109 - 114, 1992.

Hamman, Peter; Erichson, Bernd (1990): Marktforschung;
2. Auflage, Stuttgart, New York, Fischer, 1990.

Hansen, Ursula; Jeschke, Kurt; Schröber, Peter (1995): Beschwerdemanagement - Die Karriere einer kundenorientierten Unternehmensstrategie im Konsumgütersektor;
in: Marketing ZFP, H. 4, 2. Q., S. 77 - 87, 1995.

Heger, Günther (1988): Anfragenbewertung im industriellen Anlagengeschäft;
Berlin, Duncker und Humblot, 1988.

Herzberg, Frederick (1964): The Motivation - Hygiene Concept and Problems of Manpower;
in: Personnel Administration, 27, S. 3 - 7, 1964.

Hilke, W. (1989): Grundprobleme und Entwicklungstendenzen des Dienstleistungs-Marketing;
in: SzU, Band 35, Dienstleistungs-Marketing, Wiesbaden, 1989.

Hinterhuber, H. H.; Handlbauer, G.; Matzler, K. (1997): Kundenzufriedenheit durch Kernkompetenzen;
München, Wien, Hanser, 1997.

Höffner, Klaus; Schuster, Heinz - Werner (1992): Strategien zur Steigerung der Kundenloyalität;
in: Marktforschung und Management, 36. Jg., Nr. 3, S. 123 - 126, 1992.

Hofmaier, Richard; Leutbecher, Klaus (1996): Investitionsgüter zeitgemäß vermarkten;
in: Harvard Business Manager, 3/96, S. 106 - 110, 1996.

Homburg, Christian; Rudolph, Bettina (1995): Wie zufrieden sind ihre Kunden wirklich?
in: Harvard Business Manager, 17. Jg., H. I, S. 43 - 50, 1995.

Homburg, Christian; Rudolph, Bettina (1998): Theoretische Perspektiven zur Kundenzufriedenheit;
in: Simon, H.; Homburg, Ch. (Hrsg.): Kundenzufriedenheit: Konzepte-Methoden-Erfahrungen;
3. Auflage, Wiesbaden, Gabler, S. 33 - 55,1998.

Hüttner, Manfred (1979): Informationen für Marketing - Entscheidungen: ein Lehr- und Arbeitsbuch der Marktforschung;
München, Vahlen, 1979.

Jeschke, Kurt (1995): Nachkaufmarketing -Kundenzufriedenheit und Kundenbindung auf Konsumgütermärkten-;
Frankfurt am Main, Berlin, Bern, New York, Paris, Wien, Lang, 1995.

Jüttemann, Gerd (1990): Komparative Kasuistik;
in: Gerd Jüttemann (Hrsg.): Komparative Kasuistik;
Heidelberg, Asanger, S. 21 - 43, 1990.

Jüttemann, Gerd (1992): Psyche und Subjekt;
Hamburg, Rowohlt, 1992.

Kambartel, K.-H. (1973): Systematische Angebotsplanung in Unternehmen der Auftragsfertigung, Möglichkeiten zur Rationalisierung der Angebotserstellung auf der Grundlage definierter Angebotsformen;
Aachen, Dissertation, 1973.

Kepper, Gaby (1996): Qualitative Marktforschung; Methoden, Einsatzmöglichkeiten und Beurteilungskriterien;
2. Auflage, Wiesbaden, DUV, 1996.

Kleinaltenkamp, Michael (1995): Customer Integration - Kundenorientierung und mehr;
in: Absatzwirtschaft, 8/95, S. 77 - 83, 1995.

Kohlbacher, Jörg (1993): Kundenzufriedenheit managen; Customer Satisfaction Management (CSM) als Schlüsselfaktor für erfolgreiches Qualitätsmanagement;
in: QZ (Qualität und Zuverlässigkeit) Zeitschrift für industrielle Qualitätssicherung 38. Jahrgang, Carl Hanser Verlag München, S. 351 - 354, 1993.

Kohli, A.; Jaworski, B. (1990): Market Orientation: The Construct, Research Propositions and Managerial Implications;
in: Journal of Marketing, 54 (April), S. 1 - 18, 1990.

Kohli, A.; Jaworski, B.; Kumar, A. (1993): MARKOR: A Measure of Market Orientation;
in: Jornal of Marketing Research, 30 (November), S. 467 - 477, 1993.

Kotler, Philipp. (1982): Marketing - Management - Analyse, Planung und Kontrolle;
4. Auflage, Stuttgart, Poeschel, 1982.

Kotler, Philipp; Bliemel, Friedhelm (1995): Marketing - Management: Analyse, Planung, Umsetzung, Steuerung;
8. Auflage, Stuttgart, Schaefer-Poeschel, 1995.

Kramer, Friedhelm; Kramer, Markus (1994): Modulare Unternehmensführung - Kundenzufriedenheit und Unternehmenserfolg;
Berlin, Heidelberg, New York, London, Paris, Tokyo, Hong Kong, Barcelona, Budapest, Springer, 1994.

Krishnan, S.; Valle, V. (1979): Dissatisfaction Atrributions and Consumer Complaint Behavior;
in: Wilkie, W. (Hrsg.): Advances in Consumer Research, Ann Arbor, S. 445 - 449, 1979.

Kroeber-Riel, Werner; Weinberg, Peter (1996): Konsumentenverhalten;
6. Auflage, München, Vahlen, 1996.

Kutsch, K.; Schiffers, K.-H.(1979): Marketing im Bauwesen;
Wiesbaden, Vieweg, 1979.

Laakmann, Kai (1996): Value - Added Services - Ausgestaltungsformen und Wirkungen;
in: Meyer, A. (Hrsg.) : Grundsatzfragen und Herausforderungen des Dienstleistungsmarketing;
Wiesbaden, Gabler, 1996.

Langer, Heike (1995): Kundenbindung -Marktforscher als Partner im Kompetenztransfer-;
in: Planung und Analyse, Nr. 3, S. 9 - 12, 1995.

Lamnek, Siegfried (1988): Qualitative Sozialforschung; Band 1: Methodologie;
München, Psychologie Verlags Union, 1988.

LaTour, Stephan A.; Peat, Nancy C. (1979): Conceptual and Methodological Issues in Consumer Satisfaction Research;
in: Wilkie, William L. (Hrsg.), Advances in Consumer Research, Ann Arbor, S. 431 - 437, 1979.

LaTour, Stephan A.; Peat, Nancy C. (1980): The Role of Situationally-Produced Expectations, Others`Experiences, and Prior Experience in Determing Consumer Satisfaction;
in: Olson, J. (Hrsg.), Advances in Consumer Research, Ann Arbor, S. 588 - 592, 1980.

Lehmeier, Horst (1979): Grundzüge der Marktforschung;
Stuttgart, W. Kohlhammer, 1979.

Lingenfelder, Michael; Schneider, Willy (1991): Kundenzufriedenheit - Bedeutung, Meßkonzepte und empirische Befunde;
in: Marketing ZFP, H. 2, II. Q. 1991, S. 109 - 119, 1991.

Linke, Klaus (1980): Marketing im Baugewerbe - Instrumente und Methoden der Informationsgewinnung im Baugewerbe;
in: Baugewerbe 14/80, S. 14 - 18, 1980.

Linke, Klaus (1988): Denken in den Problemen der Kunden. So erarbeiten Sie sich ein Marketing - Konzept;
in: Baugewerbe (Köln), 68. Nr. 2, S. 17 - 19, 1988.

Marhold, Knut (1992): Marketing-Management für mittelständische Bauunternehmen; Ein managementorientierter Ansatz zum marktstrategischen Führungsverhalten;
in: Diedrichs, C.J. (Hrsg.): Schriftreihe des Lehr- und Forschungsgebietes Bauwirtschaft an der Bergischen Universität GH Wuppertal, 1992.

Marhold, Knut (1996): Baumarketing;
in: Diedrichs, C.J. (Hrsg.): Handbuch der strategischen und taktischen Bauunternehmensführung;
Wiesbaden, Berlin, Bauverlag, S. 309 - 344.

Mayring, Philipp (1989): Qualitative Inhaltsanalyse;
in: Jüttemann, Gerd (Hrsg.): Qualitative Forschung in der Psychologie;
Heidelberg, Asanger Verlag, 1989.

Meffert, Heribert (1980): Strategische Planung in gesättigten, rezessiven Märkten;
in: Absatzwirtschaft, 23. Jg., Nr. 6, S. 89 - 97, 1980.

Meffert, Heribert (1998): Marketing -Grundlagen marktorientierter Unternehmensführung-;
8. Auflage, Wiesbaden, Gabler, 1998.

Meyer, Anton; Dornach, Frank (1997): Das Deutsche Kundenbarometer 1997 - Qualität und Zufriedenheit - Jahrbuch der Kundenzufriedenheit in Deutschland 1997/ Deutsche Marketing-Vereinigung e.V.; Deutsche Post AG (Hrsg.) - München; FGM - Verlag, 1997.

Müller, Wolfgang; Riesenbeck, Hans - Joachim (1991): Wie aus zufriedenen auch anhängliche Kunden werden;
in: Harvard Business Manager, 13 Jg., 1991, Nr. 3, S. 67 - 79.

Narver, J.C.; Slater, S. F. (1991): Becoming More Marked Oriented: An Exploratory Study of the Programmatic and Market-Back Approaches;
in: Report No. 91 - 128 des Marketing Science Institute, Cambridge/Mass., 1991.

Noak, Elke (1992): Das Marketing für Consultingleistungen - Eine betriebswirtschaftliche Untersuchung unter besonderer Berücksichtigung der Bauwirtschaft;
Leipzig: Selbstverlag 1992.

Nieschlag, Robert; Dichtl, Erwin; Hörschgen, Hans (1988): Marketing;
15. Auflage, Berlin, Dunker & Humblot, 1988.

Nieschlag, Robert; Dichtl, Erwin; Hörschgen, Hans (1997): Marketing;
18. Auflage, Berlin, Dunker & Humblot, 1997.

Oliver, Richard L. (1980): A Cognitive Model of the Antecedents an Consequences of Satisfaction Decisions;
in: Journal of Marketing Research, 17 (November), S. 460 - 469, 1980.

Oliver, Richard L. (1989): Processing of the Satisfaction Response in Consumption: A Suggested Framework and Research Propositions;
in: Journal of Consumer Satisfaction, Dissatisfaction and Complaining Behavior, 2, S. 1 -16, 1989.

Oliver, R.; DeSarbo, W. (1988): Response Determinants in Satisfaction Judgements;
in: Journal of Consumer Research, 14 (March), S. 495 - 507, 1988.

Oliver, R.; Swan, J. (1989a): Consumer Perceptions of Interpersonal Equity and Satisfaction in Transactions: A Field Survey Approach;
in: Journal of Marketing, 53 (April), S. 21 - 35, 1989.

Oliver, R.; Swan, J. (1989b): Equity and Disconfirmation Perceptions as Influences on Merchant and Product Satisfaction;
in: Journal of Consumer Research, 16 (December), S. 372 - 383, 1989.

Pepels, Werner (1992a): Strategieentwicklung im Marketing, Teil 1;
Augsburg, AV - Verlag, 1992.

Pepels, Werner (1992b): Konzeptdefinition und Instrumentaltechnik im Marketing, Teil 2/3;
Augsburg, AV - Verlag, 1992.

Peterson, Robert A.; Wilson, William R. (1992): Measuring Customer Satisfaction: Fact and Artefact;
in: Journal of the Academy of Marketing Science, 20, 1, S. 61 - 71, 1992.

Pfarr, K. (1984): Grundlagen der Bauwirtschaft;
Essen, Deutscher Consulting Verlag, 1984.

Pieske, Reinhard (1994): Kundenzufriedenheit, die große Unbekannte;
in: Absatzwirtschaft, Sondernummer 10, S. 180 - 189, 1994.

Plinke, Wulff (1989): Die Geschäftsbeziehung als Investition;
in: Specht, G.; Silberer, G.; Engelhardt, W.H. (Hrsg.): Marketing-Schnittstellen -Herausforderungen für das Management-;
Stuttgart, S. 305 - 321, 1989.

Plinke, Wulff (1992): Fallgruben der Kundenorientierung überspringen;
in: Absatzwirtschaft, 35. Jg., H. 3, S. 97 - 101, 1992.

Prakash, Ved; Lounsbury, John W. (1984): The Role of Expectations in the Determination of Consumer Satisfaction;
in: Journal of the Academy of Marketing Science, 12, 3, S. 1 - 17, 1984.

Proyer, Willi (1989): Einflußfaktoren auf das Unternehmen. Bau - Managementmethoden. Tl.4.;
in: Bauwirtschaft - Ausgabe B -; Jg. 43, Nr. 10, S. 842 - 845, 1989.

Quartapelle, Alberto Q.; Larsen, Georg (1996): Kundenzufriedenheit -Wie Kundentreue im Dienstleistungsbereich die Rentabilität steigert-;
Berlin, Heidelberg, New York, Barcelona, Budapest, Hong Kong, London, Mailand, Santa Clara, Singapur, Paris, Tokyo, Springer, 1996.

Reichheld, Frederick F. (1997): Lernen Sie von abtrünnigen Kunden, was Sie falsch machen;
in: Harvard Business Manager, 2/97, S. 57 - 68, 1997.

Renner, Sebastian G. (1996): Baumarketing;
Eschborn, RKW - Verlag, 1996.

Richins, Marsha L. (1985): Factors Affecting the Level of Consumer-Initiated Complaints to Marketing Organizations;
in: Hunt, H.; Day, R. (Hrsg.), Consumer Satisfaction, Dissatisfaction and Complaining Behavior, Indiana University, Bloomington, S. 82 - 85, 1985.

Risse, Winfried (1991): Unternehmensführung in der Marktwirtschaft;
Bamberg, BVB, 1991.

Ritsert, J. (1972): Inhaltsanalyse und Ideologiekritik. Ein Versuch über kritische Sozialforschung;
Frankfurt, Athenäum, 1972.

Rudolph, Bettina (1998): Kundenzufriedenheit im Industriegüterbereich;
Wiesbaden, Gabler, 1998.

Scharnbach, Kurt; Kiefer, Guido (1996): Kundenzufriedenheit -Analyse, Messbarkeit und Zertifizierung-;
München, Wien, Oldenbourg, 1996.

Scheerer, Harald (1994): Kundengefühle sind Tatsachen;
in: Harvard Business Manager, 2/94, S. 9 - 13, 1994.

Schub von Bossiazky, G. (1992): Psychologische Marketingforschung;
München, Vahlen, 1992.

Senn, Christoph; Belz, Christian (1994): Key Account Management - Bestandsaufnahme und Trends-;
St. Gallen, Thexis, 1994.

Slywotzky, Adrian J.; Shapiro, Benson P. (1994): Neues Marketingdenken: Der loyale Kunde zählt, nicht die schnelle Mark;
in: Harvard Buisiness Manager, Bd. 16, S. 85 - 95, 2/1994.

Spengler, Erich (1987): Quantitative Methoden zur Messung der Zufriedenheit von Volkswagen/ Audi - Kunden mit der Produktqualität und der Qualität des Kundendienstes;
in: Hansen, Ursula; Schoenheit, Ingo (Hrsg.): Verbraucherzufriedenheit und Beschwerdeverhalten;
Frankfurt/Main, New York, CampusVerlag, 1987.

Spreng, Richard A.; MacKenzie, Scott B.; Olshavsky, Richard W. (1996): A Reexamination of the Determinants of Consumer Satisfaction;
in: Journal of Marketing, 60 (July), S. 15 - 32, 1996.

Stauss, Bernd; Hentschel, Bert (1991): Messung von Kundenzufriedenheit;
in: Marktforschung und Management, Jg. 36, H. 3, S. 115 - 122, 1991.

Statistisches Jahrbuch 1963 für die Bundesrepublik Deutschland;
Stuttgart, Metzler, Poeschel.

Statistisches Jahrbuch 1980 für die Bundesrepublik Deutschland;
Stuttgart, Metzler, Poeschel.

Statistisches Jahrbuch 1985 für die Bundesrepublik Deutschland;
Stuttgart, Metzler, Poeschel.

Statistisches Jahrbuch 1996 für die Bundesrepublik Deutschland;
Stuttgart, Metzler, Poeschel.

Stippel, Peter (1994): Gefahr durch Kundenbindung?
in: Absatzwirtschaft, H. 37, S. 48 - 49, 1994.

Stoermer, Wolfgang (1988): Strategien zukünftiger Bauunternehmensführung;
in: Bauwirtschaft - Ausgabe - B, Jg. 42, Nr. 9, S. 695, 702, 1988.

Stroebe, Wolfgang; Hewstone, Miles; Codol, Jean-Paul; Stephenson, Geoffrey M. (1992): Sozialpsychologie;
2. Auflage, Berlin, Heidelberg, New York, London, Paris, Tokyo, Hong Kong, Barcelona, Budapest, Springer, 1992.

Swan, John E.; Martin, Warren S. (1981): Testing Comparison Level and Predictive Expectations Models of Satisfaction;
in: Olson, J. (Hrsg.), Advances in Consumer Research, Ann Arbor, S. 77 - 82, 1981.

Szallies, Rüdiger (1992): Kundenbindung -Herausforderung im Privatkundengeschäft der 90er Jahre;
in: FLF, Nr. 3, 1992, S. 75 - 79, 1992.

TARP (1979): Consumer Complaint Handling in America: Final Report;
U.S. Office of Consumer Affairs (Hrsg.), Technical Assistance Research Programs, Washington D.C., 1979.

TARP (1986): Consumer Complaint Handling in America: An Update Study;
The Office of the Special Advisor to the President for Consumer Affairs (Hrsg.), Technical Assistance Research Programs, Washington D.C., 1986.

Tietz, Bruno (1988): Marktbearbeitung morgen: neue Konzepte und ihre Durchsetzung;
Landsberg am Lech, Verlag moderne Industrie AG & Co., 1988.

Tse, D.; Wilton, P. (1988): Models of Consumer Satisfaction Formation: An Extension;
in: Journal of Marketing Research, 25 (May), S. 204 - 212, 1988.

Tse, David K. (1990): Attributing Performance Discrepancy: Dimensions, Causes, and Effects;
in: Journal of Consumer Satisfaction, Dissatisfaction and Complaining Behaviour, 3, S. 105 -111, 1990.

Verband der Europäischen Bauwirtschaft (1997): Die Bautätigkeit in Europa;
Statistischer Halbjahresbericht der FIEC (Nr. 40) Juni 1997.

Verband der Europäischen Bauwirtschaft (1998): Die Bautätigkeit in Europa;
Statistischer Halbjahresbericht der FIEC (Nr. 42) Juni 1998.

Verdingungsordnung für Bauleistungen (VOB) -Ergänzungsband 1998-; Berlin, Wien, Zürich, Beuth, 1998.

Volmerg, U. (1983): Validität im interpretativen Paradigma; in: Zedler, P.; Moser, H. (Hrsg.): Aspekte qualitativer Sozialforschung; Opladen, HSK (Hessische Stiftung Friedens- und Konfliktforschung), S. 124 - 143, 1983.

Westbrook, Robert A.; Reilly, Michael D. (1983): Value-Percept Disparity: An Alternative to the Disconfirmation of Expectations Theory of Consumer Satisfaction; in: Bagozzi, R.; Tybout, A. (Hrsg.): Advances in Consumer Research, Ann Arbor, S. 256 - 261.

Westbrook, R.; Oliver, R. (1991): The Dimensionality of Consumption Emotion Patterns and Consumer Satisfaction; in: Journal of Consumer Research, 18 (June), S. 84 - 91, 1991.

Whiteley, Richard C. (1992): Ihr Kunde ist der Boss -Die kundenorientierte Firma-; Freiburg im Breisgau, Haufe, 1992.

Woodruff, Robert B.; Cadotte, Ernest R.; Jenkins, Roger L. (1983): Modeling Consumer Satisfaction Processes Using Experience - Based Norms; in: Journal of Marketing Research, 20 (August), S. 296 - 304, 1983.

Anhang

Tabelle 1: Datentabelle der Allgemeinen Kundenbefragung

Datentabelle der Allgemeinen Kundenbefragung

Kategorie	gesamter Mittelwert	Standard-abwei-chung	Mittelwert Gruppe A	Standard-abwei-chung	Mittelwert Gruppe B	Standard-abwei-chung	Differenz der Gruppenmittel-werte (B - A)	Grad der Beein-flussung	Prioritäts-wert
Globalzufriedenheit	2,75	0,99	1,90	0,30	3,60	0,66	1,70		
Preis-/Leistungsverhältnis	2,79	0,83	2,70	0,90	2,89	0,53	0,19	1,60	4,46
Freundlichkeit	1,85	0,85	1,20	0,40	2,50	0,67	1,30	5,00	9,25
Kompetenz	2,40	1,11	2,00	0,89	2,80	1,17	0,80	3,50	8,40
Verläßlichkeit	2,75	1,14	2,40	0,92	3,10	1,22	0,70	3,20	8,80
Korrespondenz	1,67	0,88	1,67	0,82	1,67	0,94	0,00	1,00	1,67
Fachliche Betreuung	2,21	1,15	1,56	0,69	2,80	1,17	1,24	4,90	10,83
Erreichbarkeit	2,35	1,06	2,10	0,94	2,60	1,11	0,50	2,60	6,11
Telefonverhalten	1,95	0,89	1,60	0,66	2,33	0,94	0,73	3,30	6,44
Nachtragsmanagement	3,22	0,97	2,89	1,10	3,56	0,69	0,67	3,10	9,98
Problemfrüherkennung	2,84	1,04	2,44	0,95	3,20	0,98	0,76	3,40	9,66
Anzahl der Beschwerden	2,65	0,96	2,10	0,84	3,20	0,75	1,10	4,40	11,66
Reaktion auf Beschwerden	3,29	1,07	2,88	0,78	3,67	1,15	0,79	3,50	11,52
Angebotspreisbeurteilung	2,88	0,96	2,78	1,13	3,00	0,71	0,22	1,70	4,90
erneute Zusammenarbeit	1,45	0,87	1,00	0,00	1,90	1,04	0,90		
Weiterempfehlung	1,35	0,79	1,00	0,00	1,70	1,00	0,70		

Tabelle 2: Transformationstabelle

Differenz der Gruppen-mittelwerte	Grad der Beeinflussung	Differenz der Gruppen-mittelwerte	Grad der Beeinflussung
0	1,0		
0,001-0,033	1,1	0,651-0,683	3,1
0,034-0,065	1,2	0,684-0,715	3,2
0,066-0,098	1,3	0,716-0,748	3,3
0,099-0,130	1,4	0,749-0,780	3,4
0,131-0,163	1,5	0,781-0,813	3,5
0,164-0,195	1,6	0,814-0,845	3,6
0,196-0228	1,7	0,846-0,878	3,7
0,229-0,260	1,8	0,879-0,910	3,8
0,261-0,293	1,9	0,911-0,943	3,9
0,294-0,325	2,0	0,944-0,975	4,0
0,326-0,358	2,1	0,976-1,008	4,1
0,359-0,390	2,2	1,009-1,040	4,2
0,391-0,423	2,3	1,041-1,073	4,3
0,424-0,455	2,4	1,074-1,105	4,4
0,456-0,488	2,5	1,106-1,138	4,5
0,489-0,520	2,6	1,139-1,170	4,6
0,521-0,553	2,7	1,171-1,203	4,7
0,554-0,585	2,8	1,204-1,235	4,8
0,586-0,618	2,9	1,236-1,268	4,9
0,619-0,650	3,0	1,269-1,300	5,0

Tabelle 3: Datentabelle der Mündlichen NL - und GS - Leiter Befragung

Datentabelle der Mündlichen NL - und GS - Leiter Befragung

Kategorie	gesamter Mittelwert	Standard-abwei-chung	Mittelwert Gruppe 1	Standard-abwei-chung	Mittelwert Gruppe 2	Standard-abwei-chung	Differenz der Gruppenmittel-werte (2 - 1)
Globalzufriedenheit	2,67	0,47	2,60	0,49	2,75	0,43	0,15
Preis-/Leistungsverhältnis	2,44	0,83	2,40	1,02	2,50	0,50	0,10
Freundlichkeit	2,44	0,50	2,60	0,49	2,25	0,43	-0,35
Kompetenz	1,78	0,42	1,80	0,40	1,75	0,43	-0,05
Verläßlichkeit	3,11	1,29	3,00	1,26	3,25	1,30	0,25
Korrespondenz	4,56	0,68	4,20	0,75	5,00	0,00	0,80
Fachliche Betreuung	2,00	0,94	2,40	1,02	1,50	0,50	-0,90
Erreichbarkeit	2,33	1,15	2,00	0,63	2,75	1,48	0,75
Telefonverhalten	2,78	1,23	3,40	2,27	2,00	0,71	-1,40
Nachtragsmanagement	3,33	0,94	3,20	1,36	3,50	0,50	0,30
Problemfrüherkennung	3,33	0,82	3,20	0,89	3,75	0,43	0,55
Anzahl der Beschwerden	2,44	0,83	2,40	1,02	2,50	0,50	0,10
Reaktion auf Beschwerden	3,11	1,10	3,40	1,20	2,75	0,83	-0,65
Angebotspreisbeurteilung	4,00	0,94	4,40	0,49	3,50	1,12	-0,90
erneute Zusammenarbeit	1,38	0,70	1,50	0,87	1,25	0,43	-0,25
Weiterempfehlung	1,50	0,50	1,50	0,50	1,50	0,50	0,00

Tabelle 4: Vergleichende Mittelwertanalyse 1

Vergleichende Mittelwertanalyse 1

Kategorie	gesamter Mittelwert der Kunden Befragung	gesamter Mittelwert NL/GS - Leiter Befragung	absolute Differenz (Kunden - NL/GS - Leiter)	prozentuale Differenz (Kunden - NL/GS - Leiter)
Globalzufriedenheit	2,75	2,67	0,08	2,91%
Preis-/Leistungsverhältnis	2,79	2,44	0,35	12,53%
Freundlichkeit	1,85	2,44	-0,59	-31,89%
Kompetenz	2,40	1,78	0,62	25,83%
Verläßlichkeit	2,75	3,11	-0,36	-13,09%
Korrespondenz	1,67	4,56	-2,89	-173,05%
Fachliche Betreuung	2,21	2,00	0,21	9,50%
Erreichbarkeit	2,35	2,33	0,02	0,85%
Telefonverhalten	1,95	2,78	-0,83	-42,56%
Nachtragsmanagement	3,22	3,33	-0,11	-3,42%
Problemfrüherkennung	2,84	3,33	-0,49	-17,25%
Anzahl der Beschwerden	2,65	2,44	0,21	7,92%
Reaktion auf Beschwerden	3,29	3,11	0,18	5,47%
Angebotspreisbeurteilung	2,88	4,00	-1,12	-38,89%
erneute Zusammenarbeit	1,45	1,38	0,07	4,83%
Weiterempfehlung	1,35	1,50	-0,15	-11,11%

Tabelle 5: Vergleichende Mittelwertanalyse 2

Vergleichende Mittelwertanalyse 2

Kategorie	Kodierung	MW der KB	MW der Gr. A	MW der Gr. B	MW der Gr. 1	MW der Gr. 2	Differenzen: Gr. 1 - Gr. A	Gr. 2 - Gr. A	Gr.1 - Gr. B	Gr. 2 - Gr. B
Globalzufriedenheit	0	2,75	1,90	3,6	2,60	2,75	0,70	0,85	-1,00	-0,85
Preis-/Leistungsverhältnis	1	2,79	2,70	2,89	2,40	2,50	-0,30	-0,20	-0,49	-0,39
Freundlichkeit	2	1,85	1,20	2,5	2,60	2,25	1,40	1,05	0,10	-0,25
Kompetenz	3	2,40	2,00	2,8	1,80	1,75	-0,20	-0,25	-1,00	-1,05
Verläßlichkeit	4	2,75	2,40	3,1	3,00	3,25	0,60	0,85	-0,10	0,15
Korrespondenz	5	1,67	1,67	1,67	4,20	5,00	2,53	3,33	2,53	3,33
Fachliche Betreuung	6	2,21	1,56	2,8	2,40	1,50	0,84	-0,06	-0,40	-1,30
Erreichbarkeit	7	2,35	2,10	2,6	2,00	2,75	-0,10	0,65	-0,60	0,15
Telefonverhalten	8	1,95	1,60	2,33	3,40	2,00	1,80	0,40	1,07	-0,33
Nachtragsmanagement	9	3,22	2,89	3,56	3,20	3,50	0,31	0,61	-0,36	-0,06
Problemfrüherkennung	10	2,84	2,44	3,2	3,20	3,75	0,76	1,31	0,00	0,55
Anzahl der Beschwerden	11	2,65	2,10	3,2	2,40	2,50	0,30	0,40	-0,80	-0,70
Reaktion auf Beschwerden	12	3,29	2,88	3,67	3,40	2,75	0,52	-0,13	-0,27	-0,92
Angebotspreisbeurteilung	13	2,88	2,78	3	4,40	3,50	1,62	0,72	1,40	0,50
erneute Zusammenarbeit	14	1,45	1,00	1,9	1,50	1,25	0,50	0,25	-0,40	-0,65
Weiterempfehlung	15	1,35	1,00	1,7	1,50	1,50	0,50	0,50	-0,20	-0,20
							$\lvert\Sigma\rvert$ = 12,98	$\lvert\Sigma\rvert$ = 11,56	$\lvert\Sigma\rvert$ = 10,72	$\lvert\Sigma\rvert$ = 11,38

Legende: MW : Mittelwert Gr. : Gruppe
KB : Kundenbefragung

Tabelle 6: Datentabelle zur Regressionsanalyse

Datentabelle zur Regressionsanalyse

Person Lfd.Nr.	x1	x2	x3	x4	x5	x6	x7	x8	x9	x10	x11	x12	x13	Global-zufriedenheit y
1	2	1	1	2	1	1	4	2	2	2	2	3	1	2
2	3	2	2	1	1	2	1	2	3	3	3	2	3	3
3	4	1	2	3	1	1	1	1	2	1	1	2	2	2
4	2	1	4	1	1	2	2	3	2	2	2	2	4	2
5	3	2	3	2	3	2	2	2	4	4	2	4	4	2
6	2	3	2	4	1	2	2	3	4	2	2	3	2	3
7	4	2	2	3	1	2	3	2	3	4	3	3	4	4
8	3	3	4	3	2	3	4	3	5	3	3	5	4	4
9	4	2	2	2	2	3	2	2	5	2	2	4	4	2
10	4	2	4	3	1	3	2	1	4	3	4	5	2	3
11	2	1	2	1	1	1	1	1	1	1	1	1	1	1
12	4	1	2	3	1	1	3	1	4	3	3	2	2	2
13	3	2	1	5	1	2	2	1	3	2	3	2	3	3
14	2	1	2	4	2	1	3	2	3	2	4	3	4	2
15	5	2	5	5	5	5	2	5	5	5	4	4	5	5
16	2	1	1	3	3	1	1	1	2	2	2	3	2	2
17	2	1	1	3	1	2	2	1	2	4	2	2	2	2
18	2	3	3	2	2	1	3	3	3	2	2	3	3	3
19	3	4	3	2	2	4	5	4	3	4	4	4	4	4
20	2	2	2	3	4	4	2	2	4	4	4	5	3	4

Legende: x1: Preis/Leistungsverhältnis; x2: Freundlichkeit; x3: Kompetenz; x4: Verläßlichkeit; x5: Korrespondenz; x6: Fachliche Betreuung; x7: Erreichbarkeit; x8: Telefonverhalten; x9: Nachtragsmanagement; x10: Problemfrüherkennung; x11: Anzahl der Beschwerden; x12: Reaktion auf Beschwerde; x13: Angebotspreisbeurteilung

(Hinweis: Zu den markierten Feldern wurden keine Angaben gemacht. Daher wurden sie durch die Werte der GZ ersetzt.)

Tabelle 7: Lineare Regressionsanalyse

Lineare Regressionsanalyse

-0,0363	0,2123	0,2643	0,2166	-0,2316	0,3923	-0,1761	0,0166	-0,0849	0,2008	-0,0847	0,406	0,2186	-0,3830128
0,2156	0,3275	0,2674	0,2277	0,2676	0,3669	0,2516	0,3008	0,2644	0,1736	0,2483	0,2937	0,2408	0,7364438
0,8612	0,676	#NV	#NV	#NV	#NV	#NV	#NV	#NV	#NV	#NV	#NV	#NV	#NV
2,8628	6	#NV	#NV	#NV	#NV	#NV	#NV	#NV	#NV	#NV	#NV	#NV	#NV
17,008	2,742	#NV	#NV	#NV	#NV	#NV	#NV	#NV	#NV	#NV	#NV	#NV	#NV

y= 0,22*x1+ 0,41*x2-0,09*x3+0,20*x4-0,09*x5+0,02*x6-0,18*x7+0,39*x8-023*x9+0,22*x10+0,26*x11+0,21*x12-0,04*x13-0,38

2. Zeile: Standardfehler der Konstanten: 0,74 / x1: 0,24; x2: 0, 29; ...; x13: 0,22

Bestimmtheitsmaß: 0,86 Standardfehler des Schätzwertes y: 0,68

F-Wert: 2,68 Freiheitsgrad v2: 6

Regressions-Quadratsumme: 17,01 Residual-Quadratsumme: 2,74

F-Test: Freiheitsgrade (v1=13;v2=6) Signifikanzniveau: 0,05 (kritischer F-Wert) 3,99>2,68

Tabelle 8: Nicht-Lineare Regressionsanalyse

Nicht-Lineare Regressionsanalyse

1,0111	1,1588	1,122	1,1047	0,928	1,2012	0,901	0,9482	0,909	1,085	0,9317	1,1612	1,0771	0,75163772
0,0837	0,1272	0,1039	0,0884	0,104	0,1425	0,0978	0,1169	0,1027	0,0674	0,0965	0,1141	0,0935	0,28608129
0,8523	0,2626	#NV	#NV	#NV	#NV	#NV	#NV	#NV	#NV	#NV	#NV	#NV	#NV
2,6642	6	#NV	#NV	#NV	#NV	#NV	#NV	#NV	#NV	#NV	#NV	#NV	#NV
2,3885	0,4138	#NV	#NV	#NV	#NV	#NV	#NV	#NV	#NV	#NV	#NV	#NV	#NV

y= (0,75*(1,08^x1)*(1,16^x2)*(0,93^x3)*(1,09^x4)*(0,91^x5)*(0,95^x6)*(0,91^x7)*(1,20^x8)*(0,93^x9)*(1,10^x10)*(1,12^x11)*(1,16^x12)*(1,01^x13))

2. Zeile: Standardfehler der Konstanten: 0,29 / x1: 0,09; x2: 0, 11; ...; x13: 0,08

Bestimmtheitsmaß: 0,85 Standardfehler des Schätzwertes y: 0,26

F-Wert: 2,66 Freiheitsgrad v2: 6

Regressions-Quadratsumme: 2,39 Residual-Quadratsumme: 0,41

F-Test: Freiheitsgrade (v1=13;v2=6) Signifikanzniveau: 0,05 (kritischer F-Wert) 3,99>2,66

Tabelle 9: Kontingenzanalyse

Kontingenztafel

Gruppe	A	B	
1	2 (5)	8 (5)	10
2	8 (5)	2 (5)	10
	10	10	20

Anmerkung: in den Klammern ist die theoretische Häufigkeit angegeben, die empirische Häufigkeit ist ohne Klammern dargestellt

Testgröße $\chi^2 = 2*(2-5)^2/5+2*(8-5)^2/5 = 7,2$

Theoretischer Wert der χ^2- Verteilung bei einem Freiheitsgrad und einem Signifikanzniveau von 0,01 = 6,63

7,2>6,63 => Nullhypothese, daß keine Abhängigkeit besteht, läßt sich bei einer Irrtumswahrscheinlichkeit von 99% statistisch widerlegen.

Baubetrieb und Baumaschinen. Mitteilungen

Hrsg.: Univ.-Prof. Dr.-Ing. Bernd Kochendörfer, Fachgebiet Baubetrieb und Baumaschinen, Fachbereich Bauingenieurwesen und Angewandte Geowissenschaften der Technischen Universität Berlin

---

11: Analyse der Produktivitätsentwicklung im Baugewerbe auf verschiedenen Ebenen. - Al-Arja, Naji. - 1997. - 208 S., A 5. - Br
ISBN **3-7983-1746-1** unverbindl. Preis DM **37,00**

12: Kundenzufriedenheit als Strategieelement in der Bauindustrie. - Bahr, Matthias. - 1999. - 196 S., graph. Darst., A5. - Br
ISBN **3-7983-1805-0** unverbindl. Preis DM **35,00**

Nicht aufgeführte Bd-Nrn. sind vergriffen. Bei Abnahme mehrerer Exemplare eines Titels wird Preisnachlaß gewährt; Näheres auf Anfrage. Die Preise gelten für den Barverkauf. Bei Bestellungen wird zusätzlich eine Versandpauschale erhoben: für das 1. Exemplar 4,00 DM; für jedes weitere Exemplar 1,00 DM.

Vertrieb/ Publisher: Technische Universität Berlin, Universitätsbibliothek, Abt. Publikationen
Straße des 17. Juni 135, D-10623 Berlin.
Tel.: (030) 314-22976, -23676. Fax.: (030) 314-24741
E-Mail: Publikationen@ub.TU-Berlin.DE

Verkauf/ Book Shop: Gebäude FRA-B - Franklinstr. 15 (Hof), 10587 Berlin-Charlottenburg